KB217834

나는 어떻게 기독교인이 되었는가

나는 어떻게 기독교인이 되었는가
─ 일기로부터

우치무라 간조 지음

이승준 옮김

도서출판 b

| 일러두기 |

1. 이 책은 우치무라 간조(内村鑑三)의 『*How I Became a Christian: out of my diary*』(1895)를 한국어로 옮긴 것이다.
2. 번역의 저본은 鈴木範久역, 『余はいかにしてキリスト信徒となりしか』(岩波書店, 2017)를 기본으로, 필요에 따라 원저 및 大内三郎 역(講談社, 1971)을 참조했다.
3. 우치무라가 직접 붙인 각주는 (원주)로 표기했다.
4. 연보는 鈴木範久 역을 참고로 작성했다.

장려^{獎勵}

 성실, 마음의 참된 단순함, 이 얼마나 귀중한 것인가! 진실한 마음을 거짓 없이 고백하는 사람, 설령 유려하지 않더라도 귀 기울여주는 자 있으리라.

–토마스 칼라일[1]

• •

1.   칼라일, *Past and Present,* 1843, 속 문장.

내 영혼 천국에 바치기 위해
하나님 쓰시는 종으로서
이 책에 이니셜 등으로 등장하는
모든 선량한 사람들에게
이 몹쓸 죄인의 변변치 못한 저술을
진심을 담아 바칩니다.

머리말

미국에 있을 때 신앙 관련 집회에 여러 번 초대받았습니다. 그때마다 정확히 15분 내로(집회 시간의 대부분은 메인 게스트인 대박사에게 할당되었기에) 이야기해줄 수 있냐는 부탁을 받았습니다. 저는 사회자(종종 여성 사회자)에게 어떤 이야기를 원하는지 물어보곤 했습니다. 이 질문에 대한 답은 보통 "어떻게 당신이 회심回心했는지에 대한 이야기면 충분합니다"라는 것이었습니다. 그때마다 저는 어떻게 응해야 할지 망설였습니다. 기독교를 접한 후 제 영혼에 찾아온 무섭고도 묘한 변화를 '정확히 15분 내'에 이야기하는 것은 도저히 불가능했기 때문입니다. 이교도의 회심이라는 문제는 기독교 나라 사람들이 호기심을 가질 만한 일까지는 아니더라도 그들

입장에서 분명 경이적인 일입니다. 그 사람들이 제가 어떻게 '나의 우상을 불구덩이에 집어 던지고 복음에 의지하게 되었는가'에 대한 생생한 설명을 요구하는 것은 극히 당연합니다. 그런데 저의 회심은 다른 사람들과는 달리 꽤나 완고한 케이스입니다. 순간의 엑스터시나 영적 깨달음spiritual illuminations이 없었던 것은 아니나 점진적으로 단계를 거쳐 이루어졌습니다. 단 하루 만에 회심한 것이 아닙니다. 우상에 무릎을 꿇지 않게 된 이후로도 오랜 기간, 아니 세례를 받고 나서도 꽤 오랜 기간, 지금의 저를 기독교인으로 부르는 데 있어 필수불가결한 기독교의 근본적인 가르침에 대한 믿음이 결여되어 있었습니다. 지금도 아직 "내가 이미 얻었다 함도 아니요"[2] 상태입니다. 예수 그리스도 안에서 하나님을 향해 달려가는 제가, 하나님의 부르심 받는 상을 받기 위해 달려가는[3] 제가 여전히 이교도적으로 생각하고 있는지도 모릅니다. 이 책의 각 페이지는 제가 통과해온 여러 단계에 대한 정직한 고백입니다. 아무쪼록 독자 여러분께서는 이 책을 한 인간의 마음에 관한 꾸밈없는 고백으로 읽어주시고, 책의 언어에 대해 덧붙이자면 아무래도 어머니 입에서 배운 모국어도 아니고, 미문美

· ·
2.   신약성서 빌립보서 3장 13절.
3.   신약성서 빌립보서 3장 14절 참조.

文으로 생계를 꾸리는 직업도 아니기 때문에 부디 너그러이
봐주시기 바랍니다.

태평양의 한 섬나라에서

1895년 5월 1일

저자 조나단[4] · X

· ·

4. 우치무라 간조의 세례명. 구약성서 사무엘상에 등장하는 인물.
    이스라엘 최초의 왕 사울의 장남으로 다윗의 친구.

| 차 례 |

서문

제가 쓰려는 것은 어떻게*how* 기독교인이 되었는가이지 왜 *why* 기독인이 되었는지가 아닙니다. 흔히 말하는 '회심의 철학'은 저의 테마가 아닙니다. 회심에 이르기까지 겪었던 '현상'을 쓸 뿐입니다. 회심에 대한 철학적 고찰은 제가 아닌 다른 전문가에게 더 적합한 작업입니다. 저는 그 작업을 위해 자료를 제공하는 셈입니다. 저는 오래전부터 일기 쓰는 습관이 있어서 일기에 자신이 직면한 사상이나 사건을 무엇이든 기록했습니다. 스스로가 세심한 관찰의 재료인 것입니다. 관찰 결과, 여태껏 학습한 그 무엇보다 바로 제 자신이 불가사의한 존재임을 깨달았습니다. 향상向上과 진보, 타락과 후퇴, 환희와 희망, 죄업과 악행 전부를 적어 두었습니다. 관찰에 따르는 두려움에도 불구하고, 제 자신에 대한 관찰이 지금까지 겪은 그 어떤 공부보다 실로 흥미로움을 알게 되었습니다. 제 일기를 '항해 일지log-book'라 부릅니다. 왜냐하면 보잘것 없는 조각배가 죄와 눈물과 수많은 고난을 헤치며 천상의 항구로 향해 가는 매일 매일의 전진을 기록한 노트이기 때문입니다. 같은 의미에서 '생물학자의 스케치북'이라 불러도 좋습니다. 여기에는 한 영혼의 형태학적, 생리학적 변화의 모든 모습이 마치 한 알의 종자가 누렇게 익은 벼이삭으로 성장하는 발생학적 전개처럼 기록되어 있기 때문입니다. 그 기록의 일부가 이 책에 공표되어 있습니다. 이 책에서 독자 여러분이 어떤 결론을 이끌어낼지는 자유입니다. 어쨌든 일기는 기독교를 받아들이기 몇 달 전부터 시작합니다.

제1장 이교

우치무라 간조의 아버지(요시유키)와 어머니(야소)

저는 서기 1861년 3월 23일[5]에 태어났습니다. 집이 무사 가문[6]에 속해 있었기 때문에, 저는 어렸을 때부터 이미 산다는 것은 싸우는 것*vivere est militare*[7]이어서, 싸우기 위해 태어났다고 할 수 있습니다. 친할아버지는 전형적인 무사였습니다. 그는 무거운 갑옷을 두르고 죽궁竹弓, 꿩 깃털로 만든 화살 그리고 50파운드가 나가는 화승총으로 무장을 하고 나설 채비를 할

••

5. 음력 2월 13일.
6. 조슈(上州) 다카사키(高崎)번의 무사. 초대 우치무라 요시유키(内村 至之)부터 우치무라 간조는 8대에 해당한다.
7. 고대 로마 철학자 세네카(Lucius Annaeus Seneca)의 말. "루시러스여 삶이란 싸우는 것일세(Vivere, Lucii, militare est)"에서 유래.

때 살아 있음을 느꼈습니다. 할아버지는 평화로운 국토를 한탄했습니다. 단 한 번도 본래의 임무를 수행하지 못함을 원통해하며 세상을 떠났습니다. 아버지[8]는 할아버지보다 교양이 있어서 한시를 잘 읊었고 지도력도 탁월했습니다. 오합지졸 병사를 실로 훌륭하게 통솔하는 군사적인 능력을 지녔습니다. ― 외할아버지는 뿌리부터 정직한 사람이었습니다. 이기심이 판을 치는 이 시대에 정직함이 강점이 된다면, 외할아버지에게는 정직 이외의 어떤 강점도 없다고 해도 될 정도입니다. 이런 외할아버지에 대한 일화가 있습니다. 어느 날 외할아버지는 공금을 가지고 비싼 이자로 돈놀이를 해달라는 명령을 받았습니다(지방 고다이묘小大名의 회계 담당 관리라면 자주 겪게 되는 일로 이자는 관리들의 주머니로 들어갑니다). 명령을 거부하면 상관의 노여움을 산다는 사실을 그는 잘 알고 있었습니다. 그렇다고 가난한 사람들에게 터무니없는 이자를 받아내는 것은 양심에 반하는 일이었습니다. 결국 외할아버지는 그 돈을 본인이 보관했다가 차용기간이 끝났을 때 원금에 붙는 높은 이자를 본인 지갑에서 지출하는 방식으로 탐욕스러

- -

8.　우치무라 긴노조요시유키(內村金之丞宜之). 번주에게 중용되어 오소바야쿠(御側役) 등을 역임, 폐번(廢藩) 후에는 모노(桃生)현, 이시노마키(石巻)현, 도메(登米)현, 다카사키번 등에서 관직을 이어갔다. 본 장 표지 참조.

운 관리에게 변제를 했습니다. 또 외할아버지는 철저한 금주가이기도 했습니다. 아마 평생 입에 댄 술이 스무 잔을 넘지 않을 것입니다. 그조차 의사의 권유로 마셨을 뿐입니다. ― 외할머니는 이처럼 정직하고 검소한 남자와 잘 어울리는 반려자였습니다. 외할머니는 일하기 위해 태어났습니다. 외할머니가 산다는 것은 일을 한다는 것*vivere est laborare*이었습니다. 40년 동안 연약한 여자 몸으로 일하고 또 일했습니다. 50년간 남편 없는 홀몸으로 자녀 다섯을 교육시켰습니다. 그러면서도 주변의 신뢰를 배신하는 일도 없고 빚을 진 적도 없습니다. 이제 84세가 된 외할머니의 귀에는 세상의 소란스러움이 들리지 않고 옴폭 파인 두 눈은 항상 눈물을 머금고 있습니다. 외할머니는 용감하게 전쟁 같은 삶을 헤쳐 온 인생에서 해방될 그 날이 오기를 차분히 기다리고 있습니다. 외할머니의 인생이 말해주는 고귀한 정조情調는 '이교국異教國'의 것입니다. 신학이나 철학을 논할 수 있는 사람이라도 외할머니와 같은 경험이 없는 사람은 외할머니의 신성함에 닿을 수 없을 것입니다. 부디 하나님 영이 외할머니께 임하시어 여태껏 수많은 시련을 견뎌낸 영혼에 더 이상 그 어떠한 재난도 닥치는 일 없기를.[9] ― 외할머니의 일에 대한 집착은 어머니가 물려받았습니다.

• •

9.   (원주) 외할머니는 이 책이 완성되기 전 영면하셨습니다.

일 하는 어머니는 인생의 고통과 슬픔 일체를 잊어버립니다. 인생의 노고가 너무 많은지라 슬픔에 잠길 '여유가 없는' 사람입니다. 작은 가정이 어머니의 왕국이라면, 어머니는 빨래를 하고 식사를 준비하며 그 어떤 여왕보다도 그 왕국을 훌륭하게 다스렸습니다.

저 그리고 우리 가문을 이룬 사람들을 소개했습니다. 그런데 아무도 소년 시절부터 지녔던 '종교적 감성'을 인정해주지 않았습니다. 아버지는 이교의 신이라면 모두 무시했습니다. 어느 날 아버지는 절의 시주함에 낡은 지폐 한 장을 넣고는 비웃듯 콧방귀를 뀌면서 불상을 향해서 만약 지금 진행 중인 재판을 이기게 해준다면 한 장 더 넣어주겠노라고 말했습니다. — 제 종교 생활을 통틀어 생각조차 한 적 없는 행동이었습니다. 그러나 저는 자신이 인육을 먹은 적도 없고, 자간나트$jagannath$[10]의 거대한 수레 앞에 몸을 던진 적도 없고, 갓난아이를 악어의 먹이로 바치는[11] 장면을 본 적도 없다는 사실을 하나님께 감사하고 있습니다. 어린 시절을 돌이켜 보면 마음 한편에

..

10. 힌두교의 크리슈나신. 인도 푸리(Puri)에서 개최되는 축제 때 크리슈나신 상(像)을 태운 거대한 수레가 돌아다니는데 여기에 치여 죽으면 극락왕생한다고 여겨 수레 앞에 몸을 던지는 사람도 있었다고 한다.
11. 힌두교에서 강의 신에게 바치는 인신 공희(供犧).

감화를 일으키고, 그 감화를 더 높이 승화시켜주는 안식일을 성스럽게 지키는 홈Sabbath home과 같은 것은 분명 없었습니다. 그러나 이교국뿐만 아니라 여러 나라에서 쉽게 접하는 배금주의나 술의 밀매매 같은 무서운 해는 면할 수 있었습니다. 손쓸 수 없을 정도까지 달아오른 한 어린이의 정열을 진정시켜주는 복음 이야기는 없었지만 남녀 불문하고 고사苦死시키는, 이른바 기독교 세계의 광언과 망동을 경험하지는 않았습니다. 아무리 암흑이 지배하는 곳에 이교가 있다고 해도 실제 그 안에는 달과 별이 있는 법입니다. 그 빛은 희미하지만 고요하고 맑습니다.

아버지는 훌륭한 유학자였습니다. 성현의 책 속 일화와 구절은 대부분 암송할 정도였습니다. 때문에 제 어린 시절 교육은 자연스레 유교 중심이었습니다. 저는 중국 성현들의 윤리적, 정치적 교훈을 다 이해할 수는 없었습니다. 그들의 가르침이 전해주는 의미를 다 이해하지는 못했습니다. 하지만 그 느낌은 마음에 와 닿았습니다. 번주藩主에 대한 충, 부모와 스승에 대한 효와 존경이 중국 윤리의 중심 덕목이었습니다. "여호와를 경외하는 것이 지식의 근본이어늘"[12]이라고 가르치는 솔로몬의 잠언과 일맥상통했습니다. 효는 백행百行의

· ·
12.   잠언 1장 7절.

근본이라 배웠습니다. 요셉의 일화[13]가 기독교 나라의 어린이에게 익숙한 것처럼, 엄동설한에 죽순(동양의 아스파라거스)이 먹고 싶다는 노모의 무리한 요구를 받들어 대나무 밭을 이리저리 찾아 헤매다 기적적으로 눈 밑에서 싹을 발견했다는 한 효자의 일화[14]는 우리나라 어린이라면 누구나 압니다. 부모님의 요구가 아무리 말이 안 되고 무리한 것이라고 하더라도 고분고분 참고 따르는 것이라 가르쳤습니다. 이처럼 교훈으로 삼기에 적합한 명성 높은 옛 사람의 품행을 인용한 이야기가 많았습니다. ─ 번주에 대한 충은 특히 전쟁이 일어났을 때 우리나라 젊은이들의 윤리관을 통해 낭만적인 형태로 나타났습니다. 주군이 위급할 경우 스스로의 목숨을 깃털처럼 가벼이 여겨야 합니다. 가장 훌륭한 죽음의 장소는 주군의 말 앞이었고 그 시체가 주군의 말발굽에 차이는 것이 가장 큰 명예였습니다. ─ 이와 마찬가지로 중요하게 여겨진 것이 스승(지식과 도덕의 스승)에 대한 생각이었습니다. 단순한 등가교환*quid pro quid*으로 성립하는 학교교사나 대학교수와의 관계와 다르게, 스승은 몸과 마음을 모두 의탁할 수 있고 또 그렇게 해야 하기 때문에 진정한 교육자*didaskalos*였습니다. 주군과 아버

• •
13. 구약성서 창세기 참조.
14. 중국 '이십사효' 중 오(吳)의 맹종(孟宗)에 관한 이야기.

지와 스승은 삼위일체입니다. 이 세 사람에 대한 생각에 우열은 없습니다. 만약 세 사람 다 물에 빠졌는데 한 사람밖에 구할 수 없다면 누구를 구할 것인가, 이보다 어려운 문제는 없습니다. 세 사람의 적은 불구대천의 원수입니다. 땅 끝까지 쫓아가 눈에는 눈 이에는 이[15]로 복수해야 합니다.

동양의 가르침은 손윗사람에게 복종과 존경을 요구하지만 동년배와 손아랫사람과의 관계에 대해서도 말하고 있습니다. 붕우유신, 형제화목, 손아랫사람과 부하에 대한 인의를 강조합니다. 이교국은 여성을 차별한다고 종종 이야기합니다만 결코 그것을 도덕률로 권장하는 것도 아니며, 더군다나 여성에 대한 처우와 관련한 언급이 아예 없는 것도 아닙니다. 우리가 이상으로 삼는 어머니, 아내, 딸의 모습은 기독교 나라에서 최고로 치는 여성상과 비교해도 결코 손색이 없습니다. 인간을 높여주는 기독교의 영향 없이도 행위와 인격이 훌륭한 여성이 존재하며, 저는 그녀들을 존경합니다.

이러한 동양의 가르침이 자칭 기독교 신자가 접하는 가르침과 비교해도 전혀 뒤처지지 않는다고 믿습니다만, 한편으로 수많은 악과 미신에 사로잡혀 있었습니다.

중국식 윤리의 가장 큰 결점은 성도덕이 엄격하지 않다는

. .

15.　출애굽기 21장 24절.

점입니다. 성적 순결에 대한 덕을 전혀 이야기하지 않는 것은 아니지만 정결貞潔에 관한 법을 어겼을 경우의 대응 방식과 어긴 자를 관대하게 다루는 부분을 보면, 이는 순결에 대한 무관심을 야기합니다. 엄밀히 말해서 동양인은 일부다처제를 고안하지 않았습니다. 그와 유사한 축첩제를 향한 도덕가들의 비난은 가벼웠습니다. 무사로서의 의무와 높은 뜻을 가르치는 아버지의 말씀에는 측실을 가질 수 있으니 공부하고 노력하라는 부분도 있었습니다. 뛰어난 정치력과 학문은 정결 관념과 아무 상관도 없는 셈입니다. 깨어 있을 땐 천하를 쥐고 취해 있을 땐 미인의 무릎을 베고 눕는다고 할까요. 단정치 못한 품행과 날카로운 지성 및 높은 사회적 명예가 양립하는 경우가 아주 많습니다. 다른 나라에도 똑같은 커다란 암흑이 존재한다는 것을 알고 있습니다. 하지만 이러한 순결문제와 관련해서 도덕적 무력함의 원인을 중국도덕에서 찾으려 합니다.

그런데 제가 살아온 나날을 돌이켜보면 더 부끄러운 문제는 어리석은 미신을 필사적으로 지키면서 무언가를 원했던 정신적인 암흑 상태입니다. 많은 신사神社에는 각각의 신들이 살고 있는데 그 신들은 각자의 지배권을 침범하는 것에 엄격하고 마음에 안 드는 행위를 하는 자는 누구든지 즉각 벌한다고 그냥 믿은 정도가 아니라 굳게 믿고 있었습니다. 제가 가장 숭경崇敬했던 신은 학문과 서도의 신[16]으로 매월 25일마다 심신을 정갈히 하고 공물供物을 바치는 의례를 충실히 치렀습니다. 신의 형상을 본뜬 목상 앞에 고개를 숙이고는 서도가 향상되고 더 많은 깨달음을 얻을 수 있게 해주십시오, 라고 열심히 기도했습니다. 또 벼농사를 관장하는 신[17]이 있습니다. 이 신과 인간 사이의 사자使者는 흰 여우입니다. 이 신은 화재와 도난으로부터 가정을 지켜달라는 기도를 들어줍니다. 아버지가 집을 비우는 일이 많아서 어머니와 단 둘이 남게 되는 경우가 자주 있었기에 넉넉지 않은 우리 집을 지켜주십시오, 라고 벼농사의 신에게 매일 기도했습니다. 다른 어떤 신보다 가장 두려워했던 신도 있습니다. 이 신의 상징인 까마귀는 인간 내면을 꿰뚫어 본다고 합니다. 신사의 신관은 까마귀가 인쇄된 거무스름한 종이[18]를 발행하는데 거짓말하는 자는 누구든 이 종이를 먹자마자 위출혈을 일으키는 불가사의한 힘이 깃들어 있었습니다. 저는 친구에게 만약 내 주장이 의심스러

• •

16.　덴만구(天満宮)의 신 스가와라노 미치자네(菅原道真, 845-903). 25일은 미치자네가 유배지 다자이후(大宰府)에서 숨을 거둔 923년 2월 25일에서 유래한다.

17.　우카노미타마(宇迦御霊), 도요우케히메(豊宇気毘売)신 등으로 불리며 흰 여우를 종으로 한다. 일반적으로 이나리(稲荷) 신앙으로 알려져 있다.

18.　구마노(熊野) 신사 등에서 액막이나 소원을 적는 종이로 발행한 '고오호인(牛王宝印)'이라는 기도용 패찰을 말한다. 까마귀는 그 신의 사자.

우면 이 종이로 거짓말을 하고 있는지 시험해보라 했고 그때마다 거짓말이 아님을 입증했습니다. 이외에도 치통을 낫게 해주는 힘을 가진 신도 있었습니다. 저는 치통을 달고 살았기 때문에 이 신에게도 매일 빌고 또 빌었습니다. 이 신은 배梨를 싫어해서 신자에게 배를 먹지 않겠다는 언약을 요구했습니다. 저는 기꺼이 언약을 실행했습니다. 후에 과학과 독물毒物학 학습을 통해 배를 먹지 않는 것이 충치와 관련해서 과학적으로 근거 있음을 깨닫게 되었습니다. 포도당이 충치에 유해하다는 것은 널리 알려진 사실입니다. 그런데 이교의 모든 미신이 이처럼 과학적으로 설명 가능한 것은 아닙니다. 어떤 신은 계란을 끊을 것을, 다른 신은 콩을 끊을 것을 요구하는데 모든 요구를 실행한 결과 결국 어린이가 좋아하는 것을 대부분 먹을 수 없게 되었습니다. 수많은 신들이 존재하기 때문에 각각의 신이 요구하는 내용 사이에 모순과 충돌이 발생하는 경우가 허다합니다. 모든 신을 만족시키고자 하는 양심적인 인간일수록 더 비참해집니다. 저는 모든 신들에게 올릴 수 있는 기도를 고안했습니다. 신사 앞을 지날 때는 공통되는 기도에 덧붙여 각각의 신사에 부합하는 특별 기도를 올렸습니다. 매일 아침 세안을 마치자마자 사방의 신들에게 공통되는 기도를 드렸습니다. 일출의 태양은 모든 신들 중에서도 으뜸가는 신[19]이니까 동쪽의 신에게 특히 주의를 기울였습니다.

신사와 절이 맞닿아 있는 쪽을 향해 같은 기도를 몇 번이고 반복하는 일은 아주 성가셨습니다. 그래서 양심의 가책을 느끼지 않으면서도 기도를 읊는 번거로움을 피하기 위해 신사와 절이 적은 길로 일부러 우회하기도 했습니다. 기도드려야 하는 신들의 수가 나날이 늘어나 결국 제 초라한 영혼 하나가 모든 신들이 미뻐하시는 행위를 하는 것이 불가능함을 깨닫기에 이르렀습니다. 그러나 구원이 찾아왔습니다.

• •
19. 아마테라스 오미카미(天照大神).

제2장 기독교 입신 入信

예수를 믿는 자의 서약

어느 일요일 아침에 학교 친구[20]가 "외국인 거류지에 한 번 가보지 않을래? 아리따운 여자가 부르는 노래도 들을 수 있고 긴 수염에 키가 큰 남자가 단상에서 꽤 요상한 복장으로 팔을 이리저리 휘두르고 몸을 앞뒤로 젖히면서 고함치는 걸 들을 수 있다네. 게다가 입장은 공짜라고"라며 절 불러냈습니다. 친구는 낯선 말로 진행되는 기독교 예배당[21]의 풍경을 이렇게 말했습니다. 저는 친구를 따라갔습니다. 그곳에서 받은 인상은 그리 나쁘지 않았습니다. 이후에 닥칠 끔찍한 결과

..
20. 1873년 상경하여 수학한 아리마사학교(有馬私学校)의 교우.
21. 외국인을 위한 유니언 처치(Union Church)로 도쿄에 위치. 1872년 헌당.

를 알 리 없는 저는 일요일이면 예배당으로 향했습니다. 처음으로 영어를 가르쳐준 영국인 중년 부인[22]은 제가 교회를 다닌다는 사실을 알고 매우 기뻐했습니다. 사실 교회 다니는 것을 '외국인 거류지로 가는 일요 소풍' 정도로 여겼던 제게 그 목적은 유람sight-seeing이지 진리 탐구truth-seeking가 아니었습니다. 그러나 영국 부인은 몰랐습니다.

입신을 권유받지 않는 범위 내에서 경험한 기독교는 즐거웠습니다. 음악과 옛날이야기, 거기에 신도들의 친절한 태도가 너무 좋았습니다. 그러나 5년 뒤 정식으로 입신을 요구받고 엄격한 율법에 따른 막대한 희생을 강요받았을 때는 온 힘을 다해 저항했습니다. 일주일 중 하루는 신앙을 위해 꼭 비워두어야 할 뿐만 아니라 그 날은 공부해서도 안 되고 놀아서도 안 된다는 희생은 도저히 감당하기 힘들었습니다. 그저 육체적 욕망에 못 이겨 새로운 신앙의 수용에 저항한 게 아닙니다. 어릴 적부터 조국에 충성하며 조국의 신을 섬기고 타국의 신을 섬겨서는 안 된다고 배웠습니다. 설령 죽음을 맞이하게 되더라도 조국의 신이 아닌 다른 신에게 충성을 맹세하는 일은 있을 수 없다고 생각했습니다. 외국에서 전해 오는 신앙을 따르는 것은 조국에 대한 배신이자 조국의 종교에 대한

••
22.   교사 피어슨(Frances Susanna Maria Pearson).

배교자의 행위입니다. 그때까지 제 본분과 애국심을 지켜 마음속에 간직했던 높고 용맹한 희망은 기독교를 수용함으로써 산산조각 나고 말았습니다. 당시 저는 한 신설 관립 학교 Government College[23]의 신입생이었습니다. 이미 뉴잉글랜드 출신 기독교 신자인 어느 과학자[24]의 노력으로 이 학교의 상급생(전교생은 두 학년뿐입니다)은 전원 기독교에 입신했습니다. '신입baby Freshmen'을 향한 한 학년 선배의 위압적인 태도는 세계 어디든 다를 바 없을 것입니다. 제 경우는 거기에 새 신앙에 대한 열정과 선교 정신이 더해진 꼴이었습니다. 가련한 '신입' 눈에 비친 선배들의 인상이 어땠는지는 쉽게 상상이 갈 것입니다. 2학년들은 '신입'을 입신시키기 위한 강습强襲[25]을 감행하곤 했습니다. 하지만 신입생 가운데는 '2학년의 공격'(무기를 휘두르는 공격이 아닌 종교적 공격)에 질쏘냐, 선배들을 이전의 신앙으로 되돌려주겠노라 결심한 사람도

· ·

23. 메이지 정부에 의해 1876년 삿포로에 개설된 삿포로농업학교(홋카이도대학의 전신). 우치무라 등은 제2기생으로 1877년 입학.

24. 미국 매사추세츠 출신의 윌리엄 S. 클락(William Smith Clark, 1826-1886). 1876년 일본으로 건너와 삿포로농업학교 초대 교장에 취임하여 이듬해 4월까지 재임. 퇴임 시 'Boys, be ambitious!'라는 표어를 남긴 것으로 알려져 있다.

25. storm. 학교 기숙사 등에서 심야에 발생하는 하급생에 대한 상급생의 시위 행위.

있었습니다. 허나 아니나 다를까! 주위 용사들도 차례차례 힘을 잃고 항복을 선언했습니다. 저 혼자 '이교도', 꺼림칙한 우상을 숭배하는 자, 나무와 돌에 예배드리는 구원받지 못한 자로 남았습니다. 그때 처한 곤경과 고독을 잊을 수 없습니다. 어느 날 오후 저는 정부의 공인을 받은 고장의 수호신을 모신 신사[26]에 참배했습니다. 보이지 않는 신의 존재를 비춰주는 신령의 거울과 조금 떨어진 마른 풀밭에 엎드려 간절히 기도드렸습니다. 이 기도는 입신한 이후 기독교의 신에게 바치는 그 어떤 기도와 비교해도 손색이 없을 정도로 진심어린 기도였습니다. 학교가 있는 고장의 수호신께 "학교에서 일어나고 있는 광신도적 행위를 빨리 다스려주시고 이국의 신과 연을 끊을 것을 단호히 거부하는 자들을 벌하여주시고 마음속 애국심으로 가득 찬 대의에 따르려는 제 보잘것없는 노력에 보탬을 주시옵소서"라고 간절히 기도했습니다. 기도를 마치고 기숙사로 돌아와 보니 아니나 다를까 새로운 신앙의 수용을 강요하는 불필요한 설득이 기다리고 있었습니다. 저는 괴로웠습니다.

..

26.   삿포로 신사. 오쿠니다마(大国魂)신, 오나무치(大那牟遅)신, 스쿠나 히고나(少彦名)신을 홋카이도 지방의 수호신으로 모신 신사로 1869년 창립. 1871년 완공되어 삿포로 신사로 개칭. 현재의 홋카이도 진구(神宮).

교내 여론은 제 반대 의견을 압도했고 저는 더 이상 어찌할 수 없었습니다. 선배들은 다음과 같은 서약서에 강제로 서명시켰습니다. 마치 엄격한 금주주의자들이 술 취한 주정뱅이를 설득해서 금주 서약서에 서명하게 하는 수법과 다를 바 없었습니다. 끝내 서명했습니다. 지금도 저는 이런 강제적인 수법에 굴복해야만 했는가라고 끊임없이 자문하곤 합니다. 하지만 당시 열여섯 살에 불과했습니다. 오라고 종용한 소년들 모두 저보다 나이가 많았습니다. 기독교를 향한 제 첫걸음은 이처럼 강제된 것이었습니다. 뿐만 아니라 양심에 반하는 일이기도 했습니다. 서명한 서약서는 다음과 같습니다.

예수를 믿는 자의 서약[27]

이에 서명하는 S·A 학교[28] 학생은 그리스도의 명을 받들어 그리스도를 믿음을 고백하고 기독교도의 의무를 충실히 이행하여 축복의 구주 즉 십자가에 몸 바쳐 돌아가셔서 우리 죄를 사하여주신 주님에게 사랑과 감사의 마음을 바칩니다. 그리하여 주의 왕국이 번창하여 그 영광 있으사 죄 사함 받아야

● ●

27. 원문명은 'Covenant of Believers in Jesus'. 본 장 표지에 게재. 번역문은 『성서연구』 13(1948년 4월)에 의함. 아리시마 다케오(有島武郎) 역.
28. Sapporo Agricultural College. 즉 삿포로농업학교.

할 자들이 구원 받기를 간절히 바라옵나이다.

앞으로 우리는 그리스도의 충실한 제자로서 가르침을 엄격히 따를 것을 주님께 맹세함과 동시에 다른 제자들에게도 맹세합니다. 우리는 기회가 오면 시험받고 세례 받아 복음주의 교회에 다닐 것을 약속합니다.

우리는 믿습니다, 성서는 직접적으로 유일한 천계의 서書임을. 또한 믿습니다, 성서는 영광스러운 내세來世로 인류를 이끌어주는 완전한 인도자임을.

우리는 믿습니다, 인자하신 창조주이자 정의로우신 주권자이신 최후의 심판자, 절대무한의 하나님을.

우리는 믿습니다, 신실하게 죄를 반성하고 주님을 믿어 용서를 얻은 자는 그 생이 다할 때까지 성령의 인도를 받고 아버지의 보살핌을 얻어서 마침내 죄 사함 받는 성도가 되어 기쁨 충만하고 또 믿는 자의 의무를 다 하는 자로 거듭남을. 허나 복음을 믿지 아니하는 자는 반드시 멸하여 하나님 앞에서 영겁의 지옥으로 떨어짐을.

그 어떤 고난을 겪더라도 아래의 계율을 평생 잊지 않고 이행할 것을 맹세합니다.

너는 정신과 힘과 의지를 다해 너의 주인이신 하나님을 사랑하라.

생명이 있든 없든 하나님이 창조하신 것을 본뜬 우상 또는 그러한 형상을 섬기지 마라.

너의 여호와 하나님의 이름을 함부로 입에 담지 마라.

안식일을 잊지 않고 성스러운 날로 하라, 이 날에는 불필요한 모든 업무를 쉬고 성서 연구에 힘써 너의 덕을 쌓으라.

너의 부모와 통치자를 섬기고 존경하라.

사기, 절도, 살인, 간음 등 모든 불결한 행위를 하지 마라.

네 이웃에 해를 끼치지 마라.

항상 기도하라.

우리는 서로 돕고 격려하기 위해 이 서약에 따라 단체를 조직하여 그 이름을 '예수의 신도'라 칭하고 거처를 함께 하는 동안에는 매주 1회 이상 모여 성서와 종교에 관한 서적이나 잡지를 읽고 또 신앙의 담화를 나누고 기도회를 열 것을 서약한다. 성령님께서 우리 마음에 임하시고 우리에게 사랑을 북돋아주시고 우리 믿음을 굳세게 하사 진리로 인도하여주셔서 구원을 얻을 수 있기를 간절히 바라옵나이다.

1887년 3월 5일 S[29]에서

전문은 앞서 말한 기독교 신자인 미국인 과학자에 의해 영어로 작성되었습니다. 이분도 뉴잉글랜드의 복음주의에

● ●
29. 삿포로.

가장 충실한 대학[30] 졸업생으로 한 때 그곳의 교수였습니다. 이분의 서명에 이어 학생 15명이 서명했습니다.[31] 여기에 제 동기들의 서명이 더해져서 서명자가 30명을 넘어섰습니다. 제 서명은 뒤에서 두세 번째[32]였던 걸로 기억합니다.

저는 새로 얻은 신앙의 이로움을 곧바로 느끼게 되었습니다. 아니 온몸으로 입신에 저항할 때부터 이미 그 이로움을 느끼고 있었습니다. 우주에 신은 오직 하나 뿐, 입신하기 전까지 굳게 믿었던 수많은 ─ 다 헤아릴 수 없을 만큼의 ─ 신들이 존재하지 않는다는 가르침을 얻게 되었습니다. 기독교의 유일신 신앙이 제 속에 있던 미신의 뿌리를 잘라냈습니다. 그때까지 수많은 신들과 맺었던 서약과 그 신들의 노여움을 거두기 위해 행했던 각종 예배 형식들은 오직 하나 뿐인 신을 받아들임에 따라 더 이상 필요 없게 되었습니다. 제 이성과 양심 모두 이 결과에 '그렇다!'고 외치며 찬성하고 있습니다. 신은 하나

••

30. 후에 우치무라도 수학하는 애머스트대학(Amherst College). 클락은 1848년 이 대학을 졸업, 독일 유학 후 1852년부터 15년간 화학 교수로 재직.

31. 실제로는 구로이와 요모노신(黒岩四方之進), 이토 가즈다카(伊藤一隆), 사토 쇼스케(佐藤昌介), 오시마 마사다케(大島正健), 와타세 도라지로(渡瀬寅次郎) 등 16명.

32. 제2기생 중 오타 이나조(太田稲造), 미야베 긴고(宮部金吾), 히로이 이사무(広井勇), 우치무라 간조 등 15명 서명. 우치무라의 서명은 뒤에서 9번째.

38

뿐 다수가 아니라는 가르침은 작은 제 영혼에 있어 말 그대로 기쁜 깨달음이었습니다. 더 이상 동서남북 사방에 있는 신들에게 매일 아침 기나긴 기도를 올릴 필요가 없습니다. 길을 걸을 때마다 마주치는 신사 하나하나에 장황한 기도를 반복할 필요도 없습니다. 오늘은 이 신을 위한 날 내일은 저 신을 위한 날로 정하고 각각의 신에 맞춰 특별한 서약과 금기를 지킬 필요도 없습니다. 저는 목을 빳빳하게 세우고 당당하게 이 신사 저 신사 앞을 지나갔습니다. 수많은 신들 가운데 저를 돌봐주시고 지켜봐주시는 오직 하나 뿐인 신을 영접했기 때문에 더 이상 이 신 저 신께 기도를 읊지 않아도 벌 받을 일이 없다는 확신에 가득 찼습니다. 제 변화를 친구들이 금방 눈치 챘습니다. 그전까지 저는 신사가 눈에 들어오자마자 마음의 기도를 올리기 위해 친구들과의 수다를 멈추곤 했기 때문입니다. 그랬던 제가 등굣길 내내 즐겁게 수다를 떨고 있는 모습을 친구들이 봤습니다. 저는 '예수를 믿는 자의 서약'에 강제로 서명했음을 후회하지 않았습니다. 유일신 신앙은 저를 새 사람으로 만들어주었습니다. 저는 다시 콩과 계란을 먹기 시작했습니다. 기독교의 모든 것을 깨달았다고 생각할 정도였습니다. 그만큼 신이 오직 하나 뿐이라는 생각이 활력을 주었습니다. 새로운 신앙으로 깃든 새로운 정신의 자유는 제 심신에 건전한 영향을 끼쳤습니다. 전보다 공부에 집중하

게 되었습니다. 육체가 새로이 얻은 활동력을 기뻐하며 저는
산과 들판을 돌아다니고 산골짜기에 핀 백합과 하늘에 나는
새를 바라보며 자연을 창조하신 하나님과 자연을 통해 교신하
기를 갈구했습니다. 일기를 인용하겠습니다.

1877년 9월 9일 — 아침, S[33], M[34]과 산책했다. 밤, 2학년의
예수의 기도Christ-prayer를 들었다.
'예수의 기도', 이 이상한 표현에는 일종의 경멸이 담겨
있습니다.

12월 1일 — '예수교Jesus Religion'로 들어가는 문 안으로.
실은 강제로 들어가게 되었다고 하는 편이 옳을 것입니다.
즉 '예수를 믿는 자의 서약'의 서명을 강요당했던 것입니다.

1878년 2월 10일 일요일 — 2학년 O[35], 내 방에 찾아와 이야
기했다(기독교에 대해). T[36], M, F[37],H[38], Ot[39]와 강변을 산책했

33. 사쿠마 노부야스(佐久間信恭, 1861-1923). 후에 영문학자.
34. 미야베 긴고(1860-1951). 후에 삿포로제국대학 교수. 식물학자.
35. 오시마 마사다케(1859-1938). 후에 삿포로농업학교 교수. 중국고운
(古韻)학 전공. 『클락 선생님과 그 제자들クラーク先生とその弟子た
ち』(1937) 저자.
36. 다카기 다마타로(高木玉太郎, 1862-1916). 졸업 후 개척사(開拓使.

다. 돌아오는 길에 들개 사냥을 봤다. 밤, 2학년 O가 또 찾아와 함께 '뽑기' 놀이를 했다.

청교도다운 방식으로puritanic way 안식일을 지켰다고는 할 수 없습니다. 2학년 O는 훗날 우리 교회의 목사님이 됩니다. 우리는 O 선배를 '미셔내리 멍크missionary monk'라 불렀습니다. 이교도 시절의 저를 가장 집요하게 비판했던 자가 O입니다. 이 당시 들개의 근절이 진행되었는데 소년들은 들개를 사냥하는 잔혹한 행위 구경을 좋아했습니다. 우리는 일요일임에도 들개 사냥 구경이 죄가 된다고는 생각지 못했습니다. 참가자의 행운과 불운이 우연을 통해 결정되는 '뽑기 놀이'를 우리는 즐겼습니다. 게다가 우리의 자칭 목사 선생님조차 일요일 밤 놀이 모임에 참가하는 것이 성직자의 품위에 걸맞지 않다고는 전혀 생각지 않았습니다.

• •

홋카이도 개척을 위해 1869-1882년까지 존재했던 관청. 역주) 어용계(御用係. 구나이초宮内庁 등의 명령에 따라 업무를 수행하는 관직. 역주). 농예화학 전공.

37. 후지타 규자부로(藤田九三郎, 1858-94). 졸업 후 개척사 어용계로 공업국 토목과에 근무했으나 요절.

38. 히로이 이사무(1862-1928). 후에 도쿄제국대학 교수. 토목공학 전공.

39. 오타(니토베(新渡戸)) 이나조(1862-1933). 후에 제1고등학교 교장, 도쿄제국대학 교수, 국제연맹 사무차장.

3월 3일 일요일 — 오후, 다과회를 열었다. 밤, O의 방에서 교회.

성일聖日임에도 아랑곳하지 않고 육고기flesh의 쾌락에 빠져 있습니다. O 선배는 신앙 행사의 중심 역할을 맡았는데 '교회', 정확히 말해 신앙 모임을 O 선배 방에서 처음 가졌습니다.

3월 31일 일요일 — Ot의 방에서 교회. 밤의 성구聖句는 실로 흥미로웠다.

여기서의 성구란 로마서 제12장으로 기억합니다. 우리는 "네 원수가 주리거든 먹"일 수 있는 신앙심이 없었기에 깊은 양심의 가책을 느꼈습니다.

4월 21일 일요일 — 아침, 9시에 F, M, Ot, H, T와 기도회를 열었다. 처음 느낀 큰 기쁨.

조금씩 신앙심을 가지게 되었습니다. 처음으로 기도하는 기쁨을 느꼈습니다.

5월 19일 일요일 — 집회에 가면 비평이 너무 많다. 오후, F, Ot, M, A[40], T와 숲속을 산책했다. 벚꽃을 조금 꺾어 왔다.

..

40. 아다치 겐타로(足立元太郞, 1859-1912). 후에 요코하마 생사(生糸)검

너무 즐거웠다.

  이미 신앙상의 의견 충돌이 일어나기 시작했으나 봄바람을 맞으며 꽃구경하는 즐거움을 통해 그것을 잊었습니다. 어느 교회건 난문을 해결하기 가장 좋은 방법은 다 함께 산책하며 자연을 느끼는 것입니다.

  6월 1일 토요일 — 학교의 유희회遊戱會[41]. 수업은 없었다. 운동장엔 관객이 약 200명 정도. 밤, 식당에서 정기적으로 갖는 파티. H와 의견 충돌.

  내일의 안식일 준비로서 그다지 바람직하지 않습니다. H는 '교회'원인데 그와 신학상의 견해로 대립했습니다.

  6월 2일 일요일 — 오전 10시에 목사 H씨[42]의 설교를 들었다. 오후 3시에 또 다른 설교와 기도 후, 여섯 명의 형제, Ot, M, A, H, T, F와 함께 세례를 받았다. 밤, 이어지는 기도와 설교.

  평생 잊을 수 없는 하루. H씨는 감리교[43] 미국인 선교사로

  · ·

      사소 조사부장.
41.   삿포로농업학교의 운동회.
42.   미국 감리교 감독교회의 선교사 해리스(Merriman Colbert Harris, 1846-1921). 1873년 도일(渡日)하여 당시 하코다테(函館)에서 전도 활동. 아내 플로라(Flora Best)와 더불어 평생 우치무라와 친교를 유지했다.

우리의 신앙심을 북돋기 위해 일 년에 한 번씩 방문해주었습니다. 그 앞에 무릎 꿇고 우리 죄를 위해 십자가에 못 박히신 분의 이름을 고백하도록 명받았을 때, 굳은 결심과 함께 떨리는 음성으로 아멘이라 대답했던 우리 모습을 선명히 기억합니다. 사람들 앞에서 기독교 신자의 고백을 한 우리는 세례명을 가져야 한다고 생각했습니다. 그래서 웹스터 사전 부록[44]에서 각자에게 어울릴 법한 이름을 택했습니다. Ot는 바울로 정했습니다. 그는 태생이 학자풍으로 가말리엘[45]의 제자 이름이 자신에게 어울린다고 생각했습니다. F는 위고[46]를 골랐습니다. 단지 '입도入道'를 의미하는 그의 별명 '뉴'의 발음과 비슷하다는 이유뿐이었습니다. T는 프레드릭[47], A는 에드윈[48], H는 찰스[49], M은 프랜시스[50], 저는 조나단[51]으로 정했습니다. 다윗

••

43. 메소디스트(Methodist). 존 웨슬리(John Wesley, 1703-91)가 영국에서 창시했다. 1795년 영국국교회에서 독립. 교파명은 규칙(method)을 엄수한다는 뜻에서 유래.

44. 미국의 사전편찬자 웹스터(Noah Webster, 1758-1843)가 편찬한 *An American Dictionary of the English Language*.

45. 유대인이 존경했다고 전해지는 율법학자(사도행전 5장 34절). 바울은 가말리엘의 엄격한 교육을 받았다고 한다(사도행전 22장 3절).

46. Hugo. 정신·영혼을 뜻한다.

47. Frederick. 평화적인 통치자.

48. Edwin. 자산의 상속자.

49. Charles. 고상함, 강함.

을 향한 깊은 우정을 보여준 조나단의 사랑에 큰 감명을 받았기 때문입니다.

이렇게 루비콘 강[52]을 영원히 건너게 되었습니다. 우리는 새로운 '주군主君'에게 충성을 맹세했습니다. 우리 이마에는 십자가 낙인이 찍혔습니다. 인간 세상의 주군과 스승에게 바쳐야 한다고 배운 충성심을 이제부터는 하늘 세상의 새로운 주‡군 즉 주님께 바치게 하여주시고 나라들을 차례로 정복해 갈 수 있게 하여주시옵소서.

마침내 그 어떤 머나먼 나라라 한들
그 나라들 모두 구세주의 이름을 기억하게 하여주소서[53]

• •

50.　Francis. 자유와 해방.

51.　Jonathan. 주4 참조. 웹스터 사전에 의하면 조나단은 'Gift of Jehovah' (여호와의 선물).

52.　the Rubicon. 이탈리아와 갈리아 사이를 흐르는 강. 기원전 49년, 카이사르가 '주사위는 던져졌다'고 말하며 이 강을 건너 폼페이우스와 전쟁을 시작했다. 중대한 결정을 내려 행동에 나서는 것을 이르는 말.

53.　히버(Reginald Heber) 작사의 'From Greenland's Icy Mountains(새찬송가 507장 '저 북방 얼음산과'. 역주)' 3절. 원문의 'earth's'가 본서에는 'each'로 되어 있다. 번역문은 사이토 이사무(斎藤勇) 『賛美歌研究』(研究社出版, 1962)를 참조했다.

입신한 우리는 전도자입니다. 그러나 우선은 교회를 조직
해야 합니다.

제3장 초기 교회

삿포로농업학교 제1기, 제2기생 신도(뒷줄 오른쪽에서 두 번째가 우치무라)

우리는 세례 받고 새로 태어났다고 느꼈습니다. 그렇게 생각하려 했고 또 그렇게 보이도록 노력했습니다. 한 달만 지나면 '신입'이라는 굴욕적인 꼬리표를 뗄 수 있습니다. 우리 밑으로 어린 후배들이 입학하기 때문에 칠칠치 못한 행동은 그만하고 어른스러워져야 한다고 생각했습니다. 기독교 신자로서 2학년이 되면 행동과 학문에서 이교도이자 '신입생'의 모범이 되어야 합니다. 그 전에 우리 안의 이교도 기분*heathenism*과 신입생 기분*freshmanism*과 이별할 필요가 있습니다. 그래서 학기말이 되자 막 입신한 우리 '신입생'들은 일요일이 아님에도 집회를 가졌습니다. 앞서 말한 두 기분*ism*과 이별하는 축제*fete*를 성대하게 열었습니다. 에드윈을 농장에 보내무, 양배추, 토마토 그리고 가장 큰 호박을 가져오게 했습니다. 식물학자 프랜시스가 민들레 꽃잎을 딸 수 있는 장소를 알고 있었는데 제게 맛있는 민들레 꽃잎을 한가득 따오라며 소쿠리를 주었습니다. 뛰어난 '과학자'이자 '요리학'에 있어서 이론과 실전 모두 일인자인 프레드릭은 소다와 소금과 설탕을 준비했습니다. 위고는 '수학'과 '물리학' 재능을 살려 요리에 필요한 불의 강도를 조절하는 역할을 맡았습니다. 학자 바울은 이럴 때면 그다지 도움이 되지 못했지만 일단 먹기 시작하면 남에게 뒤지는 일이 없습니다. 준비가 끝나고 식사 개시 신호가 떨어지자마자 30분도 채 되지 않았는데 그릇을 싹 비워 냅니다. 이 날 이후 우리는 배는 조금 채우되 영혼을 가득 채우자고 생각하게 되었습니다.

우리 기숙사 안에 세운 자그마한 '교회'를 이야기하기 전에 회원들의 개성을 소개하고 싶습니다.

최연장자는 위고입니다. 그는 '수학자'이자 '엔지니어'로 항상 현실적인 사고를 합니다. 그는 상당한 액수의 현금을 획득하기 위한 계획을 세웠습니다. 물론 기독교를 위해서입니다. 그는 기독교란 무엇인가, 라는 투로 이러쿵저러쿵 따지려 들지 않습니다. 기독교의 사명에 따라 공명정대하게 일을 처리하면 충분합니다. 비열하고 위선적인 행위를 이유 불문하고 싫어했습니다. '교회' 안에서 농담하고 장난치는 그만의 재능을 연발해서 다른 회원들을 당황시키기도 했습니다. 교회 재정 면에서 신뢰할 수 있었기에 자주 회계를 맡았습니다. 몇 년 후 우리의 새로운 교회를 건설할 때 '재료의 강도'를 계산해주었습니다.

나이순으로 다음은 에드윈입니다. 그는 호인好人으로 무슨 일에든 앞장서는 성격입니다. 동정심이 발휘되면 곧장 눈물을 보이기도 합니다. '준비위원장'으로서 항상 열심히 움직여주었습니다. 크리스마스나 헌당식 때면 너무 열심히 일 해주는 나머지 '식사를 까먹는' 일도 종종 있었습니다. 신학적인 난제를 추궁하는 성격은 아닙니다. 그의 눈물샘을 자극하는 것은 버틀러[54] 『아날로지』나 리든[55] 『뱀턴 강연집』에 실린 명론탁설이 아닙니다. 그는 『삽화 기독교 주보The Illustrated Christian Weeklies』[56] 기사에 더 감동합니다.

프랜시스는 가장 원만한 성격의 소유자입니다. '누구에게도 악의를 품지 않고 모든 이에게 선의를 가지고'[57] 살아가는 사람이었습니다. "그는 태어날 때부터 선인이야. 더 선해지려

● ●

54. Joseph Butler(1692-1752). 영국 국교회 주교. 저서로 『종교의 비유The Analogy of Religion』, 1736이 있다.

55. Henry Parry Liddon(1829-90). 영국 국교회의 설교가.

56. '삿포로농업학교 제2년보(札幌農学校第二年報)'에 수록된 장서 목록에 1871-76년분이 American Tract society의 기증서로 기록되어 있다.

57. 링컨 대통령 제2기 취임 연설(1865년 3월)에서 나온 표현.

고 할 필요도 없어"라고 우리끼리 이야기하곤 했습니다. 그의 존재 자체가 평화를 가져다주었습니다. 초기 교회 시절 개인적인 증오와 교회원들 사이에 이른바 신학자의 미움*Odium theologicum*의 감정이 싹터 분열 위기가 도래했을 때, 우리는 위기를 극복하고 평화와 조화를 되찾을 수 있었습니다. 바로 그때 우리 주위를 맴도는 북극성과 같은 역할을 그가 해주었습니다.[58] 이후 우리나라 최고의 식물학자가 됩니다. 나아가 평신도로서 하나님 나라를 우리나라에 널리 전하기 위해 헌신하는 사람이 됩니다.

프레드릭은 위고처럼 현실주의자이면서도 그 나이 또래로는 흔치 않게 영민함과 통찰력을 지닌 사람이었습니다. 그는 '과학' 공부를 좋아했는데 실제로 우리나라에서 손꼽히는 '공업 기사'가 되었습니다. 그는 어학 능력이 탁월했습니다. 독일어, 프랑스어를 독학으로 습득했으며 밀러, 밀턴, 셰익스피어를 즐겨 읽었습니다. 기독교의 가르침에 대해 근본적인 의문을 품고 있기는 했지만 그 의문을 깊게 파고 들어간들 답을 얻을 수 없다는 사실을 일찍부터 깨닫고 있었습니다. 그는 '순결무구한 생애'를 열망했습니다. 제가 보기에 그러한

..
58. 『논어』, '위정'편 "子曰 爲政以德 譬如北辰居其所 而衆星共之(공자께서 말씀하시기를 정치를 덕으로 다스림이란, 비유컨대 북극성이 그 자리에 있어서 뭇 별들이 한결같이 절하고 쫓아감과 같다.)"

생애의 경지에 도달했습니다. 때로는 현실주의적인 그의 지식과 양심이 '교회'의 어른스럽지 못한 기풍과 잘 어울리지 못할 때도 있었습니다. 하지만 그는 '교회'의 기풍을 너그럽게 받아들였고 우리도 그런 그를 받아들였습니다. 4년이라는 긴 시간 동안 그는 집회를 빠지는 일이 거의 없었습니다.

바울은 '학자'입니다. 신경통을 앓았고 근시였습니다. 그는 단순히 모든 일에 의문을 던지는 걸 넘어서 끊임없이 새로운 의문 자체를 떠올리는 사람이었습니다. 스스로 시도해보고 음미해보지 않으면 절대 받아들이지 않는 성격입니다. 세례명이 토마스(도마)[59]가 더 어울릴지도 모르겠습니다. 안경 쓴 겉모습이 학자같이 보이긴 해도 그 속에 천진난만한 소년이 있습니다. 안식일 오후가 되면 모두와 벚꽃나무 아래에서 들놀이*fête champêtre*를 즐겼습니다. 오전에 '섭리'와 '예정설'[60]에 관한 비관적이면서도 깊이 있는 의문을 제시하여 열광적인 '교회' 분위기에 찬물을 끼얹은 날의 오후에도 말입니다.

찰스는 복잡한 성격의 소유자입니다. 프레드릭에 버금가는

· ·

59. 예수의 열두 제자 중 한 사람. 예수의 부활에 대해 "내가 그의 손의 못 자국을 보며 내 손가락을 그 못 자국에 넣으며 내 손을 그 옆구리에 넣어 보지 않고는 믿지 아니하겠노라"(요한복음 20장 25절)라 했다.

60. 인간의 구제는 신의 은혜에 의해 미리 정해져 있다고 보는 교리.

날카로운 식견을 가졌으며 기독교에 관한 지적인 태도는 바울을 연상시키기도 합니다. 그 또한 다른 뜨거운 청년들과 마찬가지로 지성의 힘을 빌려 신과 '우주'를 이해하려 했습니다. 노력과 정진을 통해 신이 주신 율법에 부끄럽지 않은 인간이 되려고 노력했고 '선행을 통해 복음'을 전하는 신앙의 경지에 이르렀습니다. 그는 학식 있는 엔지니어가 되었습니다. 교회 내외의 봉사 활동에서 그가 발휘하는 측은지심은 언제나 큰 도움이 되었습니다.

조나단은 바로 이 책이 연구 대상으로 하는 자이기도 합니다. 지금 다 말씀드릴 필요는 없겠지요.

이상, 작은 '교회'를 형성한 '7인'에 대해 이야기했습니다. 이 작은 '교회'가 만들어지고 약 2년간 S[61]도 함께했습니다. 마치 원숭이같이 땅딸막한 체구에 행동이 민첩한 그를 '카하우[62]'라는 별명으로 불렀습니다. '7인'보다 일 년 빨리 세례를 받은 그는 기독교 신자로서의 경험이 풍부했습니다.

3학년들은 그들만의 신앙 집회를 따로 가졌습니다. 우리 2학년 기독교 신자도 우리만의 집회를 열었지만 일요일 오후에는 양자 합동 성서 연구회를 열었습니다. 허나 3학년보다

. .

61. 사쿠마 노부야스.
62. 보르네오 산 코주부원숭이(*Nasalis larvatus*).

2학년이 신앙생활에 더 열심인 것은 모두가 인정하는 사실이었습니다. 2학년의 집회를 부러워하는 3학년도 있었습니다.

우리의 일요 예배 방식을 설명하겠습니다. 우리의 작은 교회는 민주적이었습니다. 모든 회원은 평등합니다. 평등을 통해 성서와 사도가 전하는 길을 따를 수 있다고 믿었습니다. 집회 당번은 순번제로 했습니다. 그날의 당번이 안식일의 목사이자 사제이자 교사 — 자잘한 사역까지 모두 담당합니다. 당번은 정해진 시간에 회원을 소집할 책임을 지며 본인의 방을 교회로 제공해야 합니다. 당번만 의자에 앉을 수 있으며 나머지 회원들은 당번 앞에 깐 담요 위에 무릎 꿇고 앉습니다. 기술자 위고가 설교단으로 쓰라고 준비해준 밀가루 통 위에 파란 담요를 씌웠습니다. 장엄한 분위기 속에서 목사님의 기도로 예배가 시작되고 성서 낭독이 이어집니다. 목사님의 짧은 말씀이 끝나면 그가 어린 양 한 사람 한 사람을 차례로 호명하여 양들에게 자기 자신에 대한 이야기를 하도록 합니다. 세례 받고 얼마 지나지 않은 어느 날 바울이 집회의 '어트랙션'으로 간식거리를 준비하자고 제안했고 모두 찬성했습니다. 안식일 당번인 목사님의 일요일 아침 첫 임무는 돈을 걷어 간식거리를 준비하는 일입니다. 프레드릭은 '어트랙션'의 질을 요구했고 위고와 찰스는 양을 요구했습니다. 결국 우리는 모든 것을 목사님께 일임했습니다. 준비가 끝나면 따뜻한

차도 준비된 예배가 시작됩니다. 목사님 말씀이 끝나면 조수가 과자를 평등하게 나누어 줍니다. 어린 양들의 '감화感話'는 과자를 먹는 사이 진행됩니다. 감화 속에 각자의 성격이 그대로 드러났습니다. 위고가 좋아하는 책은 넬슨의 "불不신앙론"[63]이었습니다. 불성실한 태도를 싫어하는 그는 불신앙도 비난했습니다. 에드워드는 수지와 찰리가 '눈, 아름다운 눈'에서 신의 은총을 발견하는 이야기, 기댈 곳 없는 작은 새가 자애로운 신의 섭리로 모이 양식을 얻게 되는 이야기를 했습니다. 프레드릭의 이야기는 항상 짧습니다. 그의 화제는 언제나 하나님의 존엄에 관해서입니다. 우리 모두 하나님 앞에 겸손한 마음으로 머리 숙여 섬겨야 한다는 내용입니다. 찰스는 영국에 주문해서 구입한 리든의 『뱀턴 강연집』에서 발췌해서 읽었습니다. 실은 본인도 책의 반 정도밖에 이해하지 못했습니다. 그런 그의 이야기를 듣는 우리는 그 책의 반의 반 정도밖에 이해하지 못하는 꼴입니다. 바울의 이야기는 언제나 현학적이었으며 학자의 강연을 듣는 것 같습니다. 프랜시스의 이야기를 들으면 깊은 생각에 빠집니다. 조나단은 하루하루 느낀 불안과 기쁨 등을 터놓고 이야기했습니다. '카하우'는

• •

63. '삿포로농업학교 제2년보'(영문) 수록의 장서 목록에 D. Nelson, *On Infidelity*가 있다.

익숙한 『마을의 설교』[64]에서 한 장을 읽어주곤 했는데 너무 길어질 때가 많았습니다. 우리는 감화가 끝나지도 않았는데 간식을 다 먹었습니다. 입이 심심해지면 설탕도 크림도 필요 없는 뜨거운 물을 호호 불어가며 목구멍을 적셨습니다. 식사 시간을 알리는 12시 반의 종소리가 폐회 신호였습니다. 딱딱한 바닥에 4시간 가까이 무릎 꿇고 앉아 있던 우리는 폐회 기도가 끝나기 무섭게 식당으로 달렸습니다.

우리에게 자국어로 된 참고할 만한 종교서가 없었기에 대체로 영국 또는 미국에서 출판된 서적을 이용했습니다. 기독교 신자 친구가 힘써준 덕분에 미국 문서 전도회the American Tract Society 출판물 약 80여권을 입수했습니다. 『삽화 기독교 주보』 합본은 그 내용이 참으로 알차서 봐도 봐도 질리는 법이 없었습니다. 그리고 감사하게도 런던 문서 전도회the London Tract Society와 기독교 지식 보급 협회the Soc. of Promoting Christian Knowledge가 약 100권의 책을 보내주었습니다. 그 후에도 감사하게도 보스턴에 위치한 유니테리언 협회the Unitarian Association가 다량의 협회 출판물을 기증해주어서 즐겁게 읽었습니다. 특히 필라델피아의 고故 알버트 번즈 목사[65]의 유명한 "주해서

● ●
64.　목사에서 작가가 된 독일인 프렌센(Gustav Frenssen, 1863-1945)의 저서 *Dorf-predigten*, 1899-1903(전 3권)으로, 영어 초역본 *Village Sermons*가 있다.

注解書”가 큰 도움을 주었습니다. 이 책 전체에 깃들어 있는 영성, 간결하고도 명쾌한 문체, 이교국의 어린 개종자改宗者에게 건전함을 전하는 깊은 청교도적 색채, 이 모든 것들이 유익했으며 매력적이었습니다. 저는 학교 다니는 동안 이 신약성서 주해서를 몇 번이고 통독했습니다. 위대한 신학자가 아로새긴 신학적 각인은 아직 제 마음 속에 살아 있습니다. 양서良書의 저자여, 행복하소서!

평일 기도회는 수요일 저녁 9시 반에 열었습니다. 평일 기도회에는 '감화'가 없고 전원이 기도를 올립니다. 평일 기도회는 대략 한 시간 정도 걸렸습니다. 딱딱한 바닥에 한 시간 정도 무릎 꿇고 앉아있기란 편한 자세가 아닙니다. 언젠가 생리학 교수[66]가 우리처럼 오랜 시간 무릎 꿇고 앉아 있는 자세를 지속하면 무릎 관절에 활막염이 올 수 있다고 말했습니다.

일요일 밤 상급생과 함께하는 합동 성서 연구회에서 우리 2학년은 그렇게 중요한 역할을 맡지 않습니다. '미셔내리 멍

. .

65. Albert Barnes(1798-1870). 미국 장로교의 목사. 『신약성서주해(Note on the New Testament』(전 11권)가 특히 유명하다. 우치무라는 미국에서 번즈 목사의 구약성서주해도 참고했다(본서 제7장의 1885년 1월 6일 일기). 1888년 발행의 삿포로농업학교 저서 목록(영문)에 『신약성서주해』가 기록되어 있다.
66. 같은 해 9월 취임한 커터(John C. Cutter).

크' O, '장로' S[67], '크로커다일Crocodile' W[68]는 우리 동기들이 흉내도 못 낼 정도로 깊이 있는 기독교 호교護敎론을 둘러싼 변론을 주고받았습니다. 이 연구회가 끝나면 마치 약속이라도 한 듯 친구들은 모두 기뻐했습니다. 기운을 회복하기 위한 우리만의 즐거운 예배를 따로 가졌습니다. 일주일 가운데 가장 즐거운 하루가 이렇게 저물었습니다.

여기서 일기를 인용하겠습니다.

1878년 6월 19일 — '여섯 명의 형제'와 연극 관람. 세례 받고 아직 3주도 채 지나지 않았는데 말입니다!

7월 5일 — 학업우수상[69]으로 17엔 50전을 수령했다. 오후, 클래스 전원과 연극을 관람했다.

전부터 우리는 기독교와 연극 관람을 분리해서 생각했습니

. .

67. 제1기생 사토 쇼스케(1856-1939). 후에 농업학자, 홋카이도제국대학 총장. 가장 연장자라서 '장로'라 불렸다.

68. 제1기생 와타세 도라지로(1859-1926).

69. 개척사상(開拓使賞). 우치무라는 6과목 중 수학과 농학 1등으로 각각 7엔, 영어와 화학이 2등으로 각각 3엔 50전, 합계 21엔이 되나 한 사람이 20엔을 초과하는 상금을 받을 수 없었기 때문에 화학 상금이 감액되어 17엔 50전(당시 1엔은 현재 4·5만엔의 가치를 가진다. 역주)을 받았다.

다. 세례 후 두 번째로 연극을 봤는데 실은 약간의 양심의 가책을 느꼈습니다. 이 극장이 내 인생에서 마지막[70] 극장이라는 마음가짐이었습니다. 그런데 후에 기독교 신자라도 영혼의 행복을 유지하기 위한 연극 관람은 상관없다, 실제로 지금도 많은 신자들이 연극을 관람하고 있다는 사실을 접하게 되었습니다. 연극 관람과 간음죄가 동등한 죄는 아닐 터입니다. 허나 '해를 끼치는 오락amusement that kill[71]'을 굳이 즐기지 않아도 된다면 그것을 멀리하는 편이 더 바람직할 것입니다. 심신에 나쁜 영향을 끼치지 않기 때문입니다.

9월 29일 일요일 — 오후, '여섯 명의 형제'와 숲에서 보낸 하루. 머루와 산딸기를 따 먹었다. 기도하고 찬송했다. 쾌청한 날씨.

원시림 속에서 기도하고 찬송하니 창조주 계신 그곳까지 다다른 듯한 기분. 잊을 수 없는 하루.

10월 20일 일요일 — '일곱 명의 형제'와 '석산石山'에 올랐

· ·

70. 그러나 그 후 우치무라는 내면적 혼란을 겪으면서도 극장의 강연회에 출석했다.
71. '삿포로농업학교 제3년보'(영문) 수록의 저서 목록에 Thomas De Witt Talmage의 *Sports that kill*, 1875가 있다.

다. 기도하고 찬송했다. 돌아오는 길에 산딸기로 기운을 회복했다.

역시나 잊을 수 없는 하루. 방에서는 찬송이 금지였습니다. 다들 찬송하는 방식이 제각각이라 방에서 큰 소리로 찬송할 용기도 없었습니다. 서툰 발성에 음 이탈에 '음악적인 멜로디'라 할 수 없는 찬송이었습니다. 바울은 토플레디[72]의 멜로디만 알면 모든 찬송가를 부를 수 있다고 장담했지만 실은 그가 그것 말고는 아는 것이 없었기 때문입니다! 산과 언덕은 우리의 서툰 음악을 참고 들어주었습니다. 우리 노래가 좋은 음악의 요소 가운데 하나 — 진심이 담긴 음악 — 는 가지고 있었으니까요. 하나님이 아십니다.

12월 1일 — H씨를 통해 감리교 교회에 입회했다.

경애하는 선교사 H목사님께서 우리 지역을 방문해주셨습니다. 우리는 감리교와 다른 교파 간의 상이점*pro and con*에 대한 공부 없이 감리교 교회에 입회했습니다. 선량한 H목사님이 속한 교회라면 그 교회도 틀림없이 훌륭하리라 생각했기 때문입니다.

. .

72. Augustus Montague Toplady(1740-78). 영국의 목사, 찬송가 작곡가. 일본에서는 찬송가 '만세반석 열리니'로 유명.

12월 8일 일요일 — 밤에 '일곱 명의 형제'와 진지한 이야기를 나눴다. 속을 툭 터놓고 이야기를 나눴다. 우리 모두의 마음에 대개혁을 일으키자고 함께 다짐했다.

기독교를 수용한 이래 최고의 날을 맞이했습니다. 늦은 새벽까지 이야기 나누고 기도했던 걸로 기억합니다. 잠자리에 눕자마자 날이 밝아 왔기 때문입니다. 그 날 밤엔 모두가 천사처럼 보였습니다. '뾰족뾰족' 조나단, '울퉁불퉁' 위고, '뾰로통' 프레드릭도 그날 밤만큼은 '주옥珠玉' 프랜시스처럼 둥글둥글 원만해 보였습니다. 회의주의자 바울조차 우리가 보여준 기독교를 반대하지 않았습니다. 이런 밤을 또 허락해 주시기를! 하늘에 천사의 노래가 울려 퍼지고 베들레헴별을 따라 동방박사가 아기 예수 계신 곳에 온 밤이 우리의 이날 밤보다 더 아름다웠을까요!

12월 25일 크리스마스 — 구세주 강림하심을 축하했다. 기쁘다 구주 오셨네.

처음 맞이하는 크리스마스. 3학년의 크리스마스 행사는 '무신앙no faith'적이었습니다. 그러나 이듬해 그들은 신앙으로 크리스마스를 보낸 우리를 따라했습니다.

12월 29일 일요일 — 밤, 채유菜油 에피소드 등.

그 해의 마지막 안식일이었습니다. 기독교 신자인 동기들과 선배들은 지난 한 해 실패한 일과 부족한 일, 새해에 할 일과 희망에 대한 진지한 이야기를 나눴습니다. 그 날 밤의 기도와 격려는 평소와는 다른 열정으로 넘쳤습니다. 그때 갑자기 "I교수[73]가 돌아왔다. 채유로 석유와 똑같은 밝기를 낼 수 있음을 보여준다"고 소리치는 목소리가 들렸습니다. 실은 2~3주 전에 수입품의 절약에 힘쓰자, 펜실베이니아와 뉴욕주의 산에서 나는 석유 대신 국산 채유를 쓰자, 라는 당국의 포고가 있었습니다. 그 때문에 양키식 램프는 모두 압수당했고 채유를 태우는 램프가 새로이 지급되었습니다. 하지만 채유 램프의 빛은 미국산 광물 석유에 비해 너무나도 빈약했습니다. 이는 공부를 소홀히 해도 되는 핑계거리를 마련해준 꼴이었습니다. 우리는 수학을 가르치는 I교수를 그다지 좋아하지 않았습니다. 그 날 밤 그는 거나하게 마신 모양으로 비틀대는 걸음걸이에 말도 횡설수설이었습니다. 한 학생이 새 램프에 대한 불평을 늘어놓자 I교수는 조금 더 상식적으로 생각할 수 있다면 그 따위 의문을 가질 수 없다, 너희들이 상식이 부족한 증거를 과학적 방법으로 직접

73. 이치고 히로요시(市鄕弘義). 예과(予科)의 수학 교사로 기숙사 사감.

시전施展하겠다고 대답했습니다. 평소에 우리가 그를 어떻게 생각하는지 보여줄 수 있는 절호의 기회가 찾아왔습니다. 기독교 신자와 이교도 모두가 한통속이 되어 I교수에 대한 의견을 피력할 생각이었습니다. 반半이교도 3학년 중에서 '물고기 얼굴' Y[74], '호인' U[75], '프테로닥틸Pterodactyl' T[76]등이 성서를 바닥에 팽개치고 소란스러운 현장으로 달려왔습니다. 교수의 과학적 증명 따위 어찌되건 상관없습니다. 우리는 그를 밖으로 끌어내 눈 위로 밀쳐 넘어뜨리고는 눈송이를 던지며 세상의 험한 말을 퍼부었습니다. 가장 신앙적인 태도로 생활했던 찰스가 기독교 신자로서 부적절한 언동을 그만하라며 말렸지만 소용없었습니다. 알코올의 영향으로 제 몸 하나 가누지 못하는 가여운 교수가 눈밭 위에서 겨우 술기운에서 깨자 소년들은 성스러운 집회를 위해 안으로 들어갔습니다. 작은 테오도시우스[77]들을 예배당에서 쫓아내는 암브로시우스[78]는 없습니다. 이 일요일 저녁에 우리가 맛본 감정의

• •

74. 제1기생 야나기모토 미치요시(柳本通義).
75. 제1기생 우치다 기요시(內田瀞).
76. 제1기생 다노우치 스데로쿠(田內捨六). Pterodactyl은 공룡(익룡)의 한 종류.
77. Theodosius(346경-95). 로마 황제. 테살로니카 시민 약 7천명을 살해했으나 암브로시우스(주78 참조)의 요구에 참회.
78. Ambrosius(333경-97). 밀라노 주교. 고대 로마 교회의 대표적인 교부.

흥분을 절대 잊을 수 없습니다. 이날 있었던 일을 회개하는 기도는 전혀 들리지 않았으며 새해에도 변함없이 집회는 열렸습니다. 12월 29일, 이 날의 집회는 주님께서 함께 하지 않으셨다고 모두가 느꼈습니다. 설령 주님이 함께 하셨더라도 우리가 뛰쳐나가 가여운 교수에게 눈송이를 퍼부은 그 순간 주님은 자리를 뜨셨을 것입니다. 우리가 생각하는 실천적인 기독교가 이론적인 기독교보다 얼마나 뒤처져 있는가를 깨닫게 해준 밤이었습니다.

1879년 3월 9일 — 기도회 방식을 변경.

우리는 장시간 무릎 꿇고 올리는 기도가 유발하는 '관절 활막염'이 염려됐습니다. 모두가 짧은 기도를 원했습니다. 그래서 집회에서 같은 내용의 기도를 반복하지 않게 되었습니다. 결과적으로 예배는 약 20분으로 단축되었고 약간이나마 고통을 덜 수 있었습니다.

일기에 쓰는 것을 깜빡했습니다만 기도회 도중에 발생한 에피소드가 있었던 것으로 기억합니다. 수요일인 그 날, 우리는 학교 농장에서 3시간 실습을 마친 뒤라 녹초가 되어 있었습

●●

테오도시우스 황제의 테살로니카 시민 학살에 대한 단호한 태도 그리고 아우구스티누스에게 세례한 것으로 유명.

니다. 실습 전에 배부르게 먹은 음식이 다 소화될 정도로 힘든 노동을 마친 뒤여서 '지고하신 하나님'과의 영적 교류에 육신을 맡기기에 그리 적합한 상태가 아니었습니다. 그렇다고 규칙을 바꿀 수는 없습니다. 종이 울리고 그날의 목사 프레드릭은 기도를 올리기 위해 양들을 소집했습니다. 밀가루 통 옆에 꿇어앉아 단상 위에 모은 팔에 얼굴을 묻은 그가 짧은 기도를 올렸습니다. 이에 맞춰 집회가 시작되었습니다. 다른 소년들은 내심 집회가 빨리 끝나기를 바라며 프레드릭의 기도에 이어서 순서대로 기도를 올렸습니다. 마지막 기도가 끝나고 집회의 끝을 고하는 아멘 그리고 이어지는 목사의 해방 선언이 언제 들리려나 하는 마음으로 기다렸습니다. "아~멘"이 들리고 일동 "아~멘"으로 화답했습니다. 그런데 목사가 해방 선언을 하지 않습니다. 축도도 들리지 않습니다. 목사이외에 집회의 해산을 선언할 수 있는 권리를 가진 자는 없습니다. 완전한 침묵이 약 5분간 지속되었습니다. — 노동한 날의 밤이라 그런지 특히 침묵이 길게 느껴졌습니다. 더 이상 꿇어앉아 있을 수가 없었습니다. 목사 바로 옆에 조나단이 앉아 있었습니다. 그가 프레드릭을 살펴보려고 고개를 살짝 들었습니다. 아니나 다를까, 프레드릭은 밀가루 통 위에 고개를 떨군 채 곯아떨어져 있는 게 아니겠습니까. 그러니 축도가 들릴 리 없지요! 만약 우리가 성스러운 축도를 하염없이 기다렸다면 그날은 철야 기도회가 되었을 겁니다. 조나단은 이와 같은 예외 상황의 경우 설령 '교회 회의'[79]의 동의가 없더라도 일시적으로 규칙을 바꿀 수 있다고 생각했습니다. 그가 일어서서 엄숙한 목소리로 선언했습니다. "형제 프레드릭은 잠이 들었습니다. 그러므로 목사의 직무를 제가 대신 맡아도 하나님은 용서해주실 것입니다. 이 모든 말씀 우리 주 예수 그리스도 이름으로 기도드리옵나이다. 아멘." 일동 "아멘"하며 고개를 들었습니다. 하지만 프레드릭의 머리는 고정된 통나무마냥 밀가루 통에 붙은 채 꼼짝하지 않습니다. 찰스가 흔들어 깨우자 겨우 눈을 떴습니다. 그는 축도로 우리를 해산시키려 했습니다 — 꿈나라에서도 직무는 잊지 않았던 것입니다 — . 하지만 축도는 이미 선언되었고 막 해산하려던 참이었습니다. 설교단 위에서 잠들어버린 프레드릭이 잘못한 것은 맞습니다. 하지만 그날 밤은 모두가 매우 피곤했기에 그를 용서하기로 했습니다. 성스러운 사도들조차 주님 기도하실 때 잠들지 않았습니까.[80] 우리 같이 젊은 기독교 신도가 고된 노동과 배부른 식사 후의 졸음을 어찌 이겨낼 수 있겠습니까!

· ·

79. 제1차 니케아 공의회(325년) 이후 특히 가톨릭에 있어서 중요한 교리, 의례, 포교법 등을 세계 각 교회의 대표자가 모여 정한 회의.
80. 예수가 겟세마네에서 최후의 기도를 마치고 돌아가려 할 때 잠들어 있는 제자들을 발견(마태복음 26장 36-46절 참조).

5월 11일 일요일 — 오후, 꽃구경.

5월 18일 일요일 — 오후, 숲으로 소풍.

6월 2일 월요일 — 우리의 새로운 탄생(즉 세례) 기념일. 일곱 명의 형제들과 몇 시간 동안 다과회를 가지며 즐거운 대화.

우리 영혼이 새롭게 탄생한 기념일. 이 날을 기념하지 않고 어찌 어머니가 주신 우울한 생을 얻은 날만 기념하는 건지 모르겠습니다. 우리나라도 그렇고 외국도 그렇고 기독교 신자 중에는 언젠가 지상에서 흙이 될 육체를 얻은 날은 축하 인사나 선물을 주고받으면서 영혼의 탄생일을 축하하는 사람은 그 절반도 미치지 않습니다.

6월 15일 일요일 — 고장 수호신을 기념하는 축제[81]. 깊은 고뇌. 결국은 경마를 구경했고 프랜시스의 삼촌의 초대해 응해 ('고기의 쾌락carnal pleasures'을 참지 못하고) 과식하고

• •

81. 삿포로 신사(현재의 홋카이도 진구(北海道神宮))의 제사일. 지금도 6월 14-16일은 '삿포로 마쓰리'로 수많은 인파가 몰린다.

말았다. 아아!

이교의 축제로 청교도의 안식일을 어지럽혔습니다. 저는 유혹에 굴복했습니다. "선을 행하고자 원함은 내게 있으나 내 지체 속에 있는 죄의 법으로 나를 사로잡으니. 나는 참으로 비참한 사람이도다!"[82]

1879년 여름은 수도의 자택에서 보냈습니다. 수도는 학교에서 약 600마일 남쪽에 있습니다. 수도까지의 여행은 친우 프랜시스와 함께했습니다. 긴 여행의 중요한 목적은 부모님과 동생들에게 그리스도의 복음을 전하는 일이었습니다. 2년 만의 귀향이라 마음이 들떴습니다. 가는 도중에 전도소가 보이면 새로운 기독교 신도 친구와 교제를 나누기 위해 방문했습니다. 그곳에서 신앙에 대한 이야기를 나눴습니다. 집에 도착한 저는 제가 S에서 새 사람이 된 것처럼 당신도 새 사람이 되어야 한다고 어머니께 말했습니다. 하지만 어머니는 아들과의 재회가 기쁜 나머지 제 전도에는 전혀 관심이 없었습니다. 제가 무사히 도착했음을 감사하는 마음으로 우리 집 우상에는 제삿밥이 차려져 있었습니다. 이를 본 저는 당연히 깊은 슬픔에 빠졌습니다. 제 방에서 이교도의 가정을 구원해 달라는

··
82. 로마서 7장 18-25절의 영향으로 보인다.

기도를 올렸습니다. 세례 받지 않은 영혼은 지옥에서 영겁의 고통에 처한다고 철석같이 믿었던 저는 가족의 개종을 위해 최선을 다했습니다. 그러나 어머니는 관심이 없고 아버지는 머리로 반대했습니다. 훗날 훌륭한 기독교 신자가 되는 남동생[83]은 제가 건넨 로마서의 성스러운 글 중간 중간에 기독교를 험담하는 낙서를 해서 저를 화나게 했습니다. 그 책을 '중사본[84]codex rescriptus'으로 만들어버린 것입니다. 그 모든 것을 인내하며 기도를 계속했습니다. 학교에 복귀하는 날이 가까워진 무렵 열심히 전도했던 신앙에 대해 알아보겠다는 아버지의 약속을 받았습니다.

수도에 머물며 많은 '형제자매'들과 교류했고 그를 통해 학교에서는 들을 수 없는 설교와 연설을 만끽했습니다. 기독교 신도는 이교도와는 다른 태도로 생활해야 하며 기독교를 따르는 신도 사이는 형제보다 더 친밀해야 한다고 믿었습니다. 우리 작은 교회의 사람들은 모두 형제보다 친했습니다. 세계의 모든 교회도 우리와 다를 바 없다고 믿었습니다. 확신에 가득 찬 저는 가는 곳마다 환영을 받았고 제 신념이 옳다고

• •
83. 우치무라 다쓰사부로(内村達三郎, 1865-1934). 후에 릿쿄가쿠인(立
   教学院), 도호쿠가쿠인(東北学院) 교수.
84. 양피지에 성서가 쓰여 있던 시대에 양피지가 비싸서 한번 썼던
   글자를 지우고 그 위에 덧쓴 성서의 사본. Palimpsest라고도 한다.

믿게 되었습니다. 우리 작은 교회의 밀가루 통과는 비교도 안 되게 멋진 설교단, 딱딱한 바닥 위에 깔린 파란 담요 따위가 아닌 나란히 정렬된 의자들, 찬송가의 멜로디를 연주해주는 오르간을 갖춘 몇몇 교회를 직접 봤습니다. 학교 울타리를 벗어난 풋내기에 불과하지만 문명이 발달한 땅에 세워진 교회를 우리나라에 우리 손으로 세워 보이겠다는 의지에 불탔습니다. 그 외에도 많은 깨달음을 얻었습니다. 그 중 하나가 식전 기도에 관한 깨달음입니다. 이전까지 식전 기도를 올린 적이 없습니다. 굶주린 개나 이교도가 그러하듯 식사 시작과 동시에 음식을 입에 넣습니다. 수도의 한 감리교 목사님을 방문한 적이 있는데 장로교[85]인 젊은 Y씨도 함께였습니다. 식사를 하고 가라는 권유에 저와 프랜시스는 기쁘게 응했습니다. 밥공기와 생선과 채소 반찬이 담긴 쟁반을 받았습니다. 프랜시스와 저는 야만스러운 평소 그대로 쟁반을 받자마자 음식을 입에 넣으려 했습니다. 그러자 Y씨가 진중한 어조로 말했습니다. "당신들은 식전 기도를 올리지 않습니까? 함께 기도합시다." 우리는 얼굴을 붉혔습니다. 젓가락을 놓고 머리를 숙이고는 두 분이 어떻게 하는지 힐끔 봤습니다. 식전 기도를 올렸습

· ·

85. Presbyterian Church. 츠빙글리와 칼뱅의 가르침을 중요시 여기는 개신교 교파. 개혁파 교회의 다른 이름이며 교회 정치에 장로제를 채용한다.

니다. 기도가 끝난 것 같기는 한데 또 무언가 있을지 모른다는 생각에 젓가락을 쉽사리 들지 못했습니다. 그러자 식사를 들자고 친절히 권해주었습니다. 그때 들은 이야기는 토씨 하나 빼먹지 않고 기억합니다. 먹은 음식도 전부 기억합니다. 생선은 회색 가자미sole였는데 등에 검은 옆선이 다섯줄이었고 주둥이는 몸 왼쪽 아래에 붙어 있었는데 가슴지느러미 조금 위쪽에서 입이 돌아가 있었습니다. 실은 식전 기도를 올리지 않는다는 부끄러움에 고개를 푹 숙이고 있는 사이에 가자미를 꼼꼼히 관찰했던 것입니다. 그때 얻은 교훈을 절대 잊지 않았습니다. 가을에 학교로 돌아가 친구들에게 교훈을 전했습니다. 그 이후 우리는 '감사함이 없는' 식사란 구원받을 길이 없는 인간의 증표로 여기게 되었습니다. 훗날 놀림 받고 멸시받는 기독교의 식전 기도를 멍청한 행위로 치부하는 장면을 수없이 직면했습니다. 하지만 감리교 목사님의 방에서 배운 가르침을 실행하지 않은 적은 단 한 번도 없습니다.

8월 25일 월요일 — 오후 7시 S 도착. 우리를 반겨주는 친구들. 그들이 보여주는 사랑과 진심에 깊은 감명을 받았다.
학교에 복귀한 기쁨. 테이블 위의 근사한 다과가 저와 프랜시스를 맞이해주었습니다. 우리가 수도에서 보고 들은 바를 친구들에게 전부 전했습니다. 교회와 기독교 신도에 관한 이야기가 대부분이었습니다. 수도의 교회에서 받은 인상이 전부 만족스러웠던 것은 아닙니다. 밀가루 통 설교단이나 촌스러운 간소함, 우리 '교회'의 소박함에 만족할 줄 아는 마음이 훨씬 소중함을 느꼈습니다.

8월 31일 일요일 — 너무나도 즐거운 집회.
회원 두 사람이 약 두 달간 없었기 때문일까요?

연말까지는 딱히 에피소드가 없었습니다. 단 하나, 일요 예배와 관련한 실험을 하나 해보았습니다. 실험은 8월 31일부터 크리스마스에 걸쳐 이루어졌습니다. 실은 교회원 모두가 반복되는 '감화'에 질릴 대로 질려서 집회 방법을 조금 바꿔보려 했습니다. 학교를 졸업하면 안 믿는 자와 만나게 될 것이 분명하니 지금부터 그때를 준비해야 하지 않겠냐고 한 사람이 제안했습니다. 이 제안을 바탕으로 논의한 결과 '교회'를 두 그룹으로 나누어 한 그룹은 기독교 신도, 한 그룹은 안 믿는 자로 가정해서 상호 입장에 대한 대화를 나눠보는 방법이 가장 좋을 것 같다는 답에 다다랐습니다. 안 믿는 자 그룹의 회원이 질문을 이것저것 던집니다. 기독교 신도 그룹은 질문에 무조건 대답해야 합니다. 우리는 이 제안을 채택했고 그 다음 주 일요일부터 실행하기로 정했습니다.

그 날— 새 방법으로 집회를 여는 첫 안식일 — 제비뽑기로
두 그룹을 나누었습니다. 찰스, 조나단, 프레드릭, 에드윈이
기독교 신도 그룹, 프랜시스, 위고, 바울, '카하우'가 회의파
다시 말해 안 믿는 자 그룹입니다. 왈버튼[86], 차머즈[87], 리든,
글래드스톤[88]의 역할을 맡은 사람들이 한편에서 싸울 채비를
갖추는 사이에 그 정면에 볼링브룩[89], 흄[90], 기번[91], 헉슬리[92]의
역할을 맡은 사람들이 모여듭니다. 여느 때처럼 기도를 올리

• •

86. William Warburton(1698-1779). 영국 글로스터의 주교. 이신론(理神
    論)자에게 대답하기 위해 *The Divine Legation of Moses*, 1737-41(전
    2권)를 집필한 것으로 유명.

87. Thomas Chalmers(1780-1847). 영국 스코틀랜드의 신학자, 사회사업
    가. 스코틀랜드 자유교회를 창설했으며 칼라일 등의 사상에 영향을
    끼쳤다.

88. William Ewart Gladstone(1809-98). 영국의 정치가. 자유당 당주로
    제4차 내각까지 조직. 우치무라는 『글래드스톤 씨의 죽음과 장례식
    (グラッドストーン氏の死状と葬式)』(전집6)을 집필했으며 기독교를 기
    반으로 하는 글래드스톤의 정치적 자세와 평민 사상을 높이 평가했
    다.

89. Henry St. John Bolingbroke(1678-1751). 영국의 정치가. 앤 여왕 시대
    의 재상. 이신론자.

90. David Hume(1711-76). 영국의 유명한 경험론 철학자.

91. Edward Gibbon(1737-94). 영국의 역사가. 『로마 제국 흥망사*The
    History of the Decline and Fall of the Roman Empire*』로 유명.

92. Thomas Henry Huxley(1825-1895). 영국의 생물학자. 다윈과 친교가
    있었고 진화론을 지지. 불가지론(不可知論)자.

고 간식을 나누고 설전은 시작되었습니다. 테마는 '신의 존재'. 회의주의자의 선봉 프랜시스가 기독교 신도 선봉인 호교가護教家 찰스에게 도전했습니다. '우주'란 무언가에 의해 존재하는 것이 아니라 그 자체로서 존재해 왔다며 프랜시스가 찰스에게 도전했고, 찰스는 모든 물질에는 '만들어진 것'이라는 점을 설명할 수 있는 명확한 특징이 존재하므로(맥스웰[93]에서 차용한 설이라 생각합니다) 그 자체로서 존재한다는 것은 불가능하다며 반론했습니다. 첫 공격을 격퇴하여 신앙을 지켰습니다. 현실주의자 흄은 기독교에 맞서는 날카로운 논리를 내세우지 못했습니다. 흄의 논리에 대처하는 조나단은 어렵지 않게 반론했습니다. 결국 '우주'라는 것의 창조주가 틀림없이 존재하며 창조주는 그 자체로서 존재하기에 '전지전능'하다는 결론이 도출되었습니다. 이어서 바울의 공격 차례입니다. 프레드릭이 응전합니다. 실은 당시 두 사람 사이가 썩 좋지 않았습니다. 다른 사람들은 이 둘의 설전이 걱정이었습니다. 학자 바울이라면 그 자신도 답을 모르는 의문으로 공격할 것임이 분명했습니다. 신경질적인 두뇌를 총동원한 난제를 제시할 절호의 기회가 찾아온 셈입니다. 그가 포문을 열었습니다. "이 우주가 창조된 우주이며 창조주는 전지전능하시고

93.　James Clerk Maxwell(1831-1879). 영국의 물리학자.

불가능이 없다는 점은 인정하겠다. 하지만 그러한 창조주 신이 우주를 창조하고 운동 에너지를 만들어내서 이 우주를 생성 발전시킨 다음 — 창조주가 당신의 존재에 종지부를 찍고 스스로 무無로 돌아가지 않았다는 점을 어떻게 설명할 수 있는가? 무엇이든 할 수 있는 창조주가 왜 자살을 할 수 없는가!" 이 무슨 까다롭고도 모독에 가까운 질문입니까! 현실주의자 프레드릭이 어떤 대답을 할까요. 당혹감을 감출 수 없는 모두의 눈이 호교가로 향했습니다. 안 믿는 자 그룹조차도 걱정스러운 표정으로 프레드릭의 대답을 기다렸습니다. 프레드릭은 바울의 질문에 대해 쉽사리 입을 열지 못했습니다. 승리감에 취한 바울이 공격의 고삐를 더욱 당깁니다. 프레드릭이 어떻게든 응전해야 합니다. 용기를 낸 프레드릭은 마치 비웃듯 응수했습니다. "잘도 지껄이는군. 그따위 질문을 하는 놈은 얼간이뿐이지." "뭐라고? 얼간이라고? 내가 얼간이라는 말이야?" 화가 난 바울이 받아쳤습니다. "당연하지." 프레드릭이 딱 잘라 대답했습니다. 바울은 평정심을 잃었습니다. 자리를 박차고 일어나 가슴을 치며 "이런 놈과는 더 이상 함께할 수 없다"고 뱉은 뒤 방문을 쾅 닫고 뛰쳐나갔습니다. 바울이 방에 도착할 때까지 씩씩거리는 목소리가 울렸습니다. 우리는 어안이 벙벙했습니다. 바울의 잘못을 탓하는 사람도 있었고 프레드릭을 나무라는 자도 있었습니다. 가장 중요한 질문에 대한 대답 자체는 뒷전이었습니다. 교전 중인 두 사람을 어떻게 화해시켜야 할지가 목전의 문제였습니다. 설전도 집회도 끝났습니다. 새로운 기획은 완전히 실패했습니다. 만약에 대답할 수 없는 의문이 떠오르면 하늘 높으신 곳의 도우심을 받아 각자의 마음속에서 그 의문을 해결하는 길이 가장 좋다는 점이 판명되었습니다. 다음 주 목요일에 우리는 예전 방식의 집회로 되돌아갔습니다. 사자와 소는 평화를 되찾았습니다.[94]

12월 24일 크리스마스 이브 — 측량 시험. 에드윈과 밤 집회 준비로 뛰어다녔다. 집회는 오후 7시에 시작했다. 밤 11시까지 식사, 다과, 간담. 밤이 깊어가는 줄도 몰랐다. 즐거웠다.

선배들과 합동으로 크리스마스 축하 집회를 가졌습니다. 집회는 전년보다 더 큰 규모로 열었습니다. 학교 측의 호의로 대강당을 빌릴 수 있었기에 대강당을 근사하게 꾸몄습니다. 많은 기부도 받았습니다. 너무너무 즐거운 축제였습니다. 홍백紅白의 '달마' 스모대회도 열렸는데 선배 존 K[95]라는 사람이 너무나도 멋진 홍색 달마를 직접 만들었습니다. '물고기 얼굴'

● ●
94. 이사야 11장.
95. 제1기생 이토 가즈다카(1859-1929). 후에 수산사업, 석유사업에 힘썼다.

Y가 그 달마 인형 안에 들어가 있었습니다. 달마 인형이 등장했을 때는 모두 '눈이 있어도 보지 못하고 귀가 있어도 듣지 못하는'[96] 인형으로 여기고 별 신경을 쓰지 않았습니다. 그런데 갑자기 인형 눈이 돌아가기 시작하더니 '발 없는 달마'[97]가 자기 발로 일어서고는 옆구리 위로 양 팔을 내밀고 온몸을 흔들거리며 춤을 추기 시작하는 것입니다. 이어서 등장한 백색 달마가 홍색 달마와 마주섰습니다. 두 달마는 심판 조나단의 신호에 스모를 시작했습니다. 너무 재밌었습니다! 스모가 끝나자 훈도시 한 장만 걸친 한 '원주민'이 등장했습니다. 분명 '장로' S입니다. 그는 기독교 신도 중에서 최연장자이자 키가 가장 컸으며 신앙적인 면에서 우리의 지도자와 같은 역할을 맡아주었습니다. 우스꽝스러운 모습으로 '장로' S가 춤을 춥니다. 우리는 배꼽이 빠질 정도로 껄껄대고 웃었습니다. 구세주가 우리를 구원하기 위해 이 땅에 내려오셨다는 사실 그 자체가 즐거웠기 때문에 웃고 떠들 수 있습니다. 400년 전 사보나롤라[98]는 우리가 성스럽게 웃고 떠드는 것과

· ·

96. 예레미야 5장 21절. 이외에도 신약성서에서 몇 번 등장하는 어구.
97. (원주) 중국의 승려. 그 인형은 아이들 장난감으로 알려져 있다. 보통 다리 없는 장난감으로 유명.
98. Girolamo Savonarola(1452-98). 이탈리아 종교개혁자. 피렌체에서 신정(神政) 정치를 펼쳤으며 저속한 오락을 폐지하고 도덕적·금욕적 생활을 장려했다. 그 영향으로 피렌체의 카니발이 단순히 흥청망

일맥상통하는 카니발을 피렌체에서 열었습니다. 수도사들은 이런 노래를 부르며 춤췄다고 합니다.

> 이보다 큰 즐거움은 없어라
> 맑고도 강력한 환희여
> 정열과 사랑과 정으로
> 그리스도의 성스러운 광기를 내려주소서
> 지금 이대로 외칠 수 있게 하여주소서
> 광기여, 광기여, 성스러운 광기여!

12월 25일 — 10시 30분부터 집회. S에 온 이래로 느낀 최고의 (성스러운) 즐거움.

이날의 감사 집회는 정말이지 신실했습니다. 차도 과자도 없었습니다. '장로' S의 사회 하에 기도와 신실한 이야기가 이어졌습니다. '미셔내리 멍크' O는 크리스마스 축하 집회의 역사와 존재 이유를 설명했습니다. 그날 아침은 차분하고 진지했습니다. 뉴올리언스에서는 단식과 회개의 렌트[99]가 시작하

●　●
청 노는 것이 아닌 성스러운 축제로 변모했다고 일컬어지고 있다.
최후에는 교황과 대립하여 화형에 처해졌다.
99. 사순절. 예수님이 광야에서 겪은 40일간의 단식에 따라 부활절에 앞서 단출한 식사 및 금욕적인 생활을 보내는 시기.

기 전에 시끌벅적한 카니발이 열린다고 합니다. 하지만 우리
는 루이지애나 사람들처럼 오직 카니발에 취해 있지만은 않았
습니다.

당분간 특별한 일은 없었습니다.

1880년 3월 28일 일요일 — 집회에 대한 흥미가 대폭 감소
하다.
시종일관 뜨거운 마음을 유지할 수는 없었습니다. 이 해
봄, 우리의 열광적인 신앙을 헤이하게 만드는 결정적인 사건
이 이어졌습니다. 때때로 회원 간의 사소한 문제가 '교회'의
평화와 조화를 해치기도 했습니다. 벽에 대고 기도하면서
일부러 다른 사람에 대한 '비아냥'을 늘어놓기도 했습니다.
물론 '하늘에 계신 아버지'가 들으시도록 하기 위함이 아니라
당사자의 귀에 들어가도록 하기 위함입니다. 하지만 '함께
하는 모임' 자체를 그만두지는 않았습니다. 히브리서 10장
25절.[100]

. .

100. 히브리서 10장 25절. "모이기를 폐하는 어떤 사람들의 습관과 같이
하지 말고 오직 권하여 그 날이 가까움을 볼수록 더욱 그리하자."

신앙상으로 다망多忙한 6월이었습니다. 우리의 새로운 탄생 2주년 기념일을 기쁘게 축하했습니다. 눈이 녹고 하늘색이 청명함을 띠기 시작할 무렵 세 명의 선교사 — 미국인 한 명, 영국인 두 명[101] — 가 방문했습니다. 신앙적으로 굶주린 우리 영혼에 설교와 신앙적 가르침이라는 일용할 양식이 공급되었습니다. 바로 옆 항구에 살던 영국 영사 U씨[102]도 마침 학교가 있는 지역에 체재 중이었습니다. 그가 체재 중인 집에서 지금껏 본 적도 없는 큰 규모의 성공회 예배가 열렸습니다. 이 예배를 본 우리는 다소 '불교적'인 인상을 받았습니다. 성공회식 기도문과 법의法衣에서 종교의 단순함을 중요시했던 우리의 사고와는 다른 부분을 느꼈습니다. 여기서 특기特記할만한 사건이 있었는데, 두 영국인 여성이 입맞춤을 하며 인사를 나누는 장면을 본 반이교도 '호인' U와 '프테로닥틸' T가 그만 참지 못하고 큰 소리로 웃어버린 것입니다. 성서를 통해 라반이 그 아들과 딸에게 입맞추는 이야기[103]를 읽은 적은 있으나 그때까지 실제로 입맞추는 장면을 본 적은 없었습

• •

101. 미국인은 감리교 감독교회 데이비드슨(William Clarence Davidson, 1848-1903). 영국인은 성공회 데닝(Walter Denning, 1846-1913)과 아이누(홋카이도 등에 거주하는 소수민족. 역주) 연구자로 명성 높은 성공회의 배철러(John Batchelor, 1854-1944).
102. 영국 영사 유스덴(Richard Eusden).
103. 창세기 31장 55절.

니다. 우리의 무례함을 정말 죄송하게 생각하고 있습니다.

7월이 되고 선배들은 졸업했습니다. 교내에서 기독교 세력이 더 강해졌습니다. 선배들 중 기독교 신도는 8명이었습니다. '장로' S, '미셔내리 멍크' O, '호인' U, '프테로닥틸' T, 성공회 존 K, '크로커다일' W, '파타고니아 사람' K[104], '물고기 얼굴' Y입니다. 모두 너무 좋은 사람입니다. 그들 중에는 반이교도도 있고 선조로부터 물려받은 교활한 성격 때문에 죄사함을 받아야 하는 자도 있긴 했지만 근본적으로는 모두 신실한 신사였습니다. 후배들은 그들과 사진도 찍고 식사도 하며 가까운 미래의 예배당 건설에 대해 논의했습니다. 학교에 남는 우리 8명도 일 년 뒤에는 그들과 함께 주변 사람들에게 복음을 전하고 있을 것입니다.

9월 18일 ― 목사 D씨[105] 도착.

9월 19일 일요일 ― D씨 댁을 방문.

••

104. 제1기 구로이와 요모노신. 구로이와 루이코(黒岩涙香, 1862-1920.
    메이지(1867~1912)에서 다이쇼(1912-1925)에 걸쳐 활동했던 작가,
    번역가, 기자. 역주)의 형.
105. 주101의 데이비드슨.

9월 20일 — 밤, D씨 주도로 영어 예배.

D씨는 친애하는 선교사 H씨의 후임입니다. 그를 방문한 것은 두 번째였습니다. 장래의 교회 계획을 D씨에게 이야기했더니 전면적으로 찬성했습니다.

10월 3일 — 새로운 교회 건설에 관한 상담.

몇몇 신도가 사회로 진출한 지금 우리의 교회를 세워야 하지 않겠습니까? 계획은 착실히 진행되고 있습니다.

10월 15일 — 목사 Den씨[106] 및 P씨[107] 방문. N씨 댁[108]에서 두 사람과 만나다.

거듭되는 선교사들의 방문을 받은 한해였습니다. Den씨와 P씨는 성공회입니다. 우리의 움직임이 교계敎界의 주목을 끌고 있습니다. 우리는 무시 받지 않았습니다.

10월 17일 일요일 — S씨 댁에서 집회. 여섯 명 세례. 오후 3시에 성찬식.

••
106. 주101의 데닝.
107. 파이퍼(John Piper, 1840-1932). 영국인 성공회 선교사.
108. 나카무라 모리시게(中村守重). 당시 그의 집이 성공회 회당이었다.

성스러운 신도 수가 나날이 증가하고 있습니다. 감사드립니다. 다만 한 가지 아쉬운 점이 있었습니다. 크지 않은 이 땅에 성공회 교회와 감리교 교회를 따로 세우는 계획이 구체적으로 진행되고 있었던 것입니다. "주도 한 분이시요 믿음도 하나요 세례도 하나요"[109]라는 문제를 고민하게 되었습니다. 완전히 자립한 기독교 공동체 하나 세우지도 못했는데 어찌 교회를 두 개나 가질 필요가 있겠습니까. 기독교 신도로서 처음으로 우리는 교파주의의 악폐와 마주했습니다.

11월 21일 일요일 — 이 곳에 있는 모든 기독교 신도가 집회 출석.

선배들이 졸업하고 오랫동안 모임을 가지지 못했습니다. 모처럼 회원 모두 모여 새 교회에 대해 — 앞으로의 전망, 조직, 오직 한 교회를 가지는 것의 바람직함 등에 대한 이야기를 나눴습니다.

12월 26일 일요일 — '예정'에 대해 고민하다.

우리의 작은 교회에서 예정설에 대한 설전이 또 펼쳐졌습니다. 아침 성경말씀은 로마서 9장이었습니다.

••
109. 에베소서 4장 5절.

색색 잉크로 밑줄 긋고 메모한 제 오래된 성경책은 더 이상 들고 다니기 힘들 정도로 너덜너덜했습니다. 그 성경책 안에서도 이해하기 힘든 로마서 9장을 보면 큰 낚싯바늘같이 생긴 큼지막한 의문부호(?)를 써놓았습니다. 바울의 비관적인 결론은 다음과 같습니다. "만일 하나님이 이미 귀히 쓸 그릇과 천히 쓸 그릇을 각각 만들어 두셨다면 하나님의 예정하심과 어긋나는 구원을 얻으려 노력한들 헛수고다. 하나님은 그 뜻대로 행하신다. 아무리 하나님 뜻에 반해 노력한들 구원받을 자는 구원받고 멸할 자는 멸한다." 아무리 사려 깊은 기독교 신도라도 이러한 의문에 고뇌할 것입니다. 예정설을 이해할 수 없다고 성경책과 기독교를 버릴 수는 없는 노릇, '예정'에 붙은 의문은 잠시 제쳐둘 수밖에 없겠지요.

1881년 1월 3일 — '팔미라'[110]의 초대. 밤 9시까지 게임과 제비뽑기 놀이.

기독교 신도 학사學士 대부분은 자기 집을 가지고 있었지만 몇 명은 공동생활을 하고 있었습니다.[111] 그 보금자리는 인적

· ·

110. Palmyra. 솔로몬이 건설했다고 하는 시리아의 고도(古都). 역대하 8장 4절 "광야에서 다드몰을 건축하고"의 다드몰이기도 하다.
111. 당시 삿포로 근교의 농촌 야마하나무라(山鼻村)에 집을 사서 이토 가즈다카, 오시마 마사다케, 우치다 기요시, 구로이와 요모노신,

드문 대농장 한가운데 위치했기에 우리는 옛 팔미라의 여왕 제노비아[112]의 마을에 빗대어 '황야의 마을'로 불렀습니다. 몇 번 초대를 받았는데 서로의 마음을 이어주는 좋은 계기가 되었습니다. 웨슬리의 사도들[113]보다 실용적인 애찬愛餐을 준비했습니다. 쇠고기, 돼지고기, 닭고기, 양파, 무, 감자를 냄비에 한 데 넣고 끓였습니다. 식사 에티켓도 필요 없습니다. 성가신 에티켓과 사람 사이의 즐거운 교류가 반비례할 수 있기 때문입니다. 우리나라 속담 중 "한솥밥을 먹은 사람"이란 말이 있는데 혈연관계에 비교될 정도로 가까운 사이를 의미합니다. 같은 생각과 목적을 향해 함께 악전고투하는 사람들과의 교류를 위해서, 예배를 관장하는 목사가 빵을 나눠주고 포도주를 따라주는 방법과는 다른 방식의 결속 수단이 필요하다고 믿습니다. 이 생각은 지금도 변함없습니다. 설령 다른 교파의 목사들이 따로 십자가를 그리고 따로 기도를 올린다 하더라도 두 교회간의 친교를 중간에서 잘라 '두 교회'로 분열시켜서는 안 됩니다. 그렇습니다, 냄비에서 끓고 있는

ㆍㆍ

다노우치 스테로쿠, 야나기모토 미치요시 '6인조'가 공동생활을 하고 있었다.

112. Zenobia. 3세기 시리아 팔미라의 여왕.

113. '애찬'이란 초대 교회에서 행했던 종교적 회식. 감리교 교회의 창시자 웨슬리는 이를 감리교 교회의 의식으로 정하고 계절마다 행했다.

닭이 한 마리인 것과 마찬가지로 조나단과 흄이 스토브에서 꺼내준 감자가 하나인 것과 마찬가지로 우리도 하나입니다.

1월 9일 일요일 — 새로운 교회 건설을 위한 위원으로 임명되다.

새로운 교회에 관한 안건이 결정되어 위원으로 임명되었습니다. '장로' S, '크로커다일' W, '미셔내리 멍크' O, 에드윈, 그리고 제가 위원입니다.

3월 18일 금요일 — 부지를 정해 건설을 결정.

D목사의 편지가 미국 감리교 감독교회가 우리의 신교회 건설을 위해 400달러 원조를 예정하고 있다는 소식을 전해주었습니다. 우리는 그냥 받는 것을 원치 않았습니다. 일단 빌리고 빠른 시일 내에 갚기로 정했습니다. 그렇게 정한 이유가 있는데 곧 아시게 될 겁니다. 부지에 100달러를 쓰고 나머지를 건물 세우는 데 쓰기로 했습니다. 잠깐만 형제들아, 멕시코 은銀 400달러는 우리나라 화폐로 대략 700엔[114]인데 1년 만에 전액을 갚을 수 있다고 생각하는 건 아니겠지? 자네들의 월급

114. (역주) 단순 비교는 어렵지만 당시 1엔은 현재의 4~5만 엔, 따라서 700엔은 약 2,800만~3,500만 엔.

은 고작 30엔이지 않은가. 이를 어찌하면 좋은가! 교회는 가지고 싶다. 세워야 한다. 근데 독립을 하려니 돈도 그렇고······ 하아, 머리 아프다.

3월 20일 일요일 — 목수가 방문하여 신교회 건설의 견적을 보여주다.

설계는 훌륭해 보였습니다. 단지 설계대로 교회를 세우기 위해서는 빚을 내야만 합니다. 음······.

3월 24일 목요일 — D씨가 보낸 우편환 도착. 은행에서 현금으로 교환. 밤, 위원회 개최. D씨에게 편지 쓰다.

드디어 돈이 도착합니다. 임시 회계를 조나단이 맡기로 했습니다. 두께 4인치의 지폐뭉치를 들고 기숙사로 돌아왔습니다. 제 인생에서 직접 만진 최고 금액입니다. 잊지 말아라, 그 돈은 네 돈도 아니고 엄밀히 말해 교회 돈도 아니다. 갚아야 하는 돈이다. 신중하게 써야 한다.

3월 30일 — 오후 7시에 Den씨의 진행으로 존 K의 결혼식. 식이 끝나고 피로연. 밤 10시까지 잊지 못할 즐거운 시간을 보내다. S의 기독교 신도 중 첫 결혼.

성공회 신도 존이 기독교 신도 청년들 중 처음으로 축복스러운 결혼 생활을 맞이하게 되었습니다. 결혼식은 성공회식으로 거행되었습니다. 신랑 신부는 제단 앞에서 반지를 교환했습니다. 우리나라의 전통적인 방식과는 전혀 달랐습니다. 맛있는 음식과 차가 준비된 테이블에 모두 모였고 새로운 커플의 성공과 행복을 축하하는 스피치가 이어졌습니다. 크리스마스이브 때 홍색 달마로 우리를 즐겁게 해준 남자가 한 여자의 남편이 되다니 믿을 수가 없습니다! "여호와께서 네 집에 들어가는 여인으로 이스라엘의 집을 세운 라헬과 레아 두 사람과 같게 하시고."(룻기 4장 11절) 아내가 될 신부도 남편과 함께 우리가 계획하는 하나님 집 세우는 일을 도와줄 것입니다.

3월 31일 — 교회 문제가 복잡해지다. 밤, 위원회를 열어 새로운 교회 건설 계획을 단념하기로 결정.

다음과 같은 사정이 있습니다. 매입할 예정이었던 부지를 입수할 수 없게 되었던 것입니다. 다른 부지의 매입도 어려웠습니다. '파타고니아 사람' K의 말을 빌리면 "우리는 세미라미스 여왕[115]의 정원처럼 공중에 교회를 세우든가 아니면 신축

115. Semiramis. 아시리아의 미모가 수려하고 총명한 여왕. 바빌론을 건축한 것으로 되어 있는데 바빌론의 공중정원을 그녀가 만들었다고 그리스인들이 전했다.

계획을 전부 포기하든가 둘 중 하나"를 선택해야 하는 상황에 처했습니다. 하지만 낙담하고 있을 수만은 없습니다. 떠안게 될지도 모르는 막대한 대출금이 더 걱정이었기 때문입니다. 대출 받아 쌓아올린 호화로운 건물 따위 필요 없습니다. — 아무리 보잘것없어도 — 예배를 올릴 수 있는 공간이 확보만 되면 만족합니다.

4월 1일 — 목수 부재. 사태는 더욱 꼬이다.

4월 3일 — '장로' S, 목수와 상담. 잘 해결된 모양.

4월 15일 — 목수에게 20엔 지불을 결정.

나서기 좋아하는 에드윈이 정해진 기한 내에 목재를 준비하도록 목수에게 전달했습니다. 그에 따라 목수는 나무를 벌채하기 위한 인력을 산에 파견했습니다. 여기서 문제가 발생합니다. 그러니까, 솔로몬은 예루살렘에 신전을 세우기 위해 히람과 구두계약을 맺었습니다.[116] 히람은 솔로몬을 믿었습니다. 왕을 위한 잣나무를 채벌하기 위해 나무꾼들을 즉각 레바

··
116. 열왕기상 5장을 보면 솔로몬이 예루살렘에 신전을 건설하기 위하여
      티레의 왕 히람에게 레바논의 목재를 공급해줄 것을 의뢰했다고
      되어 있다.

논에 보냈습니다. 그런데 그 뒤 솔로몬은 신전을 건축하려던 모리야 산[117]이 다른 사람의 소유지로 변경되어 입수할 수 없다는 사실을 알게 되었습니다. 솔로몬은 계획 실행에 필요한 비용을 파라오[118]에게 빌리는 게 썩 내키지 않았습니다. 그래서 솔로몬은 신전 건축 계획을 단념했습니다. 허나 레바논에서 히람의 나무꾼들의 나무 베는 소리가 메아리치고 있습니다. 사실 이때 히람은 산을 내려와 시돈[119]으로 출장 중이었습니다. 그래서 급변한 사태를 히람에게 알리려 해도 그와 만날 수 없었던 것입니다. 솔로몬이 계획 변경을 히람에게 통보하지 못한 채 시간이 흘렀습니다. 솔로몬과 히람 양쪽 입장에서 사태는 더욱 꼬였습니다. 솔로몬과 그의 고문관들은 불안했습니다. 이윽고 히람이 티레[120]로 돌아왔습니다. 솔로몬은 히람에게 신전 건축은 불가능하기 때문에 레바논의 나무꾼들을 복귀시키도록 요청했습니다. 솔로몬은 이 문제를 고문관들과 상담했습니다. '장로' S와 '크로커다일' W는 벤담과 존 스튜어트 밀[121]을 읽은 적이 있어서 그런지 히람과 맺은

• •

117. 예루살렘 신전을 건설하는 산.
118. Pharaoh. 구약성서에 등장하는 이집트 왕의 통칭.
119. 레바논 서부의 지중해에 면한 도시.
120. 레바논 남서부의 지중해에 면한 도시.
121. 벤담(Jeremy Bentham, 1748-1832)도 밀(John Stuart Mill, 1806-73)도 영국의 공리주의자.

계약서에 솔로몬이 날인하지 않았으므로 히람이 입은 손해에 대해 배상금을 지불해야 할 법적 의무가 없다고 판단했습니다. 하지만 다른 고문관 '미셔내리 멍크' O와 조나단은 생각이 달랐습니다. 히람은 솔로몬의 말을 여호와의 말로 여겼음이 분명합니다. 여호와를 믿는 히람은 여호와를 믿는 자 즉 여호와의 율법을 믿는 자 솔로몬의 말을 신용했던 것입니다. 날인이 찍혔냐 마냐의 문제가 아닙니다. 왕은 반드시 배상금을 지불해야 합니다. 그렇지 않으면 다윗의 집[122]은 백성들의 신뢰를 잃게 될 것입니다. 그런데 법률상의 신념에 집착하는 S와 W의 견해를 모든 이스라엘 백성들이 지지합니다. O와 조나단은 S와 W의 방침에 승복할 수 없습니다. O와 조나단은 어느 추운 겨울 아침 눈밭 위에 서서 이야기를 나눴고 둘이서 책임지겠다는 결론에 도달했습니다. 사적으로 히람을 만난 둘은 우리는 정말 가난하지만 당신을 가혹한 상황에 처하게 해서 마음이 무겁다고 고백했습니다. 히람은 두 이스라엘 남자의 성의에 대해, 나도 손해의 일부를 부담하겠다, 이스라엘 백성들에게 20엔을 받을 수 있다면 만족한다고 답했습니다. 아직 학생인 조나단의 정규 수입은 일주일에 10전을 넘기지 않습니

..

122. 다윗은 솔로몬의 아버지. 따라서 '다윗의 집'은 이스라엘 왕국이 되지만 여기서는 기독교 교회를 가리킨다.

다. 일단 O가 전액을 지불하고 조나단은 7월에 졸업하고 나서 O에게 갚을 생각입니다. 이렇게 해서 복잡하게 꼬인 사태는 솔로몬의 고문관 두 사람의 작지만 큰 자기희생으로 일단락되었습니다. 그 후 '호인' U와 위고가 O와 조나단의 빚 일부를 부담하기로 했습니다. ― 독자 여러분은 거창하게 쓸 필요도 없는 사소한 사건이라 생각하실 지도 모르겠습니다. 그러나 이러한 경험을 통해 우리 삶을 관장하는 신학과 철학뿐만이 아니라 신과 인간에 대해서도 공부할 수 있었습니다.

4월 17일 일요일 ― 오후, 교회로 쓸 집을 찰스와 물색. '장로' S집에서 위원회.

신축을 단념한 우리는 이미 지어져 있는 건물을 찾기 시작했습니다.

4월 24일 ― O와 만나 교회에 관한 상담.

4월 30일 ― O를 방문. 처음으로 교회의 독립이라는 화제가 오르내리다.

우리의 예배당을 가지려는 계획은 순조롭게 진행되지 않았습니다. 일동은 조금 낙담했습니다. 성공회 신도들은 이미 예배당을 가지고 있습니다. 어째서 우리는 일치단결해서 우리

의 교회를 가지지 못하는 걸까요? "필요는 발명의 어머니"라
합니다. 교회 가지기의 실패를 통해 기독교 신도의 일치와
독립이라는 고귀한 목적을 발견했습니다. 성령님이 이끌어주
고 계십니다!

5월 15일 일요일 — 교회원이 '팔미라'에 모여 독립에 대해
이야기 나누다. 교차하는 의견. 집회는 결론 하나 내리지 못한
채 종료.

더욱 중대한 상황에 직면했습니다. 함께 교회의 독립이라
는 가장 중요한 문제를 논의해야 할 시점입니다. 젊은 이상주
의자 조나단은 직선적입니다. 그는 기존 교파와 분리해서
새로운 독립체를 형성하는 것이 어렵다고 생각하지 않습니다.
그러나 '장로' S와 '크로커다일' W는 신중합니다. 조나단의
주저 없는 돌진을 바람직하게 여기지 않습니다. '호인' U와
'미셔내리 멍크' O는 조나단의 의견에 찬성은 하지만 일이
쉽게 풀리리라 낙관하지도 않습니다. 결국 아무런 결론에
도달하지 못했습니다.

5월 22일 일요일 — 교회의 독립을 원하는 쪽으로 회원
전체의 의견이 모아지고 있다. 밤, O와 만나 규약 작성.

5월 23일 — 밤, O와 만나 교회 건으로 상담. 그의 거처에서 소바 대접을 받았다.

독립을 지지하는 목소리가 우세합니다. 독립된 교회로서 갖춰야 할 규약 안 작성을 O와 조나단이 추진하고 있습니다. 두 20대 청년이 서구 최대의 지성조차 깊은 고민에 빠뜨렸던 사역에 종사하려 합니다! 이 얼마나 터무니없는 일입니까! 용기를 내라! "하나님께서 세상의 미련한 것들을 택하사 지혜 있는 자를 부끄럽게 하시고"[123] 계신 것입니다. 지친 이 한 몸 소바 한 그릇으로 원기회복하고 나아갈 수 있다면 그걸로 충분합니다.

그 달 말에 D씨가 세 번째 방문했습니다. 예전처럼 설교, 세례, 성찬식을 가졌습니다. 하지만 우리는 그의 교회 — 감리교 감독교회 — 에서의 분리를 계획 중이라는 사실을 터놓았습니다. 물론 D씨가 기뻐할 리 만무합니다. D씨는 우리가 사는 곳에 9일 머문 뒤 전도 본부로 복귀했습니다. — D씨 입장에서 그다지 유쾌한 방문은 아니었겠지요.

한편, 우리의 학교생활이 끝을 맺으려 합니다.

• •

123. 고린도전서 1장 27절.

6월 26일 일요일 — 학교에서 맞는 마지막 안식일. 집회에서 진심어린 이런저런 이야기를 주고받았다. W가 기도를 올렸다. 나는 하나님 나라를 위해 쓰이는 일이라면 어디든 좋다고 말했다. 찰스는 세상일에 종사하면서 하나님 나라를 위해 일하겠다고 말했다. 그는 기독교 신도가 세상일에 종사하는 것이 중요하다고 강조했다. 이어서 프랜시스, 에드윈, 바울, 위고의 이야기. 재학 중의 집회를 통해 헤아릴 수 없을 만큼의 은혜를 받았음을 터놓고 이야기했다. Y의 권고 exhortation. Z[124]는 사람 마음을 개량시키는 일이야말로 인류의 사역이라고 강조했다. '카하우'도 감상을 말했다. 프레드릭이 폐회를 알리는 기도를 올렸다. 오늘 같은 집회는 처음이었다.

마음을 울렸던 집회. 사시사철을 함께 때로는 사랑하고 때로는 미워하며 4년이라는 긴 시간 동안 이어져왔던 '교회'가 이제 해산을 맞이하려 합니다. 밀가루 통 설교단아, 안녕! 우리도 언젠가 보스턴을 방문해서 트레몬트 성당이나 트리니티 교회에서 예배드릴 수 있는 날이 오겠지. 아니면 유럽을 여행하며 파리의 노트르담이나 쾰른의 그 유명한 대성당의

• •

124. 제4기생 즈모토 모토사다(頭本元貞, 1863-1943). 후에 The Japan Times 사장.

미사에 참석하는 날이 올지도, 로마의 성 베드로 대성당에서 교황님의 축도를 받을지도 모를 일이야. 하지만 프레드릭과 위고가 너를 설교단 삼아 축도를 올릴 때 네가 보여준 신성함과 매력은 다른 어떤 대교회와 대성당에 있는 교단보다 훌륭했어. 성찬식뿐만 아니라 매일 식사할 때도 우리를 하나로 이어준 사랑하는 주전자야, 안녕! 성찬식 포도주를 황금 성배로 받들게 되는 날이 올지도 몰라. 하지만 한 명 한 명의 마음에 스며들어와 모두를 하나로 만들어준, 네 입을 타고 흘러내린 차갑게 빛나는 액체가 보여준 동화력이란 황금 성배보다 훨씬 훌륭했어. 파란 담요야, 안녕! 네가 마련해준 '좌석'보다 엉덩이가 편안한 의자는 없을 거야. 작은 '교회'여, 안녕! 그 모든 '어트랙션'도 치기어린 신도들과의 논쟁도 비아냥의 기도도 즐거운 대화와 일요일 오후의 다과도, 모두 안녕!

즐거운 주일 학교여!
그 어떤 미려한 전당보다 내 마음을 사로잡은,
자나 깨나 너를 향한 기쁜 마음에 날아오르는
내 사랑하는 안식소여.

갈팡질팡 방황했던 내 마음,
여기서 비로소

나아갈 길 얻었네.
뜬눈으로 갈구했던 내가
여기서 비로소
안식소를 얻었네.

여기 이곳에 예수님 서계시네
상냥한 목소리로
들어오라 하시네,
날 사로잡은 이곳 안식소에서
다른 누구도 아닌 단 하나의 예수를 구하라 하시네.

안식소여! 행복의 집이여!
자나 깨나 너를 향한 기쁜 마음으로 날아오르는
사랑하는 나의 안식소여.[125]

7월 9일 토요일 — 졸업식[126]. 오후 1시 15분 제식 훈련Military

• •

125. Sweet Sabbath School. Blackall Christopher Ruby가 1874년에 만든
     주일 학교 찬송가.
126. 당시의 풍경은 제4기생 시가 시게타카(志賀重昂)의 『札幌在学日記
     (삿포로 재학 일기)』(『志賀重昂全集』 第七卷, 同全集刊行会)에 자세히
     쓰여 있다.

drill. 실제 졸업식Literary exercises은 2시 시작. 졸업 연설[127]은 다음과 같다.

How Blessed is Rest after Toil — 에드윈

농민에게 있어서의 도덕의 귀중함 — 찰스

Agriculture as an Aid to Civilization — 바울

농학과 식물학의 관계 — 프랜시스

The Relation of Chemistry to Agriculture — 프레드릭

한 과학으로서의 어업 — 조나단

성대한 박수갈채를 받으며 교장선생님이 주시는 졸업 증서

· ·

127. 『北海道大学創基八十年史(홋카이도대학 창기80년사)』에 의하면 다음과 같다.

    1. Sweetness after Pleasure(쾌재고후(快哉苦後)의 낙(楽)) 아다치 겐타로.

    2. 北海道農民には宜しく道徳を奨励すべし(홋카이도 농민에게 바람직한 도덕을 권장해야 함) 히로이 이사무.

    3. Principle and Importance of Agriculture(개명(開明)을 돕는 농업) 오타 이나조.

    4. 農学と植物学との関係(농학과 식물학의 관계) 미야베 긴고.

    5. Relation of Agriculture and Chemistry(과학과 농업의 관계) 다카기 다마타로.

    6. 大洋の農耕(漁業)(대양의 농경(어업)) 우치무라 간조.

를 받다.

＊　＊　＊　＊　＊　＊　＊　＊　＊　＊　＊

이 날의 모든 영예를 하늘에 계신 아버지께 감사드린다. 학교를 떠나야 할 때가 왔다. 이제 사탄의 자녀들 속(세상)으로 나아가야 한다. 어떻게 해야 좋을까. 내가 짊어진 막중한 책임이 신앙을 더 굳건히 다져야 한다고 다짐하게 했다. 인간의 마음이란 기쁠 때도 있으면 눈물 나게 슬플 때도 있는 법. 겸허한 마음가짐으로 하늘에 계신 아버지를 위한 의무를 다하기 위해, 아버지 은혜를 받기 위해서 기도드릴 뿐이다.

입학 당시 21명[128]이었던 동기가 퇴학이나 질병 등의 이유로 12명[129]으로 줄었습니다. 그 중 7명이 기독교 신도입니다. 졸업 때 수석에서 상위 7위를 차지한 것이 이 7명[130]이었습니다. 클래스의 비非기독교 신도들이 기독교에 반대한 이유는 일요일에 공부하면 안 된다고 가르쳤기 때문입니다. 우리 기독교 신도는 일요일에 공부하면 안 된다는 안식일의 법률을 지켰습

• •

128. 삿포로농업학교 생도(生徒)표(홋카이도대학 소장)에 의하면 1877년 입학자는 20명.
129. 실제로는 10명.
130. 우치무라 간조, 미야베 긴고, 다카기 다마타로, 아다치 겐타로, 오타 이나조, 히로이 이사무, 후지타 규자부로.

니다. 시험은 월요일 아침에 시작되지만 그와 상관없이 일요일은 안식하는 날이었습니다. 성스러운 날에는 물리학이나 수학 등 '육肉, flesh'의 학문을 모두 피해야 합니다. 그러나 보십시오! 졸업에 맞춰 졸업생 전체의 '점수'가 집계되었는데 안식일을 지킨 우리가 클래스 상위 7위를 차지했고 클래스 연설 전부를 독점했으며 하나 빼고 모든 상을 받게 된 것이 아니겠습니까! 안식일을 지키는 것이 하나님이 내려주신 영원한 법률로서 가치 있음을 더 말할 필요도 없겠지요. 우리는 행동을 통해 안식일을 지키는 '실리'도 증명해냈습니다.

그리하여, 우리 7명도 '공헌할 수 있는' 기독교 신도 세력에 합류할 수 있었습니다. 앞으로 진짜 교회를 가지게 될 수도 있게 된 것입니다. 사회에 나가 진짜 교회 — 장난감 교회가 아니라 — 를 가지는 일이야말로 꿈이 아니고 무엇이겠습니까? 가정을 꾸리고 돈을 버는 일 보다 교회 건설을 꿈꿨습니다. 존이 설교 중에 언급한 바와 같이 "잡놈 몰아내듯 이교도를 물리치고"[131] 결단력과 용기로 세상 사람들과 악귀를 정복해나가야 합니다.

• •

131. 1929년 우치무라는 존 K 즉 이토 가즈다카의 장례식 조사(弔辭)에서, 어느 날 이토가 단상에서 설교 중에 당시 삿포로현 지사(知事)였던 조쇼 히로다케(調所広丈)가 예배당에 들어온 것을 보고는 '잡놈을 몰아내라'고 말했던 일화를 소개했다(전집32).

"눈부신 인간이 되기를 꿈꾸는 청년의 사전에 실패란 단어
는 없다" –E. B. 리턴[132].

132. 『폼페이 최후의 날*The Last Days of Pompeii*』(1834)을 쓴 영국의
     작가이자 정치가 Edward Bulwer–Lytton(1803-73)으로 추정되나 불
     명.

제4장 신교회와 신도의 설교

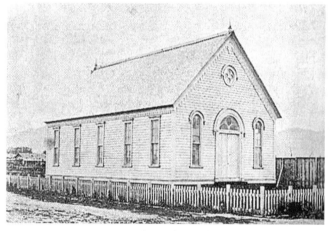

삿포로 기독교회당(1885년 완공된 두 번째 교회)

학교를 졸업한 우리는 월급 30엔 버는 직장[133]에 취직했습니다. 전공인 실용과학을 살려 우리나라의 물질 자원 개발에 투입될 예정이었습니다. 우리는 이를 위해 열심히 공부해온 셈입니다. 나사렛 예수는 목수 아들로서의 자질을 잘 살려 인류의 구세주가 되었습니다. 예수님의 불초不肖 제자인 우리도 농업자, 어업자, 기술자, 제조업자로 살면서 복음을 전하는 길이 허락되어 있는 것입니다. 고기 낚는 베드로, 천막 짓는 바울을 본받아야 합니다. 성직계급제나 교회제도와 같은 것으

● ●

133. 개척사 어용계로 민사국(民事局) 권업과(勸業科)의 어렵과(漁獵課)에 취직.

로 기독교를 이해해서는 안 됩니다. 기독교란 본래 서민의 종교입니다. '속인men of the world'인 우리가 설교자나 전도자로 살아가는 길을 누구도 방해할 수 없습니다. 학문의 전당을 갓 졸업한 동세대 청년들 가운데 이과계열 학교를 졸업한 우리보다 더 성스러운 선택을 받은 사람은 없다고 믿습니다. 우리가 공부한 학문, 그 학문을 쓰기 위한 길은 물질적인 길입니다. 그러나 그 길을 통해 궁극적으로 정신적인 길을 추구합니다.

학교를 졸업하고 수도의 자택에 돌아갔습니다. '여섯 명의 형제'와 함께였습니다. 수도에서 너무너무 즐겁게 보냈습니다. 여러 선교사들의 초대를 받았습니다. 우리가 행한 작은 행실도 칭찬받았고 경험담을 이야기해 달라는 부탁도 받았습니다. S의 우리 교회에 도움이 되는 교회의 조직 및 운영 방식을 배웠습니다. 비록 우리가 머나먼 북쪽, 원시림에 곰과 늑대가 사는 곳에서 왔지만 기독교 신도 전체 중에서 지적으로 결코 뒤떨어져 있지 않다는 사실을 깨달았습니다. 밀가루 통에서 들리는 설교와 파란 담요 위에 앉아 나눴던 많은 이야기는 수도의 교회가 가르치는 교양과 비교해도 손색이 없었습니다. 오히려 전문적인 신학자로 양성된 형제들보다 더 깊고 건전한 부분도 있었습니다.

2년 전처럼 친구와 친척을 전도했습니다. 최대의 반대자는 아버지였습니다. 높은 학식에 일평생 강건한 신념으로 살아오신 아버지는 가장 다가가기 힘든 상대였습니다. 3년에 걸쳐 아버지께 기독교 서적과 팸플릿을 지속적으로 보냈습니다. 주 예수 그리스도를 마음속에 영접하고 구원을 얻자고 설득하는 편지를 쉬지 않고 썼습니다. 글 읽기를 좋아하시는 아버지가 제가 보낸 서적과 편지를 깡그리 무시하지는 않을 것입니다. 하지만 아버지의 반응은 없었습니다. 사회적인 도덕을 중시하는 정의파인 아버지는 다른 정의파들이 그러하듯 구원받을 필요성을 느끼지 못했습니다. 그전부터 받긴 했는데 학교생활이 끝나갈 무렵 우수한 성적과 근면한 태도로 약간의 상금을 받았습니다. 이 상금을 가장 뜻깊게 쓰게 해 달라고 하나님께 기도드렸습니다. 우연히 그때 부모님께 선물을 드리면 어떨까 하는 생각이 떠올랐습니다. 중국에 있는 독일인 선교사 파버 박사의 마가복음 주해서[134]가 좋겠다고 생각했습니다. 이 주해서는 총 5권인데 중국인을 독자로 상정한 탄탄하면서도 폭넓은 학식의 소산입니다. 지금도 매우 높은 평가를 받는 문헌입니다. 일체의 문장 부호가 생략된 한문漢文체여서 읽기가 쉽지는 않겠지만 바로 그 점이 지적 호기심이 왕성한

• •

134. 파버(Ernst Faber, 1839-99. 중국명은 花之安)가 한문으로 쓴 『馬可講義』(1874) 전 5권을 말한다.

아버지를 자극하리라 예상했습니다. 2엔으로 구입한 이 책을 트렁크에 넣고 아버지께 돌아갔습니다. 그러나! 이 책을 드렸지만 아버지 입에서는 고맙다는 말 한마디도 없습니다. 바라고 또 바랐던 제 소망에 차갑게 대할 뿐입니다. 제 방으로 물러난 저는 눈물을 닦았습니다. 책은 다른 종이 폐품에 섞여 쓰레기통 안에 들어 있었습니다. 제1권을 몰래 주워서 아버지 책상 위에 올려놓았습니다. 딱히 할 일이 없는 시간에 한두 페이지 넘겨보신 것 같기는 합니다. 그러나 어김없이 또 쓰레기통 행입니다. 다시 주워서 아버지 책상 위에 두었습니다. 아버지의 저항과 제 인내심의 싸움입니다. 결국은 제가 승리했습니다. 아버지가 제1권을 완독하신 것입니다! 전처럼 기독교를 무시하지 않게 된 것입니다! 책 내용이 아버지의 마음을 움직였음이 분명합니다! 저는 제2권을 올려 두었습니다. 아니나 다를까 아버지는 제2권도 완독하셨습니다. 기독교에 대한 화제를 종종 꺼내셨습니다. 적극적인 아버지를 하나님께 감사드립니다. 제3권도 완독하셨습니다. 그리고 아버지의 생활 태도가 변했음을 느꼈습니다. 전보다 술을 덜 마시고 처자식을 대하는 태도가 부드러워졌습니다. 제4권을 완독하신 아버지는 제 인내심에 완패했습니다! 저를 부르시더니 "나는 거만한 인간이었다. 오늘부터 예수님의 제자가 되겠다"고 선언하신 것입니다. 저는 아버지를 교회로 데리고 갔습니다. 아버지에게 엄청난 변화가 일어났음을 직감했습니다. 교회에서 귀로 듣는 모든 말이 아버지를 움직였습니다. 용맹한 무사의 눈동자가 눈물로 젖어 있습니다. 그 후 술은 단 한 방울도 입에 대지 않으셨습니다. 1년 후 아버지는 세례를 받습니다.[135] 성서 공부에 열심입니다. 그 이전의 아버지가 나쁜 사람이라는 말은 아니지만 세례를 받고 기독교인*Christian man*으로 거듭났습니다. 바로 그 사람의 아들인 제가 얼마나 감사하고 있는지는 말 안 해도 아시겠지요. ― 예리코[136]는 함락되었습니다. 가나안과 다른 도시도 속속 함락되었습니다. 사촌, 남동생들, 어머니, 여동생, 가족 모두가 아버지의 뒤를 이었습니다. 그러고 10년간, 하나님의 섭리는 우리 가족에게 참으로 가혹한 시련을 주셨습니다. 우리 가족은 수많은 심연을 건너야 했습니다. 우리 가족은 신앙 때문에 세상의 갖은 고초를 겪어야 했고 보통 사람이라면 누구나 누릴 수 있는 인생의 낙을 주님의 이름으로 단념해야 했습니다. 그럼에도 불구하고 하늘에 계신 주님을 향한 사랑과 충성의 마음은 다른 어떤 가족에게 지지

· ·

135. 후에 우치무라의 아버지는 히라이와 요시야스(平岩愃保, 1857-1933. 일본 감리교교회 제2대 감독. 역주)의 시타야(下谷) 감리교회에서 세례를 받았다.

136. 이스라엘 민족이 여호수아의 지휘 아래 처음으로 정복한 가나안(현재의 팔레스타인 지방)의 성. 여호수아 6장 참조.

않을 자신이 있습니다. 4년 전 우리 가족이 새 사람을 맞이했습니다.[137] '이교도'로서 함께하게 된 그녀는 단 1년 사이 세상에서 가장 구세주에게 충성하는 여자가 될 정도의 신앙심을 가지게 되었습니다. 좋으신 주님께서는 오직 1년 그리고 반만 그녀를 우리 곁에 허락해주시고는 거두어 가셨습니다. 하지만 그녀가 우리 가족이 되었기에 구세주를 영접하는 기회를 얻을 수 있었습니다. 그녀는 주님과 그리고 주님 나라를 위해 올바르게 또 당당하게 싸운 뒤 주님의 환희와 축복 안에서 천국으로 갔습니다. 그녀가 주님 있음에 눈 감을 수 있어서 감사드리고, 우리 가족이 주님 있음에 그녀와 영적으로 함께할 수 있어서 행복함을 감사드리옵나이다!

가을이 되고 북쪽으로 돌아갔습니다. 넉넉지 않은 가족 살림에 부모님의 부담을 조금이라도 덜기 위해 제 돈으로 남동생[138]을 데리고 갔습니다. 에드윈, 위고, 찰스, 바울과 공동생활을 시작했습니다. 학교 기숙사보다 자유와 즐거움이 조금 더 허락된 부분이 학교생활과 달랐습니다.

. .

137. 1889년 우치무라와 결혼한 아내 가즈(본성은 요코하마橫兵). 이른바 '불경사건(不敬事件. 1891년 1월 9일, 촉탁교원으로 근무했던 제1고등학교의 교육칙어봉독식 때 우치무라가 천황에 대한 최고의 예를 갖추지 않았다고 하여 비난받은 사건. 역주)'의 직후인 5월에 세상을 떠났다.

138. 주83의 우치무라 다쓰사부로.

10월 16일 일요일 — 아침, K씨[139] 설교. 남쪽 큰길에 새로 생긴 교회[140]에서 첫 집회를 가지다.

K씨는 장로교입니다. 우리 학교 졸업생은 아니지만 기독교 신도 모임에 합류한 소중한 사람이었습니다. 아직 젊지만 기독교 신도로서의 깊은 영성과 폭넓은 경험의 소유자입니다.

우리가 수도에 머물던 사이 예배당을 구하기 위해 '미셔내리 멍크' O가 분주히 움직였습니다. 고생 끝에 어떤 건물의 절반을 270엔에 구입했습니다. 판자지붕의 2층 건물인데 우리 지분은 약 30x36 피트입니다. 건물보다 2배 정도 넓은 정원도 딸려 있었습니다. 애초에 세를 놓기 위한 목적으로 지어진 건물로 부엌과 이로리[141]가 꽤나 넓었습니다. 우리는 교회 경영비에 보태기 위해 2층의 방 2개를 세놓고 1층 전체를 교회로 쓰기로 했습니다. 위고가 튼튼한 긴 의자 여섯 개를 주문했습니다. 이 의자는 남성용입니다. 여성들은 한 단 높은

- -

139. 角谷省吾(K로 미루어 보건데 성은 가쿠타니 혹은 가도야 혹은 가쿠야로 추정되나 불명, 이름은 쇼고. 역주). 요코하마신학교 졸업 후 당시 자급(自給)전도를 위해 삿포로에 왔다.
140. 통칭 '시로간테(白官邸)'로 불렸던 가설 교회.
141. (역주) 거실 한가운데를 사각으로 파 난방 및 취사를 위해 활용하는 공간.

바닥에 간소한 책상을 놓아 만든 설교단 바로 앞 바닥에
앉습니다. 보잘것없지만 그래도 '초기 교회'의 밀가루 통 설교
단에 비하면 눈부신 발전입니다. 출석자가 많아서 좌석이
부족하면 이로리 위에 널빤지를 깔고 그 위에 담요를 깔면
10명은 더 앉을 수 있습니다. 50명이 만석입니다. 겨울에는
난로를 설교단 앞에 설치합니다. 난로 연통 때문에 남성들
자리에서는 설교자 얼굴이 안 보입니다. 그래서 결국 출석자
들이 제멋대로 집안 곳곳을 가장 편한 자세로 차지합니다.
오르간도 마련했습니다. 우리를 응원하는 선교사 Den씨의
제공입니다.[142] — 물론 최고급은 아니지만 찬송가 반주를 하
기에 부족함은 없습니다. 하늘에 계신 친절한 주님은 오르간
을 연주해줄 음악가로 F씨[143]라는 귀한 사람을 보내주셨습니
다. 보통 50명 때로는 더 많은 사람이 내는 합창 소리에 오르간
소리가 더해지는데 음정은 어긋나기 마련입니다. 음정도 안
맞고 크기만 큰 소리가 바닥에서 천장까지 10피트도 안 되는
높이의 건물을 통째로 흔듭니다. 교회가 내는 소음이 건물

..

142. 감리교 감독교회 및 성공회에서 세례를 받은 신도들이 합동으로
    설립한 교회. 감리교와 달리 성공회 선교사 데닝은 이 교회에 호의적
    이어서 오르간 외에 다수의 서적도 기증했다고 한다.

143. 후지무라 노부요시(藤村信吉, 1863-1937). 당시 삿포로농업학교에
    입학하기 위해 삿포로에 와 있던 청년. 후에 홋카이도청립(庁立)
    수산학교 교장.

건너편에 사는 이웃의 평화를 침해했습니다. 이웃의 불만이 끊이지 않았습니다. 하물며 2층에 사는 이웃에게는 재난이나 다를 바 없겠지요! 일주일중 제일 중요한 일요일이 되면 너나 할 것 없이 아침 일찍 예배당에 모입니다. 저녁 예배가 끝나는 밤 10시에 모두 집으로 돌아갑니다. 아침부터 저녁까지 예배 당은 교회원들의 목소리로 가득합니다. 생전 처음으로 집을 장만한 우리는 우리만의 방식으로 집을 사용했습니다. 우리 교회에 합류한 최연장자[144]는 그곳을 '여관inn'이라 불렀습니다. 인생의 여정을 헤쳐 나가는 신도라면 누구나 언제든지 들러서 기운을 회복합니다. 고령임에도 일상이 바쁜 최연장자 는 '여관'에 들러 자주 쉬고 갔습니다. 우리 교회는 교회원들의 독서실이고 교실이고 위원회실이고 가벼운 식사를 위한 식당 이고 집회실입니다. 배꼽이 빠질 정도의 큰 웃음, 진심어린 회개의 눈물, 세상의 가장 신실한 두뇌조차 신앙적인 고민에 빠지게 만드는 논쟁, 물건 파는 이야기와 금전적인 이야기 등, 어떤 이야기를 주고받아도 상관없는 편리한 곳이기 때문 에 사람들 목소리로 가득 찹니다. 이곳이 우리 교회입니다. 전 세계에서 유일한 우리 교회입니다.

• •

144. 일치교회(一致教会, the United Church of Christ in Japan. 1877년 설립되 어 1890년 일본기독교회에 계승될 때까지 존재했던 개혁파·장로 교 교회. 역주)원이었던 실업가, 나카가와 가헤(中川嘉兵衛, 1817-97).

우리는 통합과 독립을 위한 활동을 정력적으로 추진했습니다. 성공회 형제자매들은 그들의 예배당을 떠나 기독교 서적과 오르간을 들고 우리 쪽에 합류했습니다. 성공회 형제자매의 예배당 구입을 원조해준 영국교회선교회the Church Missionary Society of England(약칭 C · M · S)는 성공회 형제자매들이 떠나고 남은 그 건물을 그들의 교회로 사용하기로 했습니다. 영국교회선교회에서 우리 쪽에 합류한 '개종자'들은 우리 감리교와 연합하는 대신에 감리교 감독교회 미션the Methodist Episcopal Mission에게 진 대출금을 대신 갚아주기로 했습니다. 대출금의 변제가 끝나면 가능한 민첩하게 교파를 이탈한 다음 통합해서 독립된 자국민 교회를 형성하자고 계획을 짜 두었습니다. 우리는 이 계획의 달성 여부를 긍정적으로 생각했습니다. 다만 외부에서 우리를 지켜보는 친구들은 계획의 타당성과 성공 가능성 그리고 장래에 닥칠 수 있는 곤란한 상황에 대해 조언했습니다. 하지만 미래의 일 따위 그때 가서 생각하면 됩니다. 친구들의 기우에도 불구하고 우리의 '행복한 무지無知'가 아무런 곤란한 상황 없이 연합을 실현시켜주었습니다.

새 교회를 위한 규약은 되도록 간단하게 작성했습니다. 신조는 사도신경[145]을 기본으로 했습니다. 교회 규칙은 앞서

• •

145. 사도의 가르침에 의해 정해졌다고 전해지는 기독교 신자의 기본적

언급한 뉴잉글랜드 출신 교수가 5년 전에 작성한 '예수를 믿는 자의 서약'에 준하여 작성했습니다. 5명으로 구성된 위원회가 교회를 운영하고 그 중 1명이 회계를 맡습니다. 제반 안건은 모두 위원회가 처리합니다. 다만 '서약'에 없는 문제, 예를 들면 회원 가입이나 탈퇴가 발생했을 시에는 회원 전체가 모여서 논의하며 안건을 실행하기 위해서는 3분의 2의 득표가 필요합니다. 교회 회원은 한 사람도 빠짐없이 교회를 위한 일에 참가해야 합니다. 교회 일에 불참하는 태도는 용납할 수 없습니다. 아무리 교회에 도움이 되는 능력이 없다 해도 난로에 넣을 톱밥 정도는 켤 수 있지 않겠습니까? 교회 회원 모두 교회의 성장과 발전의 책임을 집니다. 그 점에서 '미셔내리 멍크' O와 우리 교회에서 가장 어린 '마츠코' 양의 책임은 동등합니다. 하지만 솔선해서 설교를 담당하겠다는 사람은 나타나지 않았습니다. 그래서 '미셔내리 멍크' O, '크로커다일' W, '성공회 회원' 존, 그리고 조나단 순으로 설교단에 섰습니다. 설교에 관해서는 장로교 K씨가 많이 도와줬습니다. 성실한 회계위원인 위고는 수지收支 정리에 복식부기를 활용했습니다. 에드윈이 특별 신도방문 위원회 활동에 힘썼습니다. 더 어린 회원들은 근처 마을을 돌며 성경책과 소책자를

• •

신조.

판매했습니다. 교회원 중에는 교회가 위치한 마을 외곽에 사는 사람도 적지 않습니다. 그들은 새로운 토지의 탐사, 측량, 철도 부설 등의 일에 종사했습니다. 그러나 교회에서 먹고 사는 우리와 다를 바 없이 그들도 기독교 신도로서의 사역에 열심이었습니다. 하나님 주신 사명을 위해 교회원 모두가 어떻게 노력했는지 일기를 통해 확인해주시기 바랍니다.

10월 23일 ─ YMCA[146] 조직. 회장에 임명되다.

청년들을 위한 특별 사업의 필요성을 통감해서 YMCA를 조직했습니다. 여름에 수도에 있을 때 계획은 들었습니다만.

11월 12일 ─ YMCA 개회식. 청중 약 60명. 종료 후 세키한을 대접받다. 성대한 모임.

우리의 자그마한 교회가 만석이 될 정도로 모였습니다. 세키한赤飯이란 팥을 넣어 지은 밥으로 경사스러운 날에 제공합니다. 물론 맛있지만 강건한 위가 아니면 소화시키기 어려워서 위가 약한 사람은 삼가는 편이 좋습니다. ─ 그러고 보니 저도 강연했습니다. 제목은 '가리비와 기독교의 관계'[147]였습니다.

• •

146. 일본 YMCA(기독교 청년회)는 1년 전인 1880년 도쿄에서 처음으로 결성.
147. 이때가 아니라 이듬해 1882년 1월 8일 헌당식 때의 강연 제목이다.

요점은 지질학적 지식과 창세기적 신앙의 조화입니다. 굳이 가리비 이야기를 한 것은 우리나라 연안에서 가장 쉽게 발견할 수 있는 연체동물이고 또 가리비 껍질 화석이 대량으로 발견되기 때문이기도 하지만, 더 중요한 이유는 '진화', '생존경쟁', '적자생존' 등의 말을 통해 당시 우리나라에서 등장하기 시작했을 뿐만 아니라 우리 교회에서도 종종 들리는 무신론적 진화론에 대해 가리비를 활용해서 일격을 가할 생각이었습니다. 청년들은 제 강연을 의아해하면서도 경청해주었습니다.

11월 15일 화요일 — 오후 3시에 W, O와 만나 교회에 대해 상담. 오후 4시, 모든 회원이 모여 교회의 장래에 대해 이야기를 나누다. — 교수 C박사[148]가 보내준 미화 100달러를 수령.

위원회 3인에 의한 예비 회합을 거쳐 교회원 전체 총회를 열었습니다. 사회생활이라는 풍랑에 맞서 닻을 올린 우리입니다만 직업을 가지고 삶을 영위한다는 것이 교실에서 상상했던 것보다 훨씬 현실적이고 또 무거운 문제라는 점을 깨달았습니다. 우리가 염원하고 계획했던 대로 상황이 진행되지는 않았습니다. 교회가 떠안고 있는 문제를 교회원 전체가 뜨겁게 고민하는 것은 아닙니다. 일부는 차가웠습니다. 이미 400달러

148. 주24 등의 클락.

의 빚을 떠안고 있으며 설교자에게 사례를 한 푼도 지불하지 못했지만 교회 경영을 위한 지출액은 결코 적은 액수가 아닙니다. 이 곤란한 상황에 어떻게 대처할지 결단을 내려야했습니다. 어떤 묘안도 떠오르지 않았습니다. 원대한 목표를 위해 가지고 있는 재산 전부를 바쳐야 한다면 우리는 망설임 없이 지갑을 열 수 있습니다. 탄식과 불안만을 남긴 채 총회는 끝났습니다. ─ '미셔내리 멍크' O가 거처로 돌아왔습니다. 아니나 다를까, 무언가가 그를 기다리고 있었습니다. 미화 100달러 수표가 그 앞으로 도착해 있었습니다. '예수를 믿는 자의 서약' 작성자가 그의 고향 뉴잉글랜드에서 보내주었습니다! 여호와이레Jehovah-jireh! 여호와의 산에서 준비되리라! 형제들이여 고개를 들라! 하늘에 계신 주님은 우리를 버리지 않으셨습니다. 이 기쁜 소식은 교회 전체로 퍼졌고 우리는 희망을 되찾았습니다.

12월 18일 일요일 ─ 거친 눈보라. 설교를 맡다. 눈이 교회 안까지 불어왔다. 큰일이다.

낡은 목조 가옥의 교회는 눈보라에 맞설 수 있을 정도로 튼튼한 건물이 아닙니다. 그날은 여성용 좌석을 쓸 수 없었습니다. 사람들을 실어 나르기 위한 썰매도 무용지물이었습니다. 교회원들은 귀가에 애를 먹었습니다. 악천후 속에 열린

이날의 집회가 아직도 생생합니다.

12월 29일 목요일 — 바쁜 오후. 해질 무렵이 되어서 할 일을 겨우 끝낸다. 집회는 오후 6시 개최. 30명의 형제자매 출석. S에서 가진 가장 훌륭한 집회. 교회원 모두가 마음을 터놓고 교제했다. 저녁 9시 반이 지날 때까지 자유로운 교제를 만끽했다.

매년 개최하는 크리스마스 축하 파티는 교회원 전원이 참석할 수 있는 이 날에 열기로 했습니다. 이날 집회는 말 그대로 기독교다운 모임이었습니다. 2년 전 크리스마스처럼 달마 스모도 '원주민' 춤도 없습니다. 이날 우리는 정신적인 환희가 무엇인가를 몸소 느꼈습니다. 그해는 전반적으로 은혜로운 한해였습니다. 우리가 이룬 일들은 결코 작지 않습니다. 고생 뒤에 맛보는 즐거움의 달콤함이란!

1882년 1월 1일 일요일 — 오후, 교회에 모두 모여 신년 인사. D씨와 H씨의 편지. 고민이다.

내용은 이러합니다. 지난 한해의 축복에 감사하는 새해 인사를 주고받던 그때 편지 2통이 도착했습니다. 보낸 이는 친애하는 선교사 H씨와 D씨였습니다. D씨의 편지는, 독립해서 교회를 세우려는 계획에 찬성하기 어려우니 그의 교파에서 예배당 건설을 돕기 위해 우리에게 마련해준 돈을 금액은 상관없으니 전보환으로 변제하라는 내용을 짧게 전하는 가슴 아픈 편지였습니다. 그는 우리의 행동을 정면으로 반대하고 있고 만약 그의 교파와 분리하려면 그의 교회에 진 빚을 청산하라고 강경히 요구했습니다. 우리 입장에서는 그렇게밖에 읽을 수 없는 편지였습니다. 왜냐하면 우리 교회의 재정 사정을 누구보다 잘 아는 그의 짧디짧은 문장에서 우리가 처한 상황에 대한 일말의 이해와 감정도 읽을 수 없었기 때문입니다. 만약에 돈을 빌린 우리를 활용해서 자신들 교파를 확장하려는 것이 감리교 감독교회 미션이 돈을 빌려준 이유임을 진즉에 눈치 챘더라면 절대 그들의 도움을 청하지는 않았을 것입니다. 독립은 감리교에 대한 반역이 아닙니다. 하나님 아버지의 마음을 그리고 우리 안의 지고한 애국심을 발현하기 위해 독립하려는 것입니다. 미션은 우리에게 돈을 제공했다고 하는데 우리는 빌린 것입니다. 이 당시 우리는 아직 젊었고 혈기왕성했습니다. "그까짓 돈 하루빨리 갚아버리면 된다. C교수 돈은 아직 쓰지도 않았잖아. 교회 금고를 탈탈 털어서라도 빚 따위 갚아버리고 말자!"고 누군가가 말했습니다. "찬성! 갚을 수 있고말고!" 회원 모두가 동의했습니다. 회의를 거쳐 조나단과 회계위원 위고가 교회 회계 상 조달 가능한 돈을 마련해 D씨에게 보내기로 했습니다. 떠올리기 싫지만 지금 생각해보면, 정월 초하루에 도착한 그 편지는 같은 길로 나아가던 두 기독교 신도 단체를 더욱 단단히 결속시키는 결과를 낳았습니다.

1월 6일 — 전보환으로 200엔을 D씨에게 보내다.

우리는 D씨의 교파에 진 빚을 일괄 상환하는 것으로 D씨의 요구에 답할 생각이었습니다. 하지만 실은 불가능했습니다. 이미 친구들 모두 상당액의 금전적 부담을 지고 있는데 그 위에 또 무리한 부탁을 할 수는 없는 노릇입니다. 결국 C교수의 돈 대부분은 D씨 교파에 진 빚의 일부분을 갚는 데 썼습니다. 우리 손에 들어온 지 얼마 지나지도 않은 돈을 이런 일로 놓치게 되는 경우란 썩 유쾌한 일이 아니겠지요.

1월 7일 — 내일 있을 헌당식 준비로 분주했다.

1월 8일 — S교회 헌당식, 오후 2시부터 시작.

출석자 약 50명. 오늘 이 교회를 하나님께 바칩니다. 이 교회를 통하여 이 땅에 하나님 영광 환하게 빛나기를 간절히 바라옵나이다.

같은 짐을 함께 짊어진 우리 마음의 결속은 굳건합니다. 드디어 정식으로 통합된 교회를 하나님께 당당히 드릴 수 있게 된 것입니다. 50명이 입을 맞춰 노래하는 할렐루야[149]로 조촐한 목조 건물이 흔들렸습니다. — 이웃에게는 재앙과 같겠지만요! 건반 2개가 음정이 맞지 않는 오르간에 F씨의 손가락이 닿고 귀를 막아야 할 정도로 시끄러운 멜로디로 찬송가 반주가 시작되었습니다. 저 높은 곳 계신 하나님 앞에 우리가 바칠 수 있는 가장 좋은 것, 바로 이 초라한 곳을 바치옵나이다. 부디 셰키나[150]와 같이 써주시고 하나님이 다윗의 지혜로운 아들[151]의 호화로운 신전에 임하심과 같이 이곳에도 실재하여 주시옵소서. 하나님은 누가 무엇을 먹든 무엇을 입든 여의치 않으시고 그 죄를 회개하는 마음을 어여삐 여기십니다. 하나님이 좋아하시는 교회는 파이프오르간도 스테인드글라스 창문도 세례반도 필요 없습니다. 감사하는 마음으로 머리를 숙이고 있는 경건한 신도들에게 O가 축도했습니다. 바로 그때 성긴 천으로 지은 커튼에 가려져 있던 두 창문 틈을 통해 흘러들어온 눈부신 1월의 태양이 흰 나무로 만든 간소한 의자를 비췄습니다. 맑게 트인 겨울 하늘 어딘가에서 "이르시되 내가 참으로 너희에게 말하노니 이 가난한 과부는 다른 모든 사람보다 많이 넣었도다"(누가복음 21장 3절)라고 말씀하시

· ·
149. 히브리어로 "여호와를 찬양하라"는 뜻.
150. 하나님의 임재(臨在)를 빗대어 표현한 히브리어.
151. 솔로몬.

는 주님 목소리가 귓가를 두드렸습니다.

2월 16일 목요일 ─ S교회의 규약을 작성하기 위해 O, W, 존과 만나다. 월요일, 화요일, 목요일, 금요일을 회합하는 날로 결정.

예배당이 헌당된 이상 교회 규약을 문서화해야 합니다. 실행위원회 4명이 규약의 초안을 작성하기로 했습니다. 세상 어디의 교회보다 독자적이라 해도 좋은 우리 교회를 운영하기 위한 규약에 대해 숙고했습니다. ─ 기독교의 본질과 결부된 내용을 빠짐없이 담으면서도 우리 교회의 새로운 사정과도 잘 맞아 떨어져야 합니다. 일주일에 걸친 회의 끝에 규약의 골자가 갖춰졌습니다. 회의는 기도로 시작해서 기도로 끝났습니다. 모두 무서울 정도로 열심이었습니다. 작은 이로리에 모인 우리는 김을 내뿜는 주전자가 연주하는 음악을 들으며 규약을 하나하나 작성해 나갔습니다. 조나단의 기세등등한 의견은 O의 냉철한 판단에 부딪혀 그 기세가 꺾입니다. 존의 시기적절한 판단은 W의 법률존중주의에 맞춰 거시적인 안목을 바탕으로 수정됩니다. 마침내 전문을 완성했습니다. 교회 회의의 승인을 거쳐 발효되기만을 기다리고 있습니다.

3월 6일 ─ 교회 건물로 이사하다.

교회 2층에 있는 방 하나를 제공받았습니다. 공짜는 아닙니다. 예배당 청소, 교회도서관 관리 등 관리인 및 잡무원 정도의 일을 맡았습니다. 그뿐만이 아닙니다. 방세로 매월 2엔을 교회 회계에게 지불합니다. 저보다 더 편리하게 교회 다니는 교회 임원은 없습니다. 이후 제 방은 친구들과 형제자매들을 위한 사랑방이 되었습니다.

3월 13일 ― 올해 10월까지 교회의 대출금을 청산하자고 다함께 다짐하다.

대출금의 변제를 계속 연기해서는 안 됩니다. 기한을 정하고 그 안에 각자 책임지고 일정 금액을 내기로 결의했습니다. 예를 들어 10개월간 서양요리점을 끊으면 책임 금액의 반 정도를 지불할 수 있습니다. 내년까지 낡은 재킷과 바지로 버티면 책임 금액의 대부분을 조달할 수 있을 것입니다. 우리가 받는 월급은 매월 25엔입니다. 10월까지 월급 1달분을 내야 합니다.

9월 2일 ― Ts형님[152]과 A목재소[153] 방문. 밤, 설교 담당.

• •
152. 쓰지모토 젠지(辻本全二). 일치교회의 전도사.
153. 아츠베츠(厚別)의 정목(柾目)제조소.

9월 3일 — 아침, A목재소를 떠나 H씨[154] 댁에서 설교 담당. 목재소의 영적 장래성은 유망하다.

A목재소에 전도소를 개설한 일은 우리 교회의 역사에 있어서 가장 기념비적인 사건입니다. 우리가 행한 사역 가운데 특히 기독교 신도의 공동 작업으로 무엇을 이룰 수 있는지 잘 보여주기 때문입니다. 교회에서 약 15마일 떨어진 산간지역에 목재소가 있습니다. 최근 정부는 그 지역의 광활한 송림에서 판목과 목재를 얻기 위해 미국산 터빈기관차를 도입했습니다. 우리 교회 지역에서 목재소까지 운반용 도로를 건설하기로 정했는데 앞으로 건설할 도로를 답사하기 위한 측량사가 파견되었습니다. 그런데 우연찮게도 '호인' U가 주임 측량사로 임명된 것입니다. 그는 측량사 일에 종사하는 한편 목재소에서 가까운 임시거처를 기점으로 성서와 기독교를 전파하는 일에도 전력을 기울였습니다. 루트가 결정되고 최종 측량은 우리 교회의 회계위원 위고가 맡게 되었습니다. 그는 산간지역에 체재하는 동안에 한 멋진 사람을 기독교로 인도했습니다. '무족류無足類, Apodal'로 불리는 O입니다. 측량이 끝나고 도로 건설에 착수하는 데 있어서 새로 임명된 사람이 또 우리

154. 이토 가즈다카의 아버지, 히라노 야주로(平野弥十郎).

교회원인 H씨였습니다. 그도 동료들과 함께 일하는 와중에 기독교를 알리기 위한 일에 힘썼습니다. 죽어가는 원시림의 침묵을 깨는 그가 설파하는 전도의 언어는 헛수고에 그치지 않았습니다. 도로가 완성되기 전 또 한명의 귀중한 사람이 주님 곁에 왔습니다. 한편으로 '호인' U가 목재소에 뿌린 씨는 싹을 틔워 잘 자라고 있었습니다. 목재소 사람들은 신도로 건설을 애타게 기다리고 있었습니다. 건설이 끝나기 무섭게 우리에게도 복음을 전파해 달라는 메시지를 전해왔습니다. 그래서 저와 Ts형이 복음 전파의 사명을 지고 파견된 것입니다. 기독교 신도가 답사하고 기독교 신도가 측량하고 기독교 신도가 건설한 길을 Ts형과 제가 최초로 밟게 된 셈입니다. 아직 목재 하나 운반되지 않은 새 길 위를 기쁜 평화의 복음을 전하는 자가 밟습니다. 그야말로 기독교 신도의 도로입니다. 우리는 그 길을 진도眞道, the Way라 부르기로 했습니다. 영광의 주님 오시도록 "골짜기마다 돋우어지며 산마다 언덕마다 낮아지리라."[155]

9월 23일 토요일 — 국경일[156]. 하늘은 구름 한 점 없이 맑음.

••
155. 이사야 40장 4절.
156. 추계황령제(秋季皇靈際). 현재의 추분의 날(秋分の日).

오후 1시 교회에 모두 모여 박물관 정원으로 이동, 시낭송, 다과회, 고리던지기. 다함께 즐겁게 놀았다.

그날은 우리 교회의 소풍가는 날 즉 '야외일field day'이었습니다. 매년 두 번 — 봄과 가을 — 열립니다. 우리가 '이교도'였던 시절의 야유회 때면 유해한 음료를 마시고 고삐 풀린 망아지 마냥 이리 뛰고 저리 뛰어다니며 '귀신놀이'에 빠지고는 했습니다. '귀신놀이'란 '귀신'이 된 술래가 '진지' 밖을 돌아다니는 사람을 잡는 놀이로 잡힌 사람이 술래가 되기 때문에 '귀신놀이'입니다. 허나 새로운 신앙은 우리를 바꿔 놓았습니다. 들판의 맑은 공기를 쐬며 웃고 떠드는 것은 전과 다를 바 없지만 '귀신놀이' 하고 술 마시는 대신에 찬송을 부르고 다과회를 가집니다. 믿지 않는 친구들이 여전히 빠져 있는 놀이의 즐거움보다 우리의 변화가 초래하는 즐거움이 훨씬 값지다는 것을 깨달았습니다. 이미 말씀드린 바와 같이 겨울에는 냄비 주위에 빙 둘러 앉아 식사와 대화를 나누며 서로의 마음을 하나로 맺었습니다. 합동 교회 활동의 결실을 맺기 위해 눈 속에서 냄비째 함께 먹는 식사와 박물관 정원에서 소풍처럼 함께 즐기는 교류회를 우리는 중시했습니다.

이날 이후 연말까지는 특별한 일이 없었습니다. 신앙일도 세상일도 모두 바빴습니다. 교회도 안정되어 있었습니다. 연초에 함께 맹세한 바에 따라 감리교 감독교회 미션에 변제할 돈을 모았습니다. 전원이 기분 좋게 할당액을 내주지는 않았지만 각자 최선을 다했다고 생각합니다. 연말이 다가오고 저와 존은 수도로 출장을 갔습니다. 미션에 돈을 청산하는 역할을 맡았기 때문입니다.

12월 28일 ─ 은행에서 돈을 인출해서 선교사 S씨[157]를 통해 상환.

S교회는 드디어 독립했다.

글로 다 표현할 수 없는 기쁨!

2년간의 근면 성실한 생활이 결실을 맺어 우리는 교회의 빚에서 드디어 해방되었습니다. 너무 기쁜 나머지 하늘로 날아갈 것 같았습니다. 우리의 대헌장Magna Carta을 써 두겠습니다.

금 백팔십일원 삼십일전

수도에서 1882년 12월 28일

조나단 X씨로부터 수령함. 1881년 교회 건설에 대한 원조금으로 S의 기독교 신도에게 대부한 금액(육백구십팔 엔 사십

• •

157. 소퍼(Julius Soper. 1845-1937). 미국 감리교 감독교회의 선교사로
      J. C. 데이비슨(John Carrol Davidson. 1843-1928)과 함께 1873년 방일.

전) 중에서, M. E. 미션에 상환해야 할 잔액 백팔십일 엔 삼십일 전을 상환 받았음.

J. S

2년간 무이자로 손을 내밀어준 것에 감사했습니다. 아울러 이 돈 말고는 갚아야할 곳이 없다는 것에 감사했습니다.

우리 교회의 독립을 한 교파에 대한 공공연한 반항으로 보는 견해는 오해에 불과합니다. 독립은 더 큰 목적을 달성하기 위한 작은 시도에 지나지 않습니다. 다시 말해 우리의 (하나님께서 내려주신) 힘과 가능성을 자각하기 위한, 영혼의 구원을 얻기 위해 하나님의 진리를 갈구하는 사람들이 나아가야할 길 앞의 장애물을 제거하기 위한 시도였습니다. 자신에게 주어진 길이 무엇인지 깨달아야 비로소 그 길로 나아가기 위한 가능성을 자각하게 됩니다. 의존하려는 자는 무력합니다. 어떤 교회는 필요도 없는 일에 돈을 허비하는 주제에 자금 부족을 한탄합니다. 가진 능력을 올바르게 자각하여 실현하기 위해 독립이 필요합니다. 가진 능력을 자각해야 앞으로의 활동을 통해 가능성을 실현할 수 있다고 믿습니다. 이러한 사정을 헤아릴 줄 아는 자만이 독립을 제대로 이해할 수 있을 것입니다. 우리의 독립이 소수의 야심가에 의한 반항 행위라는 둥 분별없는 교인들을 선동한다는 둥 마음대로 낙인을 찍는 행위

는 '악한 것을 생각지 아니하며'[158] 살아가야 하는 기독교인이
라 부르기엔 생각이 짧다고 할 수밖에요.

12월 29일 — 수도에 체재 중인 S교회원들, 오후 1시에 프랜
스시의 집[159]에 모이다. 다 같이 아사쿠사淺草 공원의 '우메야梅
屋'에서 저녁 식사를 먹으며 교회 독립을 축하했다.

이 날이 우리 첫 '7월 4일'[160]입니다. 그날의 식사는 프랜시
스, '크로커다일' W, '프테로닥틸' T와 함께였던 걸로 기억합
니다. T는 언제나 그렇듯 첫 요리로 나온 국그릇을 번쩍 들어
올리더니 건더기까지 꿀꺽꿀꺽 삼켰습니다. 그러고는 나중에
건더기가 뭐였냐고 웨이트리스에게 묻는 게 아닙니까. 바지락
이라는 대답을 듣더니 그는 교회의 독립이 너무 기뻐서 뭐가
들었는지 확인할 생각도 못하고 이와 혀로 맛을 음미하는
과정도 생략한 채 식도로 보내버렸다고 고백했습니다. 제
생각에 진짜 이유는 너무 허기졌기 때문이겠지요.

교회의 독립과 함께 저는 교회와 작별했습니다.[161] 전 세계에

••
158. 고린도전서 13장 5절.
159. 미야베 긴고의 자택은 시타야가치마치(下谷徒士町, 현재의 도쿄도
    다이토구台東区 부근. 역주)에 있었다.
160. 미국의 독립기념일.

130

복음을 전하는 제 사명과 관련시켜 말씀드리려면 이 교회와 관련된 이야기를 위한 또 한권의 책이 필요합니다. 이 책을 쓰고 있는 현재를 기준으로 4년 전[162]에 그리운 모교회母教會를 방문한 적이 있습니다. 13년 전[163]에 제가 떠났을 때보다 크게 더 번창하고 있는 모습을 보니 너무나도 기뻤습니다. '미셔내리 멍크' O는 변함없이 충실한 목사였습니다. 게다가 단 한 푼의 돈도 받지 않으면서 말입니다. 그는 우리가 졸업한 학교 강단에 서는 일로 생계를 유지하고 있었습니다. 교회원은 약 250명이었습니다. 유급有給 전도사 2명이 있고 YMCA활동도 활발하고 금주회를 설립하여 활발히 활동합니다. 1885년은 어느 교파 할 것 없이 우리나라의 기독교 신도들이 가장 활발한 활동을 보여준 한해였다고 생각합니다. 이 해 주요 교회의 한 사람당 헌금액을 계산하면 다음과 같습니다.

현재의 독립교회 7엔 32전

• •

161. 우치무라는 1883년 4월 삿포로현 어용계(개척사에서 삿포로현으로 소관 변경)를 그만두고 쓰다 센(津田仙)이 설립한 가쿠노샤(学農社) 농업학교의 강사가 되었다.

162. '불경사건'(1891년 1월 9일)이 일어난 그 해, 삿포로에 거주 중인 미야베 긴고, 니토베(오타) 이나조, 히로이 오사무 등은 우치무라를 위로하기 위해 그를 삿포로로 초대했다. 이 때 교회 방문.

163. 본서가 간행된 해(1895년) 기준.

조합교회 2엔 63전

장로교 및 화란개혁교회 2엔

감리교 1엔 74전

성공회 1엔 74전

등

이 비교를 통해 우리가 설립한 교회가 어땠는지 알 수 있습니다. 우리 교회는 약 1,000엔[164]을 들여 새로운 회당[165]을 건설했습니다. 새 회당은 제가 버지니아에서 본 '흑인교회'와 약간 비슷했지만 과거에 제가 관리인과 잡무원을 겸했던 '어떤 건물의 절반'과 비교하면 엄청난 개선입니다. 새 오르간은 모든 건반의 음정이 조율되어 있었습니다. 가까운 미래에 석조 교회를 신축할 예정이라는 이야기도 들었습니다. 그렇다면 말 그대로 독립을 실현한 전국에 단 하나밖에 없는 교회가 됩니다. 이미 재정적인 면을 넘어 교회 제도와 신학적인 태도를 통해 책임감 있는 독립적인 기독교 활동에 종사하고 있었고

••

164. (역주) 약 4,000만~5,000만 엔.
165. 우치무라 등이 최초로 설립한 통칭 '히라간테(白官邸)'는 1885년 즉 우치무라가 미국에 있는 사이 미나미3조 니시6초매(南三条西六丁目)로 신축 이전했다(본장 표지 사진 참조). 그 후 1922년에 클락을 기념해서 오도리니시7초매(大通西七丁目)에 그리스풍 회당을 건축.

충분히 성과를 올리고 있었습니다. 독자적인 조직과 원리를 잘 구축하고 있었는데 저는 그들의 독립을 추구하는 특징이 주님 바라는 바와 같다고 믿어 의심치 않습니다. 그들은 특별한 사명을 지고 있습니다. 그들의 순수하고 진실된 마음 속 평안을 누구도 해하지 않기를 기도합니다.

제5장 세상 속으로: 감정적 기독교

제3회 전국 기독교 신도 대 친목회(2열 가운데가 우치무라)

그러므로 보라 내가 그를 타일러 거친 들로 데리고 가서 말로 위로하고

　거기서 비로소 그의 포도원을 그에게 주고 아골 골짜기로 소망의 문을 삼아주리니 그가 거기서 응대하기를 어렸을 때와 애굽 땅에서 올라오던 날과 같이 하리라

　여호와께서 이르시되 그 날에 네가 나를 내 남편이라 일컫고 다시는 내 바알이라 일컫지 아니하리라

-호세아 2장 14-16절

　나의 주인이시자 지아비이신 하나님께서 평화로운 모교회 밖으로 저를 이끌어주셨을 때 분명 위 말씀처럼 제게 속삭여주

셨습니다. 하나님은 제 마음 속에 진공vacuum을 만드시고는 이끌어주셨습니다. 집 안에만 있어도 잃을 것 하나 없기에 황야로 나갈 필요가 없습니다. 자연은 진공을 싫어합니다.[166] 인간의 마음은 우주의 어떤 존재보다 진공을 싫어합니다. 저는 마음속에 발생한 공허함, 그 어떤 신앙적인 활동과 그 어떤 과학적인 실험의 성공[167]으로도 채울 수 없는 공허함이 견딜 수가 없었습니다. 이 공허함의 정체가 무엇인지 정확히는 저도 모릅니다. 어쩌면 건강 악화로 휴식 그리고 간단한 일거리를 원했기 때문일 수도 있습니다. 어쩌면 갑작스레 성인이 되는 시기에 접어든 육체가 자연스럽게 발산하는 반려자를 원하는 욕구에 저항하지 못하고 초조함과 허무함을 느꼈을 수도 있습니다. 어쨌든 진공은 실재합니다. 저는 이 진공을 어떻게든 무언가로 채워야 했습니다. 드넓은 이 우주 어딘가에 행복과 만족을 주는 무언가가 분명히 존재합니다. 그러나 그 무언가가 진짜로 무엇인지, 저로서는 알 방도가 없었습니다. 생리학자가 메스로 뇌를 도려낸 비둘기마냥 저는 어디로 가야

166. 아리스토텔레스, 『자연학Physica』의 담론.
167. 삿포로현 어용계로 1882년에 '삿포로현 가리비 번식 조사 복명서 및 잠수기 사용 규칙 예정 상신(札幌県鮑魚蕃殖取調復命書幷ニ潜水器使用規則見込上申'을 제출. 특히 가리비의 난자를 발견한 것은 우치무라에게 있어서 기억에 남는 업적이었다(전집1).

하는지 왜 가야하는지 모른 채 단지 가만히 있을 수만은 없다
는 막연한 이유 하나로 교회를 뛰쳐나왔습니다. 이때부터
저의 모든 에너지는 진공을 채우기 위한 일에 투입되었습니다.

1883년 4월 12일 ― 우울하다. 기력이 없다.

4월 22일 ― 과거의 죄를 깊이 뉘우쳤다. 스스로의 노력으
로 스스로를 구원하기란 절대 불가능함을 깨달았다.
괴어 있는 제 영혼을 휘저어 천사가 내려오시사 영혼을
치유해주신다[168]는 틀림없는 증거를 얻었습니다.

5월 8일 ― 제3회 기독교신도 대친목회[169]가 신사카에新榮
장로교회에서 오전 9시부터 개최. S교회 대표로 참석. 오전
중, 기도회와 회의. 오후, 국내 정세에 대한 보고. 국내 신도
수는 전부 5천 명. 오후 6시에 폐회.
기독교가 우리나라에 전해지고 약 20년이 경과했을 무렵입
니다. 우리나라 총 인구 4천만 가운데 신도 수는 5천 명 정도였

• •
168. 요한복음 5장 2-7절 참조.
169. 1883년 5월 8일부터 신사카에바시(新栄橋)교회에서 개최된 개신교
전국 집회. 소위 말하는 리바이벌 현상을 전국적으로 알려 주목받았
다.

습니다. ─ 실로 보잘것없는 숫자입니다. 하지만 그곳에 모인 신도들 모두는 주변의 미신에 사로잡힌 무지한 이웃들 한 명 한 명을 4분의 1세기 안에 감화시키겠다는 성스러운 야심에 활활 타고 있습니다! 생각만 해도 행복해지는 이러한 전망은 T씨[170]라는 낙천적인 선배의 계산에 근거합니다. 그의 계산에 따르면 5천명 신도가 게을러서 1년에 한 사람밖에 전도하지 못한다고 가정해도 단기간에 전국 신도수가 몇 배나 증가할 수 있다고 합니다. 사실 당시 3, 4년간의 입신자 수는 25퍼센트 에서 33퍼센트의 증가율을 보이고 있었으며 아무리 냉정하게 계산해도 다가오는 분기의 입신자수 평균 증가율이 25퍼센트 이하로 떨어지리라 보는 이는 없었습니다. 그러나 이 기념비 적인 대회로부터 10년이 지나 이 책을 집필하고 있는 현재, 대회 이후의 역사가 당시 기대하고 예언했던 대로 흘러가지 않았다는 서글픈 보고를 독자 여러분께 올리는 바입니다. 현재 전국에는 3만5천 명의 기독교 신도가 있으며 연간 평균 증가율은 급격히 하락하고 있다고 합니다. 한 나라가 하루아 침에 개종되기란 쉬운 일이 아닙니다! 허나 낙담할 필요 없습 니다! 우리 목적은 양적 성장뿐만 아니라 질적 성장에 있기

• •

170. 쓰다 센으로 추정. 다만 '10년 안에 우리나라는 기독교 나라가 될 것이다'고 말한 인물은 5월 11일 만찬회에서 강연한 니지마 조(新島襄)로 알려져 있다.

때문입니다. 갓난아기의 성장을 처음 접한 사람은 그 아기가 일주일 사이에 1파운드씩 몸무게가 늘어나니까 30살이 되면 거대한 코끼리만큼 무거워지겠다고 생각할 수도 있겠지요. 우리 안의 태만함이 원인인지 아니면 하나님의 예지함이 있는 건지 알 수는 없으나 신도 수는 비교적 쭉 낮은 숫자를 유지한 채 현재에 이르고 있습니다.

신도 수 증가에 관해서는 일단 제쳐두겠습니다. 그날 한곳에 모인 신도들의 꿈은 영광스럽게 빛나고 있었습니다. 18세기를 뛰어넘는 시간 동안 인류가 경험하지 못했던 참된 성령강림[171]이 바로 여기서 시작되고 있다며 함께 기뻐했습니다. 진리를 증명하는 증거로 가득 찼습니다. 회개하는 자들의 깊은 탄식이 울려 퍼졌습니다. 울지 않는 사람은 없습니다. 울지 않는 사람은 목석한木石漢처럼 보였습니다. 기적적인 회심도 몇 건 있었습니다. 미션 스쿨의 아이들이 성령의 힘으로 용기를 얻어 길가의 행각승을 붙잡고는 함께 기도하고 토론한 끝에 그가 법의를 벗고 예수를 구세주로 받아들이도록 했습니다. 사람들과 있으면 말을 더듬었던 한 청년이 말더듬을 고치고 사도 베드로처럼 솟구치는 마음을 토로하며 설교를 행했습

· ·

171. Pentecost. 사도행전 2장에 근거해서 부활절에서 50일째 되는 날을 성령강림일로 한다.

니다. 더 있습니다. 집회에 조선인 한 사람[172]이 출석했는데 은자의 나라[173]를 대표하는 명문가의 후손이었습니다! 일주일 전에 세례를 받았다는 그는 민족의상을 입고 있었으며 위엄이 있었습니다. 그가 모국어로 기도했습니다. 그 기도는 강력해 보였습니다. 우리는 그가 마지막에 외친 아멘밖에 알아들을 수 없었습니다. 하지만 그가 이곳에 함께하고 있고 그의 언어 를 알아들을 수 없다는 상황 자체가 성령강림의 날에 어울리는 극적인 광경을 연출했습니다. 성령강림이 진짜로 실현되기 위해 딱 하나 불의 혀[174]가 부족했지만 참가자들은 상상으로 보충했습니다. 참가자 모두가 기적과 경이로움이 머리 위로 내려오는 느낌을 받았습니다. 태양이 머리 바로 위에서 밝게 빛나고 있는 게 아닌지 의심될 정도였습니다.

5월 9일[175] — 오전 8시, 아사쿠사 장로교회에서 대표자 회

• •

172. 이수정(李樹庭, 1842-1886). 본 대회 기념사진(본장 표지 게재)을 보면 한복을 입고 맨 앞줄에 앉아 있다.

173. 그리피스(William Elliot Griffis, 1843-1928)의 저서에 『은자의 나라 한국Corea: the Hermit Nation』(1882)이 있다.

174. 사도행전 2장 3절.

175. 우치무라는 이날 오후 이부무라로(井生村樓 메이지시대 때 큰 집회 등을 위해 사용된 아사쿠사에 있던 회장. 역주)에서 열린 강연회에서 '하늘의 새와 들판의 백합(空ノ鳥ト野ノ百合花)'이라는 제목으로 강연.

의. 의제는 '자유 매장埋葬'

대회는 이튿날도 이어졌습니다. 우리나라의 경우 사체를 매장하려면 승려의 서명을 받아야 하는 법률이 효력을 가지고 있습니다. 이는 기독교 입장에서 조치를 취해야 합니다. 법적으로 기독교식 매장이 허용되지 않았습니다. 실제로는 주례승이 묵인해줘야만 가능했습니다. 아니면 주례승을 매수해서 기독교식으로 치르도록 손쓰는 식이었습니다. 개인적으로 저는 고인의 영혼에 아무런 손실을 끼치지 않는다는 전제하에 죽은 자는 죽은 자가 스스로 장사하게 하면 된다,[176] 하나님은 살아 있는 자들의 하나님이므로 생명이 없는 몸에게 특별히 요구하는 일은 없다고 주장했습니다. 하지만 저와 의견이 다른 형제가 많았으며 그들의 의견이 통과되었습니다. 승려의 서명을 받게 하는 법률을 개정하기 위해 정부에 진정서[177]를 제출하자는 안이 다수결로 채택되었습니다. 국민의 종교의 자유를 보장받기 위해 꼭 필요한 운동의 첫걸음이라 생각했습니다. 그런데 법률주의라는 것이 항상 바람직한 결실로 이어지지는 못한다는 사실이 그 이후 증명됩니다. 주장과 외침으로 쟁탈하지 못했던 권리가 시대와 사상이 진보함에

• •
176. 마태복음 8장 22절 등.
177. '매장 자유의 건백(建白)' 제출을 결의. 이듬해 10월 실현됨.

따라 자연스럽게 손에 들어옵니다. 현재의 국민은 종교의 자유가 보장된 헌법[178]을 가지고 있습니다.

5월 12일 — 대회 종료. 값진 영적 경험. 교회는 부흥하고 양심은 시련을 이겨내고 사랑과 단결심은 굳건해졌다. 전체적으로 성령강림절다운Pentecostal 집회였다.

대회는 모든 면에서 유익했습니다. 고조된 흥분은 대회가 끝난 후에도 이어졌습니다. 작은 규모의 여러 회합이 1주일 이상 이어졌을 정도입니다. 한 번도 경험한 적 없는 광경입니다. 소위 말하는 '리바이벌'[179] 운동이 수도의 교회에서 시작된 것입니다. 정신생리학을 조금 공부한 입장에서 보면 약간은 병적으로 보이기도 했습니다. 카펜터[180] 『정신생리학』에 의하면 한 수녀가 고양이 울음소리를 흉내 내는 버릇을 가지게 되자 모든 수녀들이 그녀를 흉내 내게 되고 결국 수도원 전체에 퍼지게 된다는 이야기가 있습니다. 적어도 리바이벌 현상

• •

178. 1889년 발포된 대일본제국헌법 28조에 '일본 신민은 안녕과 질서를 방해하지 않고 신민으로서의 의무를 등지지 않는 한에서 신앙과 종교의 자유를 가진다'고 되어 있다.

179. Revival. 신앙부흥으로 부르기도 하는 종교 심리 현상.

180. William Benjamin Carpenter(1813-1885). 영국의 생리학자. 저서 『정신생리학(*Principles of Mental Physiology*)』, 1874은 '삿포로농업학교 제4년보'(영문) 수록 저서 목록에 기재되어 있다.

과 관련해서 말하자면 교감신경의 이상 작용으로 설명할 수 있는 부분이 적지 않습니다. 하지만 리바이벌 운동은 교회의 최고 권위자와 목사에 의한 뜨거운 지지를 받고 있었기에 마음 속 의문을 억누르고 그때 그곳을 지배하는 감정에 저를 맡겼습니다. 정확히 설명할 수는 없지만 그렇다고 사실이 아니라고 할 수도 없는 어떤 신비로운 힘에 이끌린 참가자들이 영혼의 기쁨을 전하는 모습과 말을 저는 분명히 보았고 들었습니다. 그러한 모습과 말은 그때까지 경험한 적 없었습니다. 저 또한 그들과 같은 기쁨에 취하고 싶다는 열망에 사로잡혀 과학적인 지식 따위 잊어버렸습니다. 감리교의 뜨거운 설교자가 성령님께서 주시는 말을 통해 형용할 수 없는 기쁨을 얻는 방법을 알려주었습니다. 그 방법을 응용해서 '거짓되기 쉬운 마음'[181]에 정신력을 집중시켰습니다. 동시에 헉슬리, 카펜터, 게겐바우어[182]를 통해 습득한 지식을 악마가 만들어낸 환각으로 간주하고 떠오르지 않도록 노력했습니다. 하지만 고백합니다! '너의 죄를 사하노라'고 전해오는 기쁜 목소리는 육체적으로도 정신적으로도 영적으로도 제 고막을 울리지 않았습니다. 고통스런 번민에 가슴을 쥐어짜며 기도하고 회개하는 3일이

· ·
181. 예레미야 17장 9절에 '마음은 만물보다 거짓되고'라 되어 있다.
182. Karl Gegenbaur(1826-1903). 독일의 해부학자.

지났지만 저는 타락한 자녀일 뿐이었습니다. 참가자 모두가 하늘이 주신 상을 받았다며 희망과 환희로 가득 찬 영혼을 고백하는 특권을 누릴 때, 끝끝내 그 특권이 제게는 허락되지 않았습니다. 깊은 낙담에 빠져 절망했습니다. '리바이벌'이란 일종의 최면술, 심리적인 현상인 걸까요? 그렇지 않다면 특권을 허락받지 못했기 때문에 낙담하는 것일까요? 그렇습니다. 세계는 단 하루 만에 아니 단 일주일 만에 창조되지 않았습니다. 감리교 형제들이 보여준 길과는 다른 길, 더 '자연'스러운 과정을 거쳐 창조되는 길이 존재한다고 희망을 가지는 편이 더 좋으리라 생각했습니다.

하루하루를 거치며 기독교 신도 친구와 지인이 늘어감에 따라 제 신앙은 감정적인 기독교로 급격히 기울었습니다. 신앙적인 경험담을 나누는 기회가 필요 이상으로 늘었습니다. 기독교를 둘러싸고 있는 암흑을 신앙으로 정복해야 한다는 중요한 책임을 망각하고 기독교 신도와 다과회나 연회를 즐길 궁리만 하게 되었습니다. 기독교인으로 가득 찬 터키식 사우나와 같은 도회적인 사회에 시골 교회에서 등장한 순진하고 거짓말을 모르는 제가 불쑥 끼어들어, 소녀가 부르는 찬송가와 온화한 설교를 통해 깨끗하게 씻겼던 것입니다. 하나님 나라는 평온한 휴식의 나라요 언제나 자유로이 선의를 교환할 수 있는 나라라고들 말합니다. 그래서 남녀 간의 자유교제와 자유연애라는 종교가 공공연한 인정을 받으며 다과회와 연애에 몰두할 수 있게 해줍니다. 선교사들이 교회에 필요한 비용을 대신 내주고 있겠지요. 불교 같은 우리 일본인의 삶 주변에 존재하는 꺼림칙한 미신과 선교사들이 대신 싸워주고 있겠지요. 그러나 이제는 나무와 돌로 된 우상에 머리를 숙이지 않는 형제들이여, 새로운 신앙을 통해 여성의 권리를 가지게 된 자매들이여 ― 다과회나 친목회에서 '마음의 교류 이 어찌 즐거운지'[183]를 부르면서 함께 기도하고 울고 웃고 꿈을 나누는 건 어떨까요? 남녀칠세부동석이라는 유교의 미신도 여성에게 지나친 겸손함과 순종적인 태도를 요구하는 나머지 고귀한 성性을 저급한 것으로 치부하는 불교의 난센스도 이제는 사라져도 좋으리라. 사랑이란 사랑을 나누는 자들의 것, 어떤 고난과 시련도 헤쳐 나갈 수 있게 도와주는 성스러운 힘에 이끌려 젊은 두 마음의 합일을 이루게 하는 사랑이란 두 사람만의 것입니다. 설령 하늘도 방해할 수 없습니다!

오, 기독교가 주는 자유여! 침수된 라이덴 요새에서 절체절명의 굶주림과 스페인군의 창날에 맞섰던 그대가 아니던가.[184]

----

183. 일본기독교단찬송가(日本基督教団讃美歌) 403번 1절. John Forcett 작곡.
184. 네덜란드 독립전쟁 때 개신교군은 1574년에 라이덴을 포위한 스페

스미스필드의 화형장[185]에 쌓인 섶 위에서 타는 소리와 함께 스스로를 태운 것도, 벙커힐[186] 정상에서 피를 흘린 것도 그대가 아니던가? '멸망'에서 태어난 사이렌[187]과 주피터 사이에서 태어난 다정한 자녀[188]에게 부여된 그대의 이름! 법률의 존엄이라는 명목 아래 율법을 무시하고 아직 시나이[189]로 인도받은 적 없는 사람들에게 그대 이름을 부여하는 것에는 신중을 기하시기를. 그대의 경사스러운 방문이 그저 속세적인 구속에서 해방되려는 자를 위한 것이 아님을 믿습니다. 그대의 방문은 불안함 속에서 율법을 지키기 위해 노력하는, 그대의 도움으로 율법 그 자체를 스스로의 의지로 승화시키는 선택받은 하나님의 자녀들을 위한 것입니다.

• •

인군을 물리치고 독립을 쟁취했다.

185. 런던 스미스필드(Smithfield)에는 화형장이 있었는데 16세기 메리 1세 여왕의 재임 시절 많은 가톨릭 반대자들이 화형에 처해졌다.

186. Bunker Hill. 미국 매사추세츠주 찰스타운에 있는 언덕. 독립 전쟁 최초의 전투가 가까운 곳에서 벌어졌다.

187. 그리스 신화에 등장하는 반인반조(半人半鳥)의 바다의 정령. 시칠리아 섬 근처 작은 섬에 살면서 뱃사람들을 아름다운 목소리로 유혹하여 바다에 빠져 죽게 했다고 알려져 있다.

188. 로마 신화의 주피터는 그리스 신화의 제우스와 동일시되는 최고의 신. '다정한 자녀'란 여신 비너스로 여기서의 비너스란 연애를 의미한다고 추정된다.

189. 모세가 이스라엘 백성들을 이끌고 출애굽을 하던 도중 하나님의 율법을 받았다고 하는 시나이산. 출애굽기 19장 이하 참조.

그러나 한편으로는 등비수열geometric progression처럼 개종자를 늘리는 계획이 복음을 전하는 사도들에 의해 진행되고 있을 때(이를 용서할 수 없는 인간성의 약점이라 할 수는 없습니다만), 제가 여기에 쓴 자유에 관한 엄격하고 엄숙한 생각을 이교도에게 굳이 명언明言할 필요는 없습니다. 이교도에게 말해버리면 하나님께 받은 성스러운 임무를 실천하기 위한 개종자의 도덕심이 해이해져버려서 결국은 영혼의 자유에 대한 근거 없는 낙관론에 빠질 것이기 때문입니다.

(1884년) 3월 14일 ─ 눈물을 닦으며 존 하워드[190] 전기를 읽었다. 벅찬 기쁨과 위로.

오래된 아담[191]의 가죽을 일거에 벗겨내려다 실패한 저는 제 손으로 직접 행함을 통해 위로를 발견하는 방향으로 선회했습니다. 이것이 틀린 선택일까요? 세상의 감정적 쾌락이 그렇듯 감정적 기독교도 언젠가 싫증나기 마련입니다. 굶주린 영혼의 평안함을 유지하려면 감정적인 것이 아니라 실제적이고 실질적인 것이 필요합니다. '실제적인 행동으로 사랑을

190. John Howard(1726-90). 영국의 감옥개량가. 전염병 예방에 힘썼으나 그 자신이 전염병에 감염되어 사망.
191. 즉 오래된 육(肉)신의 인간. 새로운 아담(그리스도)이 영(靈)의 사람인 것에 대비시켜 쓴 말. 고린도전서 15장 45절.

전하는 사업이야말로 기독교의 본질이 아닐까'라고 자문하기 시작했습니다. 불멸의 부처는 사람이 열반Nirvana의 행복에 들어서기 위한 4가지 조건 중 첫 번째로 사랑을 이야기합니다.[192] "내 형제들아 만일 사람이 믿음이 있노라 하고 행함이 없으면 무슨 이익이 있으리오, 그 믿음이 능히 자기를 구원하겠느냐"[193]라며 충실한 사도는 신실한 마음으로 깨우쳐 줍니다. 기도회의 감정주의, 야외 집회의 심리적 현상 — 배고픈 한 사람의 허기도 채워주지 못하는 그것들이 다 무슨 소용이겠습니까! 마을의 수호신을 섬기던 옛날 길가에 배고픈 거지가 보이면 먹을 것을 건넸습니다. 그러나 기독교에 입신한 지금의 저는 배고픈 자들에게 추상적이고 공허한 말만 늘어놓을 뿐입니다. 내 영혼에게 묻노니, 이게 참되다 할 수 있느냐! 타인에게 공허한 교의를 나누어준 기독교 신도가 천국에 갈 수 있다면 이는 새우로 도미를 낚는 것과 다를 바 없습니다. 저는 영어로 쓰인 소책자 존 하워드 전기를 글자 한 자 한 자에 마음을 빼앗기며 읽고 또 읽었습니다. '이대로는 안 된다'고 스스로에게 말했습니다. 전 세계의 형무소 방문을 마친

· ·

192. 사무량심(四無量心), 즉 자무량심(慈無量心), 비무량심(悲無量心), 희무량심(喜無量心), 사무량심(捨無量心) 가운데 중생에게 한없는 사랑의 마음을 일으키는 '자무량심'.

193. 야고보서 2장 14절.

끝에 열병에 걸린 병사를 돌보며 죽어가는 제 모습을 상상해 보았습니다. 저는 찰스 로링 브레이스[194]의 『게스타 크리스티』도 읽어 보았습니다. 이 책을 통해 예수님을 진심으로 사랑하는 자에게 어울리는 사명에 대한 확신을 발견했습니다. 그 후 기독교의 박애주의에 관한 제 생각이 크게 변했습니다. 제게 건전한 영향을 준 뉴욕의 박애주의자에게 감사드립니다. 제 사상과 행동을 일거에 변화시켰습니다.

6월 6일 — 오전 7시 반, 숙소를 나왔다. '에비스'항[195]에서 작은 배 한 척을 빌렸다. 선원 4명의 도움으로 인근 해저를 조사하기 위해 와시자키鷲崎로 향했다. 와시자키에서는 주이치야[196]에서 숙박.

다시금 정부에 고용되어[197] 조사를 위한 여행에 파견되었습니다. S라는 이름의 작은 섬[198]에 체재 중일 때 경험했던 이

• •

194. Charles Loring Brace(1826-90). 미국의 자선사업가. 『게스타 크리스티Gesta Christi; or a history of humane progress under Christianity』, 1883은 그의 저작.

195. Port Barbaric. 사도가시마(佐渡島)의 료쓰항(両津港).

196. 부임지의 숙박업소 이름이 아니라 숙소를 제공한 민가의 호칭.

197. 1883년 12월부로 농상무성(農商務省) 어용계로 농무국수산과(農務局水産課)에 근무.

198. 사도가시마.

배 여행은 — 제 금주주의가 실제로 시험을 받은 기회였기 때문에 특히 잊을 수 없습니다. 제 자신이 기독교 신도임을 주위에 명시하기 위한 방법으로 저는 오랫동안 금주주의를 굳게 지키고 있었습니다. 아무리 정당한 이유가 있더라도 알코올음료를 입에 대는 일에는 신중에 신중을 가했습니다. 앞 장에서 언급한 것처럼 우리나라에서 음주란 사람들과의 교제에서 큰 부분을 차지합니다. 호의로 건네준 술잔을 거절하는 것은 그 술잔을 내민 상대가 원하는 우정과 친교를 거절하는 것과 같습니다. 정부가 파견한 공무원 자격으로 여행 중이기에 친해지고자 하는 마음으로 건네는 술잔을 거부하면 행여 상대방의 감정을 상하게 하지는 않을지 불안했습니다. 이 불안감은 기독교가 마치 가시가 되어 제 몸 깊숙이 박혀 있는 것 같은 아픔을 줍니다. 그렇다고 성스러운 맹세를 어길 수도 없는 노릇입니다. 저는 노력했습니다.

그런데 와시자키에서 새로운 시련과 마주했습니다. 그곳은 황량한 어촌으로 문명의 끝과 다를 바 없습니다. '주이치야'는 여행객이 비바람을 피해 하룻밤 머물 수 있는 유일한 숙소였습니다. 숙소 주인은 술독에서 태어난 바쿠스[199]나 진배없는 인간으로 전과를 가졌으며 섬에서 알아주는 술꾼이었습니다.

. .
199. 로마 신화 속 술의 신.

'성수'를 찬양하는 열렬한 마음과 사람을 대하는 시원시원한 태도는 본받고 싶을 정도였습니다. 그 숙소에서 하룻밤을 지내는 사람이라면 누구든지 그의 영약靈藥의 상대가 됨을 마다하지 않을 정도입니다. 이런 식으로 신들조차도 흥겨움에 취하게 해주는 음료를 더 찬양하게 되는 꼴입니다. 저는 이미 그전부터 숙소 주인이 끈질기게 권하는 술잔을 끝까지 거부하는 용기 있는 자는 지금껏 한명도 없었다는 이야기를 들은 적이 있습니다. 만약 제가 와시자키에 가야 하는 처지가 되면 결국 생애 한 번은 금주주의가 깨지게 될 것이 분명하다고들 주변에서 말했습니다. 저는 답했습니다. "와시자키로 가겠다. 허나 술은 마시지 않겠다." 나를 이곳으로 파견한 사람들 간에는 전혀 상반된 사고를 가진 두 사람 사이에 필히 발생할 기묘한 승부에서 과연 누가 이길지 설왕설래가 있었던 모양입니다.

소문의 '주이치야' 문 앞에 다다른 것은 해가 어둑어둑 질 무렵이었습니다. 저를 기다리는 것은 여위고 작은 예순 살 정도의 노인으로 오랜 세월 술에 찌들어 알코올 중독 증상이 전신에 퍼져 있었습니다. 저는 그를 보자마자 그 유명한 술꾼임을 직감했습니다. 예상치 못한 상황에 임기응변으로 대처할 수 있도록 몸과 마음을 다잡았습니다. 흔히 생각하는 시골 숙소 주인의 상냥함 또는 환영하는 기색 따위는 전혀 찾아볼 수 없었습니다. 제 소속부서를 밝히자 그제야 숙소를 제공하는 역할을 떠올린 모양입니다. 아니나 다를까, 목욕을 마치고 차를 마신 뒤 주인의 아내가 방으로 찾아와서 저녁 식사 전에 "한잔 하시겠습니까?"하고 물었습니다. "술은 한 방울도 필요 없습니다."라고 단호하게 답했습니다. 만사는 첫 대답에 좌우된다고 확신했기 때문입니다. 주인의 아내는 물러갔습니다. 조금 시간이 지나자 젊은 남자가 밥상을 들고 나타났습니다. 상 위에는 쌀밥과 야채와 조개 조림이 깔끔하게 차려져 있었습니다. 하루 종일 태양과 바다에 노출된 제 뱃속은 마치 기다렸다는 듯 간소한 식사를 눈 깜짝할 사이에 마쳤습니다. 그리고 야윈 노인이 두 손에 술잔을 들고 나타나는 순간에 대비해서 본격적인 싸움에 나설 채비를 했습니다. 허나 술잔이 방문하는 기적이 전혀 없습니다. 결국 이부자리를 깔고 아무 방해 없이 쾌적한 밤을 보냈습니다. 일전에 친구들에게 들은 이야기 즉 숙소 주인의 악마에 홀린 듯한 술버릇 이야기는 전부 저를 놀리기 위해 친구들이 지어낸 이야기에 불과했구나라고 생각했습니다.

다음 날 아침 식사를 마친 후 작은 배에 올랐습니다. 전날 밤의 평화가 조금 미심쩍었던 저는 노 젓는 뱃사공들에게 물어봤습니다. 그 결과 모든 궁금증이 풀렸습니다. 한 사람이 말해주었습니다. "주인장은 틀림없이 당신이 알고 있는 그

영감이 맞는데. 이보게 젊은이, 어젯밤이 조용했던 건 바로 당신 때문이라오. 주인장은 젊은 손님 거슬리는 일 없도록 술은 안 마시겠다고 하인들에게 말했다 하네. 드물다면 드문 일이긴 한데 말이지, 모두 깜짝 놀랄 수밖에. 아니, 술고래 주인 밑에서 일하는 노릇이니 맨날 이래라 저래라 잔소리에 버럭 화를 내지를 않나, 갑자기 호통 치지를 않나, 근데 어제는 일체 그런 일이 없었다 하더라고." "그러게 말이에요." 다른 남자가 맞장구쳤습니다. "주인 아내분이 고마운 밤이라며 감사해 하더라니까요. 어젯밤처럼 푹 잔 밤은 처음이랍디다." 저는 "이겼다!"고 소리쳤습니다. 뱃사공들에게 음주하는 습관을 가질까봐 조심하는 이유 그리고 제가 보인 용기 있는 저항의 힘을 설명하자, 때마침 하늘도 제가 쟁취한 승리에 가담해주는 듯 바람이 순풍으로 바뀌어 돛이 터질 듯 부풀어 올랐습니다. 승전보를 전하는 기세를 탄 배가 항구까지 태워 주었습니다. 배에서 내리자마자 걱정했던 친구들에게 제가 보여준 단호한 거절이 쟁취한 승리의 일화 — 바쿠스 스스로 술잔을 던졌고 순수한 아내도 평온한 휴식을 가진 이야기를 전했습니다.

그렇지만, 이러한 경험도 제 영혼의 진공을 채워주지는 못했습니다. 채우기는커녕 감정적 기독교가 만든 진공은 공허함 그 자체가 되어 더 커졌습니다. 우리나라 안에서 만족을 찾을 수 없었던 저는 라셀라스[200]가 그랬던 것처럼 우리나라가 아닌 멀리 떨어진 땅— 기독교 나라에서 탐구하겠다고 마음먹었습니다. 수백 년의 시간을 거쳐 기독교가 논쟁 따위 불필요할 정도의 영향력을 지니게 된 기독교 나라에 가면, 분명 나 같은 이교국 출신은 상상도 못하는 평화와 기쁨의 충만함을 발견할 수 있으리라, 진정으로 진리를 갈구하는 탐구자라면 누구든지 그 평화와 기쁨을 손에 넣을 수 있으리라, 라고 상상했습니다. 사랑하는 사람들과 헤어져야 하는 고통, 경제적인 상황상 가혹하게 부담스러운 비용, 특히 인간이 맛볼 수 있는 경험 중 가장 고된 무일푼의 타향 생활— 하지만 진정으로 갈구하는 하늘의 보상을 획득하기 위해서, 자기 존재를 반석 위에 세우기 위해서 이러한 고통쯤은 참고 견뎌야 할 것입니다.

하지만 오직 개인의 만족을 추구하기 위해 대담한 출발을 결심한 것이 아닙니다. 다른 동기도 있었습니다. 제 젖줄 제국토는 청년 한 사람 한 사람에게 명예와 영광을 주는 대가로

• •

200. 새뮤얼 존슨(Samuel Johnson, 1709-84) 『아비시니아의 왕자 라셀라스의 이야기*The History of Rasselas, Prince of Abissinia*』, 1759의 주인공. '행복의 골짜기'에 살던 라셀라스가 인생의 행복을 찾아 바깥세상으로 떠나지만 결국 실망하고 돌아온다는 줄거리.

아낌없는 공헌을 요구합니다. 넓은 국토의 충실한 자손으로 거듭나기 위해서는 국경을 넘는 넓은 경험과 지식과 관찰이 필요합니다. 우선은 '사람' 되기, 그 다음으로 '애국자'로 거듭나기, 이것이 제 외국행의 목적입니다.[201]

넉넉지 않은 가족들이 마음으로 힘써준 희생과 과거 3년간의 절약 생활로 지구상에서 가장 넓은 대양을 건널 수 있는 자금은 조달했습니다. 바다를 건넌 다음은 이국에서 객사하지 않기를 바라시는 주님 손에 맡겼습니다. 경건한 기독교 신도가 되신 아버지는 격려와 축복의 기도로 배웅해주었습니다. 제게 쥐어줄 수 있는 전 재산과 더불어 사랑하는 아들을 염려하고 사랑하는 마음을 자작自作 와카和歌[202]를 빌려 표현해주셨습니다.

들은 적 없는
본 적 없는 나라에
하나님 찾아

• •

201. 『유찬록(流竄録)』(전집3)을 보면 '실행하는 자선사업을 통해 드러나는 기독교의 결과를 기독교 나라에서' 직접 보기 위한 '시찰사업'이라 썼지만 같은 해 3월 28일에 결혼한 아사다 다케(浅田タケ)와의 이혼도 관련이 있다.

202. (역주) 전 31자의 5·7·5·7·7의 운율로 이루어진 일본 전통 정형시.

떠나라 내 아들아
두려워 말고 가라

　헤어짐을 맞이하는 엄숙한 기분은 교의敎義를 떠올려도 완
전히 잠재울 수 없는 감정의 고조를 자연스레 불러일으켰습니
다. 아버지는 아들이 가는 길에 주님 가호 있기를 바라는
기도를 올리신 후에 아직 치우지 않고 모시고 있는 집 안
불단 앞으로 저를 데리고 갔습니다. 집을 떠나 험난한 항해를
나서려는 아들에게 돌아가신 할아버지의 영혼에도 작별을
고하라고 명했습니다. 아버지는 눈물을 흘리며 "네 할아버지
가 만약 살아 있었다면 야만인으로밖에 안 보이는 사람들
사는 땅에 손자가 간다니, 하고 깜짝 놀라셨을 게다."라고
말씀하셨습니다. 저는 고개 숙여 하늘에 계신 아버지 그리고
돌아가신 할아버지의 영혼에 묵도와 추도를 올렸습니다. 교의
학의 선생님이라면 저와 아버지의 이러한 행동이 지나치게
불교적이고 가톨릭적이라며 미간을 찌푸릴지도 모릅니다.
허나 논쟁을 벌일 여유는 없습니다. 하나님도 우리나라도
조상님도 모두 다 사랑할 뿐입니다. 엄숙한 이때 하나님과
우리나라와 조상님 모두를 떠올리는 것이 당연합니다.
　다른 사랑이 그렇듯 조국에 대한 사랑도 헤어짐을 맞이할
때 가장 고조된다는 사실을 느꼈습니다. 고향집에 있을 때

봤던 작은 강과 계곡과 산과 언덕이 옹기종기 모여 있는 풍경에게 작별을 고하려 하자 마치 풍경이 살아 있는 존재처럼 다가오는 느낌을 받았습니다. ― 자연은 영화靈化하여 정신이 됩니다. 어머니가 자녀에게 말을 걸 듯 자연이 고귀한 행위를 재촉합니다 ― 코르넬리아가 아직 젊은 그라쿠스 형제[203]를 배웅할 때 살아서도 죽어서도 어머니의 이름을 욕되게 하지 말라고 당부한 것처럼. 만고불역萬古不易 만년설에 반사된 흰 빛을 서쪽 하늘에 눈부시게 비추는 아름다운 저 산봉우리[204] ― 모국의 순결한 눈썹인 저 산봉우리야말로 국민의 행동을 재촉하는 어머니의 말이 아니고 무엇이겠습니까? 저 산봉우리를 둘러싼 소나무 옷을 두른 산, 산기슭에 펼쳐진 황금 들녘 ― 바로 그것이 제가 물었던 젖이요 제가 베고 누웠던 무릎이 아니고 무엇이겠습니까? 그 발치로 모여들어 물보라 일으키고 사방으로 흩어지는 파도 ― 바로 그 파도가 그녀가 위풍당당한 행진 때 걸치는 가운을 꾸며주는 진주 박힌 프릴입니다. 맑고 고귀하고 사랑스러운 어머니 ― 그 어머니의 자녀가 어찌 어머니께 충성하지 않을 수 있겠습니까? 저는 모국의

* *

203. 그라쿠스 형제는 로마의 정치가. Tiberius Sempronius Gracchus(기원전 162-133)와 Gaius Sempronius Gracchus(기원전 154-121) 형제. 코르넬리아(Cornelia)는 형제의 어머니로 현모로 유명.

204. 후지산.

해안을 떠나 타국의 깃발이 나부끼고 외국인 선원이 키를 잡은 배[205]에 올라탔습니다. 배가 움직이기 시작합니다. 모국이여, 안녕 — 배가 흔들리고 몇 시간 지나자 모국의 봉우리는 희미한 그림자처럼 형체를 드리울 뿐입니다. 배에 탄 우리는 외쳤습니다. "전원 갑판으로", "사랑하는 국토를 향해 경례." 일렁이는 수평선 아래로 모국이 멀어집니다. 이때의 엄숙한 마음가짐을 한 퀘이커 시인의 말을 빌려 읊어봅니다.

조국의 땅이여
우리의 마음, 기도, 노력
아낌없이 그대에게 바치리라.
그대를 위해 그대의 자녀들은 당당히 살아가리라.
그대 원하면 그대 위해 죽으리.[206]

• •

205. 미국 선박 City of Tokyo호(제6장 표지 참조).
206. 'Land of lands'로 시작하는 휘티어(John Greenleaf Whittier, 1807-92)
   의 시 「Our Country」 제1절.

제6장 기독교 나라의 첫인상

우치무라가 탔던 '시티 오브 도쿄' 호

저는 기독교 나라와 영어로 말하는 국민을 특별히 존경하고
있었습니다. 제 약점인 줄은 잘 알지만 이유가 있습니다. 비유
하자면 프랑스 것이면 일단 칭찬하고 보는 프로이센의 프리드
리히 대왕[207]의 것과 동일한 약점인 셈입니다. 저는 훌륭하고
유익하고 발전된 모든 것을 영어를 통해 배웠습니다. 성경책
도 영어로 읽었습니다. 번즈의 주해서는 영어입니다. 존 하워
드는 영국인, 워싱턴과 다니엘 웹스터[208]는 영국인의 자손입

207. Friedrich Ⅱ(1712-86). 프로이센의 왕(재위 1740-86). 7년 전쟁(1756-6
    3)에서 오스트리아 및 오스트리아의 동맹군 프랑스를 격퇴했으나
    한편으로 프랑스의 계몽사상가 볼테르를 초대하기도 했다.
208. Daniel Webster(1782-1852). 미국의 정치가, 웅변가, 국무장관. 노예

니다. '삼류 소설dime-novel' 따위 단 한 번도 읽은 적 없으며 슬랭에 관해서 말하자면 — 영어로 생활하는 사람들과 오랜 시간을 함께 생활한 후에도 그런 말 자체를 몰랐습니다. 기독 교 나라 미국은 훌륭한 도덕심과 경건한 정신과 청교도적 태도를 가진 나라라고 상상해왔습니다. 나지막한 바위산 위 교회당에서 성가대가 부르는 찬송가 소리가 은은히 울리는 풍경을 꿈꾸곤 했습니다. 미국 사회의 일상생활에 히브리어가 깊숙이 침투해서 케루부와 케루빔[209], 할렐루야와 아멘이라는 말 정도는 흔한 일상용어라고 짐작했습니다.

미국에서는 어떤 것보다 돈이 우선이라 만능의 달러라는 생각을 미국인들이 숭배하고, 인종차별 또한 극심해서 황색 피부와 아몬드 모양 눈[210]은 비웃음을 사고 동네 개조차 보고 짖었다는 실제 사례를 종종 듣기도 했습니다. 하지만 그따위 이야기가 진실이라고는 도저히 믿을 수 없었습니다. 패트릭 헨리[211]와 에이브러햄 링컨의 나라, 도로테아 딕스[212]와 스티븐

..

제도를 배격했다.
209. 케루부의 복수형이 케루빔. 구약성서를 보면 수호자나 천사와 동일 한 존재로 그린다. 날개가 있거나 사자 또는 소의 형상으로 등장하는 경우가 많다.
210. 눈꼬리가 뾰족하고 전체적으로 타원형인 눈. 중국인, 일본인의 눈을 가리킨다.
211. Patrick Henry(1736-99). 미국의 정치가. 독립 혁명의 지도자. 1775년

지라드[213]의 나라, 이렇게 훌륭한 나라가 어찌 배금주의와 인종차별의 나라겠습니까! 저는 제 판단력을 확신했습니다. ― 그때까지 읽고 들은 내용 즉 이교도 문명보다 기독교 문명이 우월하다는 제 판단은 매우 굳건했습니다. 제 마음속에서 미국의 이미지는 성지 그 자체였던 것입니다.

1884년 11월 24일의 동이 틀 무렵, 좀처럼 잠을 이루지 못하고 뒤척이던 제 눈앞에 드디어 기독교 나라가 희미하게 비치기 시작했습니다. 저는 선실로 돌아가 무릎을 꿇었습니다. ― 너무나도 소중한 순간이기에 다른 승객들의 흥분된 분위기에 휩쓸리고 싶지 않았습니다. 연안의 나지막한 산맥 Coast Range이 점점 선명해집니다. 드디어 꿈이 실현되고 있다는 감사함에 가슴이 벅찹니다. 어느새 두 뺨을 타고 눈물이 흐르고 있습니다. 배는 금문해협을 통과했습니다. 여기저기 높이 솟은 굴뚝도 돛대도 모두 교회의 첨탑처럼 보였습니다. 우리 ― 약 스무 명의 청년들[214] ― 는 상륙했습니다. 마차를

• •

　　　버지니아주 주회에서의 '자유가 아니면 죽음을 달라'는 연설이
　　　유명.
212. Dorothea Dix(1802-87). 미국의 여성복지 사업가, 유니테리언주의자.
213. Stephen Girard(1750-1831). 미국의 실업가, 자선사업가.
214. 함께 배에 탄 일본인은 11명이며 중국인 이민자가 약 350명 있었다.

타고 아일랜드인이 경영하는 호텔로 이동했습니다. 호텔을 경영하는 이 아일랜드인은 특히 우리나라 사람에게 친절한 것으로 알려져 있었습니다. 미국에 도착하기 전까지 제가 겪은 백인Caucasian의 대부분이 선교사여서였을까요, 길에서 마주치는 백인은 모두 기독교를 위해 일하는 성직자로 보일 정도였습니다. 하나님의 장자First-born[215]로 태어난 민족의 한가운데를 걷고 있다는 생각에 가슴이 떨렸습니다. 하지만 저는 서서히, 정말로 서서히 그런 생각들을 수정했습니다.

적어도 히브리어가 미국에 침투해 있다는 것은 거짓이 아닙니다. 모두 히브리어 이름을 가지고 있고 말馬도 세례명을 가지고 있습니다. 우리나라에서 특별한 경외심으로 입에 올렸던 단어들이 이곳에서는 노동자, 마부, 구두미화원, 그 외에 아주 약간 존경 받는 일에 종사하는 사람들 입에서조차 오르내립니다. 약간이라도 감정이 상하면 반드시 종교적 의미가 담긴 욕설을 내뱉습니다. 한 호텔 로비에서 우리는 새로 선출된 대통령(클리블랜드[216])이 마음에 드느냐는 질문을 풍채

· ·

215. 출애굽기 4장 22절, 히브리서 12장 23절 참조. 하나님을 믿는 자, 그리스도, 기독교 신도를 뜻한다.

216. Stephen Grover Cleveland(1837-1908). 민주당에서 선출된 22대(24대도 당선) 대통령. 후에 우치무라는 '전국 자선사업가 연회'에 출석,

좋은 신사에게 받았습니다. 그 신사가 말끝에 힘을 주며 한 대답은 히브리어 풍이었습니다. 그는 말했습니다. "하나님께 맹세컨대(By G-) 그 자식은 악마야." 그 신사가 완고한 공화당 원임을 나중에 알게 되었습니다. 우리는 이민 열차를 타고 동부로 출발했는데[217] 열차의 급정거로 좌석에서 튕겨져 나갈 뻔했을 때 승객 중 한 사람이 앞서 말한 신사와는 또 다른 히브리어식 어법으로 "젠장(J- Ch-)"이라며 발을 동동 구르며 분을 표했습니다. 대강 이런 식입니다. 물론 전부 처음 닥친 상황에 처음 듣는 표현입니다. 마침내 저는 그러한 히브리어식 표현의 이면에 감춰진 하나님 아버지의 이름에 대한 생각지도 못한 모독의 의미를 깨달았습니다. 제 생각에 십계명 제3계[218]에 대한 공공연한 파계破戒였습니다. 그전까지 저는 제3계가 언제 필요하고 또 어떤 의미가 있는지 전혀 몰랐던 셈입니다. 하지만 드디어 '살아 있는 실례實例'를 통해 이해했습니다.

미국인은 일상생활에서 종교적인 표현을 다양하게 사용합니다. 이런 일화도 있을 정도입니다. 한 프랑스인 이민자가

백악관에서 대통령인 그와 악수한다.
217. 11월 27일.
218. 출애굽기 20장 7절에 "너는 네 하나님 여호와의 이름을 망령되게 부르지 말라"고 되어 있다.

주머니에 영불사전을 넣고 르아브르Le Havre항을 출발했습니다. 그는 출발 직후부터 귀에 들리는 영어 단어를 하나도 빠짐없이 사전에서 찾아보았습니다. 필라델피아 방파제에 상륙한 그가 가장 자주 듣는 단어는 "이런 제기랄damn-devil"이었습니다. 그는 사전을 펼쳤습니다. 그러나 그런 단어는 없었습니다. 미국인이 이렇게 자주 쓰는 보통말도 없는 사전 따위 더 이상 쓸모없다고 판단한 프랑스인은 사전을 바닷물에 던져버렸습니다.

우리는 다양한 경험을 통해 미국에서는 돈이 만능임을 확인했습니다. 샌프란시스코에 도착한 직후 우리 일행 중 한 사람[219]이 겪은 재난을 통해 '기독교 문명'에 대해 품었던 신앙심을 시험받게 되었습니다. 재난이라 함은, 5달러가 들어간 지갑을 소매치기당한 것입니다! '기독교 나라에도 이교도 나라와 똑같이 소매치기가 있어'라고 서로 알려주고 경계했습니다. 당황한 와중에 소매치기 당한 일행을 다독이고 있을 때 한 중년 여성이 다가왔습니다. 자신은 선악에 관계없이 인류의 보편적 구제를 믿는다던 이 여성은 우리가 겪은 불행한 일에 함께 마음 아파하면서도, 이 나라에도 소매치기, 절도, 강도는

● ●

219. 후에 일본흥업은행 총재가 되는 오노 에이지로(小野英二郎).

물론 여느 나라와 다를 바 없이 죄질이 나쁜 범죄가 발생하기 때문에 또 위험이 닥칠 수 있다고 주의시켜주었습니다. 하지만 우리는 내심 귀중한 5달러를 훔쳐간 불한당은 절대 천국에 갈 수 없으니 영겁의 지옥불에서 고통 받게 해달라고 빌었습니다.

가장 종교적인 의미의 배금주의가 그 모습을 드러낸 사건은 시카고에서 발생했습니다. 나흘 동안을 흔들리는 이민열차에서 지낸 우리는 한 역의 식당에 들어섰습니다. 영혼을 위로하는 일용할 양식에 감사하며 소량의 차가운 닭요리로 기운을 회복하려던 그때였습니다. 함족계 인종의 특징을 지닌 검은 피부와 굵고 곱슬곱슬한 수염을 기른 점원들이 우리를 포위했습니다. 주님이 식탁 위에 가져다주신 양식 앞에 함께 머리를 숙이고 기도를 올리자 점원 중 한 사람이 우리 어깨를 두드리며 "당신들에게 정말 감탄했어!"라고 말했습니다. 우리의 신앙을 말했더니(우리는 마태복음 10장 32절[220]에 쓰인 그대로 믿고 있었습니다) 그들은 모두 감리교도인데 하나님 나라가 전 세계로 퍼지는 일에 관심이 있다고 말했습니다. 얼마 후 또 다른 함족계 사람이 나타났고 우리에게 소개해주었습니다.

. .

220. 같은 말씀에 "누구든지 사람 앞에서 나를 시인하면 나도 하늘에 계신 내 아버지 앞에서 그를 시인할 것이요"라 되어 있다.

그 사람은 그들 교회의 집사였습니다. 그 집사님은 매우 친절했는데 우리나라에서 기독교가 어떻게 발전하고 있는지 이것저것 물으며 흥미진진해 했습니다. 우리와 그를 이어주는 공통의 주님을 위해 함께 기도했고 서로의 신앙심을 독려했습니다. 출발까지 약 2시간 정도 그는 우리 곁을 떠나지 않았습니다. 우리의 여행가방 전부를 어깨에 지고는 개찰구까지 따라와주었습니다. — 그가 보여준 친절함에 정중히 감사의 마음을 전하고 우리 짐을 받으려고 하자 그 감리교 집사[221]는 우리 손을 뿌리쳤습니다. 그러더니 검붉은 손을 내밀며 이렇게 말했습니다. '한 푼 줍쇼Jist gib me somding'. 우리의 여행 가방은 그의 손 안에 있습니다. 단 '한 푼'에 짐을 돌려받을 수 있습니다. 기관차의 벨이 울렸습니다. 말다툼 벌일 시간도 없습니다. 우리는 각자 5센트씩 그의 손에 떨어뜨려주고는 짐을 낚아채자마자 달렸습니다. 겨우 기차에 올라탄 우리는 서로를 마주보며 말했습니다. "사랑의 행위조차 이곳에서는 거래가 되는구나." 그날 이후 흑인 집사들이 아무리 친절한 말을 건네도 절대 신용하지 않게 되었습니다.

그로부터 1년 뒤 저는 비단으로 만든 신사용 우산을 폴리버Fall River의 배 위에서 도둑맞았습니다. 기선汽船의 화려한

• •

221. deacon. 여기서는 목사를 보조하는 교회 직원.

장식과 묘하게 끌리는 음악에 정신이 팔린 저는 우산을 노리는 사악한 마음이 도처에 도사리고 있다고는 생각지도 못한 채 릴렉스한 이교도의 순진한 마음으로 돌아가 있었습니다. 떠도는 여행객의 풍족할 것 없는 생활에 있어 우산을 잃은 타격은 너무 컸습니다. 저 같은 여행자가 겨우 비를 피할 수 있는 우산마저 도둑질 할 수 있는 극악무도한 악마를 향해 생전 처음으로 저주를 내려달라는 기도를 드렸습니다. 4천 년 전의 중국 문명조차 길에 떨어진 물건은 아무도 줍지 않는 도덕적인 사회를 자랑했습니다. 그런데 헨델과 멘델스존의 매혹적인 음악이 흐르는 기독교 나라의 수상水上 어전御殿이란 도적에게 언제 소지품을 빼앗길지 모르는 위험천만한 상태입니다.

기독교 나라에서 소지품을 언제 어디서 도둑맞을지 모른다는 위험성에 정말이지 너무 힘들었습니다. 이곳 기독교 나라 사람들처럼 생활 곳곳에서 열쇠를 잠그는 모습은 지금껏 본 적도 없습니다. 우리 이교도 가정은 열쇠가 거의 필요 없습니다. 대부분의 집은 누구나 자유로이 드나들 수 있습니다. 고양이가 제 집 마냥 드나들어도 기분 좋은 산들바람을 맞으며 낮잠을 잡니다. 낮잠 자면서 하인, 소작인, 이웃이 물건을 훔쳐 갈까봐 걱정할 필요가 없습니다. 그런데 기독교 나라의 사정은 정반대입니다. 금고와 트렁크를 열쇠로 단단히 잠그는 건 물론, 온갖 종류의 문, 창문, 옷장, 서랍장, 냉장고, 설탕단지 등 잠글 수 있는 모든 것을 열쇠로 잠급니다. 주부는 허리에 찬 열쇠뭉치 소리를 울려가며 가사를 합니다. 혼자 사는 사람이 저녁에 집에 돌아와서 제일 먼저 하는 일은 20~30개의 열쇠를 모은 열쇠뭉치를 주머니에서 꺼내는 것입니다. 수많은 열쇠 안에서 혼자 먹고 자는 고독한 방을 여는 유일한 열쇠 하나를 찾아내야 합니다. 집안은 마치 도둑의 혼이 구석구석 도사리고 있어 그에 대비라도 해야 하는 마냥 현관부터 반짇고리까지 모조리 열쇠로 잠급니다. 우리나라에 '불을 보면 전 재산을 태워버리는 불이라 생각하라. 사람을 보면 전 재산을 빼앗을 수 있는 도둑이라 생각하라'는 의심 많은 사람의 생각이 반영된 속담이 있습니다. 이 속담의 가르침을 글자 그대로 실행하는 곳이 뭐든지 열쇠로 잠그는 미국의 가정입니다. 마치 현대 사회의 무분별한 욕망에 대비하는 봉건 영주의 작은 성 같습니다. 시멘트로 튼튼히 짓지 않으면 또는 땅을 판 구멍에 돌을 쌓아 만든 창고가 없으면 불안해서 살 수 없는 문명, 불독과 경관들이 지켜주어야만 하는 이 문명이 과연 기독교 문명입니까? 저 같이 단순한 이교도에게는 심히 의심스럽습니다.

다른 어떤 면보다 기독교 나라와 이교도 나라가 유사한 부분은 국민들 내면에 뿌리깊이 박혀 있는 인종적 편견이 아닐까요. 숲속에 사는 구릿빛 피부를 한 사람들[222]의 토지가 잔인하고 비인도적인 수단으로 수탈당한 '굴욕의 세기'[223]가 있었습니다. 일반 시민들은 땅을 빼앗은 후에도 그들을 변함 없이 버팔로나 로키산맥에 사는 양처럼 여기고 있습니다. 그들은 들짐승마냥 덫에 걸리거나 사냥을 당하고 있습니다. 데본종 소[224]와 저지종 젖소[225]가 유입된 것과 똑같은 목적 아래 천만 명의 함족계 인종들이 아프리카에서 끌려왔습니다. 약 30년 전만 해도 진심어린 동정과 기독교적인 형제애를 그들에게 보였습니다. 그 유명한 색슨계 의인義人 존 브라운[226]을 시작으로 국민의 정화精華라 해도 좋을 50만 명의 피를 하나님을 본뜬 인간을 매매한 죄를 갚기 위해 흘려야 했습니다. 오늘날 이 나라 국민들은 '흑인'과 같이 차를 탈 정도의 타협은 하고 있지만 여전히 야벳인종[227]의 허영을 떨치지 못한

..
222. 북아메리카 원주민.
223. 잭슨(Helen Maria Hunt Jackson, 1830-85)의 소설 *A Century of Dishonor*, 1881 참조.
224. 영국 남서부 데본셔(Devonshire)산 육우.
225. 영국해협에 위치한 저지(Jersey)섬산 젖소 풍부한 유지방으로 유명.
226. John Brown(1800-59). 미국의 노예 해방 운동가.
227. 창세기 5장 32절에 "노아는 오백세 된 후에 셈과 함과 야벳을 낳았더라"고 되어 있는데 셈의 자손이 히브리인, 아르메니아인, 페니키아인, 아라비아인, 아시리아인이 되고, 함의 자손이 아프리카 북부 흑인, 야벳의 자손이 인도·유럽어족이 되었다고 전해진다.

채 자신들의 피로 속죄하려 했던 인종과 거리를 유지하고 있습니다. 저는 친구의 초청으로 델라웨어주를 방문한 적이 있는데 지역의 일부를 흑인 전용지역으로 분리해놓은 것을 보고 깜짝 놀랐습니다. 이렇게 눈에 보이게 인종을 구별하는 것은 이교도의 행위와 다를 바 없지 않느냐고 친구에게 터놓았습니다. 그러자 친구가 강한 어조로 "기독교 신도라는 이유로 '흑인'과 같은 동네에 살아야 한다면 차라리 이교도가 돼서 그들과 떨어져 사는 편이 낫지!"라 대답했습니다.

미국인이 인디언과 아프리카인을 혐오하는 것을 보면 과연 기독교 나라가 맞나 싶습니다만, 한 술 더 떠서 중국인에 대한 편견과 혐오와 반감이란 우리 이교도 나라에서도 겪어본 적도 본 적도 없을 정도로 심각합니다. 중국에 선교사를 파견해 공자의 난센스와 부처의 미신을 물리치고 부녀자들을 기독교로 개종시키려는 나라— 바로 그 나라가 막상 그들의 국토에 중국인의 그림자조차 들이기를 꺼립니다. 세상 어디에 이보다 더 기묘한 이야기가 있을까요? 이유 없이 그냥 싫은 국민에게 선교사를 보내는 방식의 전도란 세르반테스가 유머러스하게 묘사한 기사도[228]보다 더 유치한 꼬맹이들의 소꿉장

• •

228. 스페인 소설가 세르반테스(Miguel de Cervantes Saavedra, 1547-1616)
    의 『돈키호테Don Quixote』.

난이 아니고 무엇일까요?

기독교 나라 국민인 미국인이 중국인을 싫어하는 이유는 대체로 세 가지 정도가 아닐까 합니다.

첫째, 중국인이 미국에서 번 돈을 몽땅 저금해서 모국으로 가져가니까 미국이 빈곤해진다. ― 미국인 입장에서 중국인은 미국인 마음에 들기 위해 미국에서 벌어들인 모든 재물을 남김없이 다 쓴 다음 빈손으로 모국에 돌아가라는 말일까요? 근면과 저축을 교훈으로 하는 국민들이 하는 말 치고는 참으로 기묘한 노릇입니다. "그러므로 무엇이든지 남에게 대접을 받고자 하는 대로 너희도 남을 대접하라."[229] 미국과 유럽에서 우리나라에 오는 상인, 학자, 기술자 ― 그들은 과연 축적한 모든 재물을 우리나라에 남겨두거나 아니면 다 써서 은행 잔고를 0으로 만들고 돌아갈까요? 우리가 매달 그들에게 금화로 2백 달러, 3백 달러, 4백 달러, 5백 달러, 8백 달러를 지불한다고 치면 그 중 우리나라에서 쓰는 돈은 3분의 1도 채 안 됩니다. 모은 돈은 모국에서의 안락한 생활을 위해 가져가지 않습니까? 하물며 우리는 그런 그들에게 감사를 표하기 위해 비단옷이나 청동 화병을 선물할 뿐만 아니라 연금을 받을 수 있는 훈장까지 가슴에 달아주고 모국으로 보내지 않습니까? 우리가 그들

229. 마태복음 7장 12절.

에게 지불한 금전의 가치만큼 일을 해준 것은 분명합니다(우리나라 국민 모두가 그렇게 생각하는지는 모르겠지만 우리나라의 기독교 신도는 그렇게 생각합니다). 그들에게 도둑맞았다고 생각하지는 않습니다. 중국인이 로키산맥을 관통하는 철도 부설 작업을 돕고 또 캘리포니아에 포도 심고 물주는 일에 종사해서 미국에서 얻은 소득을 전부 미국에 두고 중국으로 돌아가야 한다는 법률 따위가 어디에 있다는 말입니까. 자칭 기독교 신도라는 자들이 무방비의 이교도에게 총구를 겨누거나 엄마 젖을 물고 있는 갓난아이를 강제로 **빼앗는** 행위와 다를 바 없는 수법으로 돈을 번 경우가 허다한 주제에. 중국인들이 불로소득을 들고 돌아가려는 게 결코 아닙니다. 자연의 법칙에 따르자면 그 돈은 중국인 것입니다. 너희는 무슨 권한으로 정직한 노동자의 성스러운 소유권을 부정하려 하는가! 우리 '불쌍한 이교도'가 외국인 초빙사[230]에게 명예를 주고 배웅 의식을 열어 모국으로 보내는데 '축복받은 기독교 신도'는 이교도를 비웃으며 내쫓는 것입니다. 이래도 되는 겁니까? 아, 복수의 하나님이시여!

둘째, 중국인이 모국의 풍습을 고집스럽게 지키니까 기독교 사회

..
230. (역주) 에도 막부 말기에서 메이지에 걸쳐, 서구의 선진 기술, 학문, 제도를 도입하기 위해 고용한 외국인.

의 미풍양속을 해친다. — 그러고 보니 변발에 바지자락이 펄럭이는 바지를 입고 보스턴과 뉴욕 길거리를 활보하는 중국인을 보면 그리 보기 좋다는 생각이 들지는 않습니다. 그렇다고 베이징이나 한커우 길거리를 코르셋으로 허리를 꽉 쪼이고 다니는 꼴이 멋지다고 생각이라도 하는 걸까요? '중국인은 생활 습관이 불결하며 거래를 할 때 치사하다'고들 합니다. 동양의 항구 주위를 어슬렁거리는 백인종이 어떠한지 보셨습니까? 그보다 더 불결할 수가 없습니다. 더럽고 냄새나는 고름으로 뒤덮인 몰골이란 마치 쿠데타를 위해 10번 군사를 일으켜 10번 붙잡힌 포로 같은 꼴로 샌프란시스코 검역소에 억류 중인 곰보 중국인과 하등 다를 바 없습니다. 중국인이 부도덕하다고들 하는데 당신들은 중국인이 경찰서에 폭탄을 던졌다, 대낮에 중국인이 미국인 여성을 능욕했다는 이야기를 들은 적 있습니까? 만약 사회 질서와 품위를 지키기 위해 중국인을 배척한다고 치면 왜 같은 이유로 독일인 배척법 아니면 이탈리아인 배척법을 제정 안 합니까? 당신들의 야만적인Gothic 의지를 거스르지도 않을 뿐더러 비굴하게 보일 정도로 묵묵히 잘 따르고 있는 불쌍한 중국인들을 무례하게 박해하다니, 도대체 그들에게 무슨 죄가 있다는 말입니까? 우리나라에 체재하는 백인종의 죄와 당신네들이 말하는 중국인의 죄를 한번 비교해보시오! 가령 미국에서 무력한 중국인이 받는 모욕의 절반이라도 우리나라에 있는 미국인이나 영국인이 받게 되면 어떻게 될까요? 즉각 군함의 방문을 받게 되겠죠. 인간의 가치를 파란 눈과 흰 피부에서만 찾으려 하는 쓸모없는 이방인의 생명을 위해 정의와 인도라는 명목 하에 1인당 5만 달러는 지불해야겠죠. 기독교 나라에는 바울과 게비[231]가 설교한 복음 말고도 다른 복음이 하나 더 있나 봅니다. 여러 무시무시한 가르침과 함께 그 복음은 이렇게 전해집니다.

힘이 정의요, 돈에서 힘이 나오느니라.

셋째, 중국인의 저임금이 미국인 노동자에게 손해를 끼친다. — 이는 앞선 두 이유보다 그럴듯합니다. 외국인 노동력에 대해 자국 노동력도 '보호'해야 한다는 논리이기도 합니다. 저도 중국인이 밥 한 숟갈 더 먹었다고 미국인 가정의 일요일 식탁에서 치킨파이가 사라지는 사태를 보고 싶지 않습니다. 하지만 저는 미국이라는 국가의 양심에게 묻고 싶습니다. 젖과 꿀이 흐르는[232] 4백만 평방마일의 국토는 6천5백만 국민이 살기에 충분히 넓지 않습니까? 아이다호나 몬타나와 같은 땅은 더 이상 활용가치가 없다는 말입니까? 광둥과 푸저우의

• •

231. 요한복음 1장 42절에 "게바는 번역하면 베드로라"고 되어 있으므로 베드로를 가리킨다.
232. 출애굽기 3장 8절 "젖과 꿀이 흐르는 땅 곧 가나안 족속……"에서 인용한 말.

178

인구밀집지역에 사는 사람들에게 버팔로와 회색곰에 맞서 인류를 위한 토지를 개척하는 기회를 주면 어떻습니까? 하나님의 성서와 천연화석판 어디에 미국 땅은 백인종만의 소유임을 증명하는 말이 써 있단 말입니까. 당신네들의 허영심이 자극 받지 않도록 논리적으로 설득하려면 이렇게 말씀드리면 이해하기 쉽겠군요. 관대하지 못한 유대인이 기브온의 이방인[233]에게 한 것처럼 딱한 중국인에게 사랑을 아끼는 게 좋겠다고. 그러니까 그들을 당신들을 위한 '나무를 패며 물을 긷는 자'[234]가 되게 하고 당신네는 튜턴족 또는 켈트족[235] 출신에 걸맞게 더 자랑스러운 일을 맡으면 되지 않겠냐고. 당신네들 흰 셔츠의 옷깃과 소맷자락의 찌든 때 세탁은 전부 그들에게 맡기십시오. 그들은 어린 양처럼 순종적으로, 게다가 백인이 하는 세탁소의 반값에 서비스해줄 겁니다. 애리조나와 뉴멕시코 광산의 칠흑같이 어두운 지옥 바닥으로 그들을 보내 귀중하게 반짝이는 금속을 캐게 하면 어떨까요. 당신들이 가르치지만 않으면 이교도는 '파업'이 뭔지 모릅니다. 그만큼 그들은

<hr />

233. 이스라엘의 선주민(先住民). 즉 기브온에 사는 히위족속. 여호수아 9장 참조.
234. 여호수아 9장 21절.
235. 튜턴족은 게르만 민족의 일파로 독일인, 네덜란드인, 북유럽인을 가리킨다. 켈트족은 대체로 아일랜드인, 웨일즈인, 스코틀랜드고지인 등 최초의 영국인에 해당한다.

순종적이고 불평불만을 입 밖에 내지 않으며 근면 성실합니다. 이보다 값싼 노동자는 어디에도 없습니다.[236] 이처럼 그들을 적합한 직종에 잘 활용하면 당신네들 기독교 신도로서의 신앙 고백과도 부합할 뿐더러 주머니도 불려줄 겁니다. 이는 캐나다 국경에서 종종 행해지는 '중국인의 밀수'라는 실제 상황을 통해 증명되었습니다. 어째서 질투와 술자리를 통해 만들어낸 '정책' 따위로 이웃이 행복해지는 것을 거부합니까? 만사 관장하시는 주님이 당신들을 위해 하늘나라 창문을 여시고 차고 넘칠 정도의 축복을 내려주시는데 어째서 율법과 예언자를 믿지 아니하고 이방인에 대해 친절하고 정감 있게 대하지 못하는 겁니까? 지금의 중국인배척법[237]의 전체적 취지는 제가 보기에 반反성서적이고 반기독교적이고 반복음적이고 반인도적입니다. 차라리 공자의 난센스가 배척법보다

⋯⋯

236. (원주) "한때 나는 이 나라에 중국인이 늘어나는 것이 두려웠다. 그러나 최근 몇 년간은 조금도 걱정하지 않는다…… 만약 우리 삶에서 그들이 사라지면 어떤 일이 발생할지 상상도 할 수 없다. 우리나라로 건너온 외국인 중 중국인이야말로 가장 온순하고 근면하며 칭찬받아 마땅한 사람들이다. 이 정도로 이해가 빠르고 성실한 사람은 없다." 캘리포니아주 상원의원 스탠포드(Amasa Leland Stanford(1824-93). 미국의 정치가, 실업가. 스탠포드 대학 창립자).

237. 중국인의 이민을 금지하는 법은 1882년에 제정되었다. 1884년 우치무라 일행이 미국으로 타고 간 배에는 약 350명의 중국인도 동승했다.

새겨들을 만한 말을 해줍니다.

　지금까지 독자 여러분께 제 국적이 들키지 않도록 주의했습니다(이미 눈치 채셨겠지만). 제가 중국인이 아님을 여기서 고백합니다. 물론 최고最古의 민족과 인종적으로 관계가 있음을 부끄럽게 생각해서가 아닙니다 ― 그들은 맹자와 공자를 배출했고 몇 세기 전에 당시의 유럽인은 생각도 못한 나침반과 인쇄기를 발명한 민족입니다. ― 광둥 출신의 가난한 쿨리苦力[238]들이 미국인들에게 당하고 있는 모욕과 고생을 몸으로 느낀 제가 이성head과 감정heart의 평정심을 그나마 유지할 수 있는 이유는 기독교가 주신 안내심을 가지고 있기 때문입니다. 그런데 미국에서 말의 이름에도 응용되는 히브리어식 표현이 중국인을 부를 때도 사용됩니다. 본명과 상관없이 중국인을 모두 '존'이라 부릅니다. 그리고 뉴욕시의 친절한 경관조차 우리 일본인도 '존'이라 부릅니다. "저 중국인들을 태워라"라고 말하는 시카고 마부는 공손한 편입니다. 그 마부에게 우리 일본인은 일정 금액을 지불했으며 성 패트릭[239]의

· ·

238. (역주) 원래는 19~20세기 초의 중국인과 인도인을 중심으로 하는 아시아계 이민노동자들을 총칭하는 말. 여기서는 중국인 노동자를 가리킨다.

239. Patricius(387경-461). 아일랜드에 포교하여 거의 섬 전역을 개종시켰

수호를 받는 그의 존엄을 상처 입히지 않았습니다. 기차에서 나란히 앉았던 말끔한 신사가 희끗희끗한 턱수염을 빗게 빗을 빌려달라고 부탁했습니다. 우리 이교도 나라에서는 빌린 물건 을 돌려줄 때 반드시 고맙다는 표현을 합니다. 그런데 신사는 "근데 존, 너 세탁소 어디서 하고 있지?"라며 빗을 돌려줍니다. 한 인텔리풍의 신사가 언제 변발을 잘랐냐고 묻습니다. 변발 한 적 없다고 대답하자 "오, 그래? 중국인은 모두 변발인 줄 알았는데"라고 받아칩니다. 이 신사 양반들은 우리가 몽고 계통이라는 점을 꼬집어 깔보고는 유쾌한 얼굴을 드러내며 그들이 색슨 계통의 혈통임을 거만하게 드러냅니다. 다음과 같은 사소한 사건을 통해 분명히 알 수 있습니다.

일본의 청년 기술자 일행이 브루클린 다리[240] 견학을 갔습 니다. 교각 아래에서 로프 하나하나가 어떤 구조와 장력으로 연결되어 있는지에 관한 의견을 나누던 그때, 비단모자에 안경을 쓴 고급스런 옷차림의 미국인 신사가 다가왔습니다. "어이, 존"이라며 일본인 과학자들 사이에 비집고 들어오더니 "중국에서 온 당신네들에게 이런 다리는 아주 아주 진귀해 보일 테지. 멋지지 않은가?"라는 겁니다. 일본인 중 한 명이

- • •

다. 아일랜드의 수호성인으로 불린다.
240. Brooklyn Bridge. 뉴욕 이스트리버에 있는 현수교(중앙지간 486미 터). 이 당시 완성된 직후였다.

미국인의 실례되는 언동을 받아쳤습니다. "아일랜드에서 온 자네도 그럴 테지?" 화가 난 신사가 말했습니다. "무슨 소리야. 난 아일랜드인이 아냐." 그러자 "저도 중국인이 아닙니다"라고 부드럽게 말했습니다. 이 일격에 비단모자 신사는 발끈하더니 이내 사라졌습니다. 그는 아일랜드인이라 불리고 싶지 않았던 것이죠.[241]

기독교 나라에 온존하는 비기독교적 특징에 대해서는 지면 관계상 줄여야겠습니다. 은행에 의존하는 형태로 공인되어 있는 수백만 달러 규모의 복권은 어떻게 봐야 할까요? 삼척동자도 다 아는 도덕을 복권은 무시합니다. 투계鬪鷄, 경마, 풋볼 경기장에서 쉽게 목격할 수 있는 돈내기 행태의 만연, 스페인 투우보다 잔인한 복싱, 자유공화국의 백성은커녕 '호텐토트인[242]'이라 부르는 게 더 어울리는 린치, 세계 어디를 봐도 비슷한 예를 찾을 수 없을 정도의 대규모로 이루어지는 술의 밀매매, 정치적 선동, 종교 교파간의 질투, 자본가의 횡포와 노동자의 거만함, 백만장자의 바보 같은 행동, 아내를 위선적으로 사랑하는 남편 등등. 이것들을 어떻게 봐야 할까요?

• •

241. 아일랜드계 이민자는 유럽계 이민자 중에서도 차별 대상이었다.
242. 남아프리카 원주민.

이게 기독교라는 종교가 다른 종교보다 훌륭한 증거라고 선교사들이 가르쳤던 문명의 증거입니까? 유럽과 미국을 형성한 종교가 하늘이 내려주신 신성한 것이라 단언한 선교사들은 부끄럽지도 않다는 말입니까? 오늘날의 기독교 나라가 진정 기독교로 말미암은 것이라면 저는 하나님께 기도드립니다. 기독교 나라 땅 위에 영겁의 저주를 내려주시옵소서! 기독교 나라에서 가장 찾기 힘든 것이란 바로 평화입니다. 보이는 건 혼란, 분규, 정신병원, 형무소, 구빈원救貧院!

햇살 비추는 연못의 평온함을 간직한 해 뜨는 나라여! 선잠을 깨우는 기적소리가 아니라 달콤한 숙면에서 자연스레 눈뜨게 하는 극락조의 지저귐. 고가철도가 뿜어내는 먼지와 소음이 아니라 잔잔히 퍼지는 소수레 소리. 월스트리트의 전쟁터 같은 시장에서 피땀 흘려 번 돈으로 세운 대리석 대저택이 아니라 자연의 은총으로 지은 초가지붕. 돈과 명예와 의미 없는 쇼가 아니라 맑고 아름다운 태양과 달과 별이야말로 우러러봐야 할 대상이 아닐까요.

하늘이시여, 제게 어찌 하라는 말입니까! 저는 속았습니다! 평화가 아닌 것을 위해 진짜 평화를 버린 꼴이 되고 말았습니다. 옛 신앙심으로 돌아가기에는 너무 늦었습니다. 그렇다고 새로운 신앙을 묵묵히 따를 수도 없습니다. 무지란 행복이어라. 무지는 인자하신 할머니의 마음을 채운 신앙 안에 나를 머무르게 하고 그 안에서 다른 신앙은 알지 못한 채 살아가게 했을 터이니. 그 신앙 덕분에 할머니는 인내심이 강했으며 근면 성실했습니다. 숨을 거둘 때의 할머니 표정에 지나온 인생을 후회하는 기색이라곤 없었습니다. 할머니의 신앙이 평화라면 제 신앙은 회의懷疑 가운데에 있습니다. 할머니를 우상숭배자라 하고 할머니의 신앙을 미신이라 하고 안타까워서 할머니의 영혼을 위해 기도했던 나는 불행하도다. 불행한 기도를 드렸던 때의 저는 공포와 죄책감과 회의심에 나락까지 추락한 상태였습니다. 앞으로 절대 하지 않으리라 맹세한 것이 하나 있습니다. 기독교를 유럽과 미국의 종교라는 이유만으로 변호하는 것입니다. 유럽과 미국이 믿는 종교라는 '외적 증거'는 증거로서 빈약할 뿐만 아니라 유해할 뿐입니다. 우리 영혼을 영원히 지탱해줄 수 있는 종교란 그러한 '겉보기' 식 종교가 아니라 더 확실하고도 심연의 기반 위에 서 있어야 합니다. 저는 짚더미 위에 신앙을 쌓아 올려 왔던 셈입니다.

제7장 기독교 나라에서: 자선사업가 안에서

펜실베이니아주 얼윈의 양호원(당시)과 원장 컬린

중국 성현의 말씀에 '산에 있는 자는 산을 보지 못한다'[243]는 명언이 있습니다. 거리를 두고 바라볼 때 비로소 경치의 아름다움을 느끼게 되고, 나아가 그 경치를 폭넓은 시야 안에서 제대로 인식할 수 있다는 말입니다. 진정한 산 전체의 용모는 산과 어느 정도 떨어져야 제대로 볼 수 있는 법입니다.

모국도 똑같습니다. 모국 안에 머물러 있는 자는 태어난 나라를 제대로 이해할 수 없습니다. 거대한 전체 안에 모국이 있다는 사실을 이해한 다음에 모국의 선과 악 그리고 장점과

· ·

243. 송나라 시인 소식(소동파)의 시 「서림사의 벽에」에 "여산(廬山)의 진면목을 알 수 없는 건, 이 몸이 이 산속에 있는 탓이리"라는 유명한 구절이 있다.

단점을 이해하기 위해서는 모국과 떨어진 곳에 있어야 합니다. 뉴욕시를 가장 모르는 자가 뉴욕시에 거주하는 사람입니다. 뉴욕 시민에게 센트럴 파크가 세계에서 유일한 '황야'가 되며 시립박물관이 드넓은 세상을 들여다볼 수 있는 구멍이 되는 것입니다! 영국 귀족들은 그들의 섬제국Island Empire을 모르는 것으로 유명합니다. 그들은 대영제국 여왕폐하[244]의 현명한 신민으로 인정받기 위해 사치스러운 세계여행을 합니다. 그렇게 이교도를 개종시키기 위해 영국 밖으로 파견된 선교사들이 후에 오히려 그들이 개종되어 귀국하는 경우가 많습니다. 물론 기독교를 버리고 다른 종교로 개종했다는 말이 아닙니다. 그때까지 믿어 의심치 않았던 여러 생각들, 즉 그들이 기독교 국가의 국민으로 그리고 신도로 '선택'받았다는 점과 이교도 는 저주받은 존재라는 점에 대해 재고하게 되며 그 결과 변화를 맞이하게 됩니다. 우리나라 사람이라면 '귀여운 자식일수록 여행을 보내라'는 속담을 압니다. 여행을 통한 고생보다 인간의 망상을 깨우쳐주는 경험은 없습니다.

아직 모국을 벗어난 적이 없던 이교도 시절의 저는 우리나라가 우주의 중심이고 세계가 우리나라를 선망한다고 생각했

• •
244. 당시 영국은 빅토리아 여왕(Alexandrina Victoria, 1810-1901)이 재위 (1837-1901).

습니다. '우리나라의 대지는 오곡[245]의 풍년을 낳으며 기후는 세계에서 가장 온화하고 바람과 햇살이 풍부하다. 바다와 호수는 아리따운 처자의 눈을 닮았고 소나무의 푸른색으로 뒤덮인 언덕은 아리따운 처자의 초승달 모양 눈썹이다. 영기靈 氣로 가득 찬 우리 국토는 신들의 거처이자 빛의 원천이다.' 이교도 시절 이렇게 생각했습니다. 그런데 '강제로 입신'한 이후 모든 것이 반대가 되었습니다. '바다 건너 멀리 있는 행복한 나라들'의 이야기를 접했습니다. 400개나 되는 대학이 있는 미국, 청교도의 고향 영국, 루터의 조국 독일, 츠빙글리[246] 가 자랑스러워했던 스위스, 녹스[247]의 스코틀랜드, 아돌퍼 스[248]의 스웨덴. 저는 우리나라를 '쓸모없는 나라good-for-noth-ing'로 여기게 되었습니다. 쓸모 있게 되기 위해서는 타국의 선교사가 방문해주어야 하는 이교의 나라인 것입니다. 하늘에 계신 하나님은 우리나라를 돌보지 않으셨습니다. 오랜 세월 악마의 손아귀에 놓아둔 채 방치했습니다. 우리나라의 도덕 적, 사회적 결점은 항상 미국과 유럽의 비교 대상이었습니다.

• •

245. (원주) 쌀, 밀, 보리, 콩, 기장.
246. Huldrych(Ulrich) Zwingli(1484-1531). 스위스의 종교개혁자.
247. John Knox(1513경-72). 스코틀랜드의 종교개혁자.
248. Gustavus Adolphus(1594-1632). 스웨덴 왕. 30년 전쟁 때 독일의 개신 교를 지원했으나 전사.

언제 우리는 미국 매사추세츠주 사람 또는 영국사람같이 될 수 있을지 진심으로 묻고 싶었습니다. 우리나라가 사라져도 세계에 끼치는 영향은 없다고 생각했습니다. "우리 일본도 세금을 걷고 있는 겁니까?"라고 미션 스쿨의 한 여학생이 선생님께 질문했다고 합니다. 가엾은 무지한 아이여! 그녀가 보기에 자국 국민들이 너무나도 타락해서 백성을 착취하고 '피를 빨아먹는' 이교도적인 정책이 빈번히 행해지고 있고, 그에 비해 공평과 정의란 그녀가 숭배하는 미국에만 특별히 존재하는 것이라 믿어 의심치 않았던 것입니다. '국민성을 잃어버리게 만드는 선교사의 영향'의 이야기가 전도지에서 완전히 사라진 것이 아니었습니다.

그런데 머나먼 유랑지에서 조국을 바라보니 '쓸모없는 나라'가 아니었습니다. 눈을 씻고 다시 보게 될 정도로 아름다웠습니다. — 제가 이교도로서 봤던 그로테스크한 아름다움이 아니라 역사적인 고유한 성격을 지니고 있으며 우주 안에서 일정 구역을 차지하고 있는, 그야말로 균형 잡힌 조화로운 아름다움입니다. 조국이 국가로서 존재함은 하늘이 정해주셨고 국가로서의 사명은 전 세계와 인류에 대해 선포되었으며 지금도 선포되고 있습니다. 우리나라가 세계와 인류를 위한 고귀하고 고결한 희망을 지닌 신성한 나라라는 사실을 깨달았습니다. 제 안에서 모국이 영광스러운 모습으로 비춰지게 된 것을 감사드리옵나이다.

외국여행의 건전한 결과는 이뿐만이 아닙니다. 외국에 살게 됨으로써 비로소 자신의 내면을 깊이 들여다볼 수 있습니다. 역설적으로 들릴지 모르겠으나 자기 자신을 더 잘 알기 위해 세계로 나가는 것입니다. 자기라는 것은 다른 사람, 다른 나라와의 만남을 통해 가장 잘 드러나는 법입니다. 자기 밖의 세계가 우리 눈에 비치고 비로소 내성內省이라는 작용이 일어납니다.

이러한 성과를 얻기 위해서는 그 외에도 몇 가지 요인이 추가되어야 합니다. 첫째로, 이국에 체재하는 한 고독은 피할 수 없습니다. 이국에서 선량한 우정에 둘러싸여 그곳의 언어를 자유로이 구사할 수 있게 되더라도 결국은 이방인으로 존재합니다. 본래라면 즐겁고 유쾌해야 할 대화에 올바른 시제에 따른 동사의 활용, 단수명사에는 단수 술어를 사용(국어에는 없습니다), 얼핏 보면 구분도 잘 안 되는 전치사들 중에서 올바른 것을 선택, 등에 대한 사고가 필요하기 때문에 엄청난 정신적 에너지가 부과되고 소비됩니다. 저녁식사 초대라는 호의를 입어도 정해진 테이블 매너에 따라 순서대로 포크를 들어야 하고 씹어서 삼키기까지 엄청난 주의를 요하기 때문에 애초에 기대했던 즐거움의 대부분을 맛보지 못합니다. 때로는 머리 손질을 깜빡하고 출석할 때도 있는데 일단 신경이 쓰이기 시작하면 식사 내내 양심의 가책을 느끼며 앉아 있는 형국입니다. 그래서 우리 이방인은 여성들이 매너 없는 행위를 날카롭게 감시하고 있어서 거기에 신경이 쓰여 식사를 제대로 못할 바에는 차라리 혼자 마음 편히 식사하는 게 더 낫다고 생각하게 됩니다. 이런 환경에서의 고독은 이중으로 즐겁습니다. 혼잣말과 내성이 매일의 즐거움이 되고 객관적인 자기와 주관적인 자기가 교차합니다.

둘째로, 모국을 떠나는 순간부터 이미 그 사람은 개인이 아닙니다. 자기 나라와 민족을 짊어지고 있는 것입니다. 그 사람의 언행은 그 사람만의 것이 아닙니다. 그 민족과 국가를 대표하는 것으로 판단 받게 됩니다. 어떤 의미에서 타향에 체재하는 자는 모두 자국에서 파견된 전권공사全權公使입니다. 그의 나라와 국민을 대표하는 셈입니다. 세계 사람들은 그를 통해 그의 국가를 봅니다. 강한 책임감은 한 사람의 생각과 행동을 바람직한 길로 이끌어줍니다. 자신의 행동에 따라 모국이 비난받거나 칭찬받게 되는 상황을 앞에 두고 경솔하고 경박한 망동은 자취를 감추게 됩니다. 저는 성 제임스 궁[249]에

- -
249. the Court of St. James. 영국 궁정의 공식 명칭. '파견된 대사관'은 주영대사.

파견된 대사관과 동일한 마음가짐으로 엄숙하게 행동하게 되었습니다. 이런 식으로 숙고하고 반성해서 올바른 판단을 내릴 수 있는 힘이 생깁니다. 올바르고 엄숙하게 행동하지 않는 자는 자국 대표의 자격이 없습니다.

셋째로 누구나 잘 아는 향수병입니다. 이는 익숙지 않은 환경에 살게 된 인간이라면 자연스럽게 겪는 반동입니다. 그리운 얼굴과 그리운 산과 들판이 눈앞에서 사라진들 마음에서 사라지는 일은 없습니다. 오히려 정신적으로는 더 크게 자리하고 있게 됩니다. 새로운 환경에 적응하려 노력하면 할수록 고향은 질투심 많은 사랑으로 우리 안에 그리움을 불러일으킵니다. 우울함이 찾아온 마음을 녹여 눈물이 흐르게 하고 계곡이나 숲속으로 발을 움직여 근심어린 마음으로 기도 올리게 하는 것이 바로 그리운 고향의 힘입니다. 내 눈은 서쪽 바다로 지는 태양을 따라갑니다. 밝게 떠오르는 저 노을빛을 그리운 고향 사람들도 보고 있다면 머나먼 이 땅의 우리는 건강히 지내고 있고 고향 사람들을 그리워하고 있다고 전해주기를 마음으로 부탁합니다. 이러한 영적인 세계 안에 우리가 살고 있는 것입니다. 제비는 오고가고 봇짐장수는 벌기도 하고 잃기도 합니다. 허나 고향 떠나 유랑하는 자의 일 년 일 년은 유유히 흘러갑니다 — 나와 내 영혼과 하나님이 교감하며.

모세가 이스라엘 민족을 구출하기 위해 출현하기 앞서서 미디안[250] 땅에 계셨던 것은 바로 이러한 섭리가 의도했기 때문입니다. 엘리야의 '브엘세바로의 피난'[251]은 이향 땅에서 겪는 영혼의 고독 속에서 하나님을 열렬히 흠모하는 자에게 말로 표현할 수 없는 위안이 되었을 것입니다.

호렙의 동굴 속 엘리야[252]처럼
황야의 바위 위에 앉으면,
칭얼대는 아이를 달래는 아비 같은,
황야의 건너편에서
상냥한 목소리가 들려온다.
목소리는 아픔도 노함도 두려움도 떨쳐내준다.
'사람은 멀고 하나님은 가깝다'고 고한다.

성 바울의 '아라비아'[253]도 똑같이 해석되어 왔습니다. 사도 바울이 '직접' 이방인들에게 하나님의 아들을 알리고 또 세상

250. 출애굽기 2장 참조.
251. 열왕기상 19장 참조.
252. 열왕기상 19장 9절. 호렙은 시나이산으로 간주된다. 인용된 시는 프링글(Thomas Pringle, 1789-1834)의 시 「After in the Desert」 중 한 구절.
253. 갈라디아서 1장 17절 참조.

으로 나가 다음과 같이 선언하기 위한 내면의 수련 기간을 거친 것은 너무나도 당연합니다. 그는 선언합니다.

형제들아 내가 너희에게 알게 하노니 내가 전한 복음이 사람의 뜻을 따라 된 것이 아니라

이는 내가 사람에게서 받은 것도 아니요 오직 예수 그리스도 의 계시로 말미암은 것이라[254]

미국에 도착하고 얼마 지나지 않아, 펜실베이니아의 한 의사[255]가 저를 거두어주었습니다. 그는 실무가 체질의 자선 사업가이기도 했습니다. 제 진정성을 알아준 그는 저를 돕기로 마음먹었습니다. 저를 '간호인attendants'으로 추가했습니다. 실제 자선사업을 가장 낮은 단계부터 차근차근 경험하게 하기 위함이었습니다.[256] 제국 정부의 공무원에서 '지적 장애

• •

254. 갈라디아서 1장 11-12절.

255. 컬린(Issac Newton Kerlin). 같은 주 얼윈(Elwyn)에 지적장애아양호원 (the Pennsylvania Training School for Feeble-Minded Children)을 개설 하였으며 미국 정신의학의 선구자로 명성이 높다(본장 표지 참조). 우치무라는 크리스마스 무렵에 본 양호원을 방문, 방문객 자격으로 연말까지 체재 후 이듬해 1월 1일부로 근무를 시작했다.

256. "우리 병원에서 일해 볼 생각 없는가? 자네 말을 들어보니 일전에는 일본 정부의 공무원이었다고 한다만 자네가 목표로 하는 자선사업 을 배우고 싶다면 우선 가장 낮은 위치에서 시작할 각오가 있어야

자 시설'의 간호인이 된 것은 제게 있어 너무나도 급격한 변화였습니다. 하지만 변화는 두렵지 않습니다. 나사렛 목수의 아들[257]이 깨우쳐준 새로운 인생관이 있기 때문입니다.

마틴 루터가 에르푸르트의 수도원으로 달려갔을 때와 같은 목적으로 병원 일을 시작했습니다. 이 분야의 일을 해야 한다는 사회적 필요를 느껴서 이 길을 택한 것이 아닙니다. 직업으로 삼을 생각도 없었습니다(가난했지만). '장래의 노하심'[258]으로부터 피난할 수 있는 유일한 길이라 생각했기에 택했습니다. 육신을 가지고 이 일에 종사해서 육신 안의 마음이 지순至純한 상태에 도달할 수 있도록 스스로를 갈고 닦고, 궁극적으로 하늘나라의 뜻을 이으려 했던 것입니다. 솔직히 이기적이었습니다. 뼈아픈 경험들을 통해 그것이 어떤 형태로 드러나든 이기심은 악마의 죄라는 사실을 배웠습니다. 자선사업이 요구하는 완전한 자기희생과 완전한 자기포기를 향해 노력하는

●●

하네. 가장 낮은 위치로 내려갈 겸손함이 있는가?"라는 원장의 질문에 우치무라는 "가장 바라는 바입니다. 오래 전부터 세상이 하찮게 여기는 일에 종사할 결심이었습니다. 만약 원장님께서 제게 일을 주신다면 더없이 행복할 것입니다."라고 대답했다.(『유찬록』, 전집3)

257. 예수의 어머니 마리아의 남편이 목수였으므로 예수 그리스도를 말한다.

258. 데살로니가전서 1장 10절.

바로 그때 이기심은 무시무시한 무법의 화신이 되어 제 마음 속에서 그 얼굴을 드러냅니다. 내면의 암흑에 압도당한 저는 우울함에 빠지고 형용할 수 없는 고통에 휩싸입니다. 저라는 존재 안의 우울함과 고통에 관한 기록은 그렇게 쓰이게 되었습니다. 독자 여러분은 인간 존재의 밝은 면에 익숙하기 때문에 이 기록을 하찮게 여길지도 모르겠습니다. 그러나 고통 속의 당사자에게는 거짓 없는 실화입니다. 길고 긴 고통 속에서 갈구했던 평화가 움터 행복의 씨앗이 열매를 맺게 되는 것입니다.

그러나 병원 생활은 전혀 고통스럽지 않았습니다. 단 고통스러운 내면의 갈등만 제외하면. 저를 챙겨주는 원장님의 애정은 시설의 아이들을 생각하는 마음과 같았습니다. 원장님은 올바른 도덕과 행동을 위해서는 건강한 육체가 필요하다고 믿는 사람입니다. 그는 제 정신보다 위장의 건강을 걱정했습니다. 원장님을 잘 모르는 사람은 그를 급진적 유물론자로 간주합니다. 원장님이 자주 '도덕적 약자Moral Imbecility'에 관한 이야기를 하니까 이 이야기를 들은 사람들이 특히 유물론자로 몰았습니다. 여기서의 '도덕적 약자'란 부모님의 과실과 열악한 환경에 의해 발생하는 체질적인 타락을 의미합니다. 그는 유물론자도 아니고 무신론자도 아닙니다. 하나님의 섭리를 굳게 믿는 자입니다. 나를 평생 이끌어준 것은 하나님의 섭리가 내미는 손이라고 항상 고백하는 것만 봐도 분명합니다. 그는 저를 후원하게 된 것이 단순한 우연이 아니라고 믿었습니다. 그 믿음에 걸맞은 정성으로 보살펴주었습니다. 또 그는 성서에 관해 해박한 지식을 지녔습니다. 신앙 고백적인 면에서 '정통'이라 하기는 힘들지만 그는 애정이 결여된 주지주의를 싫어했습니다. 유니테리언주의[259]에 대해 "교파 중에 가장 편협하고 시시하다"고 종종 말했습니다. 그렇지만 그는 매력적인 유니테리언주의자 여성을 아내로 맞이했으며 시설 직원 중 다수는 매사추세츠주에서 온 사람들입니다.[260] 아일랜드인 동료의 표현을 빌리자면 원장님이 '악마처럼 성내는' 일이 몇 번 있었습니다. 그의 고함소리에 병원 전체가 벌벌 떨었으며 너나 할 것 없이 그와 멀리 떨어진 안전한 장소로 피신했습니다. 하지만 원장님은 복잡하게 구성된 시설 식구들을 포용할 수 있는 넓은 마음씨의 소유자이기도 했습니다. 몸이 불편한 조니와 말이 불편한 소피 같은 아이들도 원장님과 함께 있으면 편안함을 느꼈습니다. 유능하고 똑 부러진 원모院母[261]가 있었는데 때때로 원장님을 가까이 오지

• •

259. Unitarianism. 성부 하나님과 성자 그리스도와 성령의 삼위일체를 주장하는 '정통주의'에 반대하여 성(聖)은 단일(unity)한 것이고 예수 그리스도의 신성(神性)을 부정하는 교파.

260. 매사추세츠주 보스턴은 미국 유니테리언주의의 중심지였다.

못하게 하고 말을 걸지 못하게 하는 분위기를 풍겼습니다. 하지만 기본적으로 그녀는 원장님과 함께 있을 때 편안함을 느낍니다. 음악적 재능이 풍부한 원장님은 퇴근한 후 시간 가는 줄 모르고 병원 음악 선생님의 피아노 반주에 맞춰 노래를 부르고는 했습니다. 제가 내면의 고통에 허덕이고 있을 때 모든 정열을 쏟아내며 열창하는 그의 목소리가 얼마나 큰 위로가 되었는지 모릅니다.

세상에 울적해 할 때
하나님 손 안에서
살며시 펼치는 밤의 장막.
아아, 하나님 마음 쓰심
그 어찌 고요한지.[262]

그런데 제가 원장님의 숭배자이자 충실한 제자가 된 것은 그의 음악 때문도 아니고 신앙 때문도 아닙니다. 착실히 실행

● ●
261. marton. 우치무라는 그녀를 다음과 같이 전했다. '원장님 다음으로 세력이 강한 사람은 원모였다. 그녀는 여자들의 총리이자 병원 전체의 어머니였다. (중략) 의류, 신발, 모자 등 모든 물품이 그녀의 검열을 거쳐야 했다. 그녀의 뜻에 반하는 행위는 위험한데 원장님조차 꾸지람 듣는 일이 있을 정도였다.'(『유찬록』, 전집3)
262. William H. Furness 작곡의 찬송가.

중인 그의 체계적인 구상이 저를 사로잡았습니다. 그의 구상은 바위뿐인 펜실베이니아 구릉을 천천히 정복해나가 불행한 사람들을 위한 건전한 집단거주지colony로 변모시켜나가는 것이었습니다. 그리고 그러한 목표를 향해 전진하는 의지를 보았습니다. 7백 명에 가까운 정신적 장애자를 훌륭히 통솔하고 지도하는 관리 능력을 보았습니다. 그가 평생을 아니 그의 자손이 평생을 바쳐야 실현될 정도로 미래를 향해 원대하게 펼쳐진 그의 희망[263]을 보았습니다. — 그의 존재 자체가 경외의 대상이자 학습의 대상이었던 것입니다. 원장님 같은 사람을 세계 어디에서 본 적도 들은 적도 없습니다. 저를 괴롭혔던 신앙에 대한 회의감을 그가 해소해준 것은 아닙니다. 하지만 제 생활과 신앙을 위한 길을 제시해준 것은 분명합니다. 아무리 고상하고 섬세한 감정의 발로를 통해 자선사업을 행한다 해도 고통 받는 사람들의 행복을 생각하는 명석한 두뇌와 굳은 의지가 결여된 자선사업은 실재적으로 아무런 도움을 줄 수 없습니다. 원장님 같은 실천가의 살아 있는 예보다 더 생생한 교훈을 일깨워준 '실천신학' 수업은 없습니다.

..

263. '큰 백치(白痴) 식민지를 세우는 것이다. 우선은 펜실베니니아주 9천 명을 병원으로 옮긴다. 그 다음에 그가 만든 제도를 세계에 널리 전파해 세계가 본받게 한다. 궁극적으로 전 세계가 불행한 재해를 피할 수 있게 되도록 노력한다.'(『유찬록』, 전집3)

비참함에 탄식하며

비참한 사람들과 거리 두고

달콤한 고독에 기댄 채

잰 체하는 사랑과 태만한 동정을 키운다.[264]

이 시가 이야기하는 병적인 믿음(*religiosity,* 이렇게 불러도 된다면)으로 타락하기 전에 저를 구제해준 사람이 바로 원장님입니다. 그는 죽을 때까지 신뢰할 수 있는 벗입니다. 연령, 인종, 국적, 성격 등 모든 차이를 초월한 우애는 오랜 세월 이어지고 있습니다. 뉴잉글랜드의 대학에 다니던 시절 친구들이 제 감정과 정신을 걱정할 때 제가 위장이 좋지 않음을 잊지 않은 그는 식사 잘 챙겨 먹으라는 인사말과 함께 실질적으로 도움이 되는 물건들을 여러 번 보내주었습니다. 고국에 돌아온 뒤의 행동거지가 일반 상식과 동떨어진 제 마음과 정신이 과연 건강한지 많은 기독교인들이 의심했습니다. 그때 제 안의 정통성과 진실을 티끌만큼도 의심 않고 태평양 건너에서 지원과 격려를 보내준 것도 그입니다. 제가 인간다움을

• •

264. 콜리지(Samuel Taylor Coleridge)의 시 「Reflections on having the left a place of Retirement」 중 한 구절.

유지할 수 있게 한 것도 그입니다. 만약 책과 대학과 신학교를 통해서만 기독교를 배웠다면 차갑고 어설프고 현실과 괴리된 기독교 신도가 되었을 것입니다. 하지만 보십시오, 이 얼마나 다양한 방법으로 성령님이 저를 형성케 해주시는지!

원장님 사모님은 유니테리언주의자입니다. 우리나라에서 접한 모든 기독교 서적의 영향으로 유니테리언주의에 대해 호감이라고는 전혀 없었습니다. 이교도보다 나쁘고 기독교와 비슷해 보이지만 훨씬 위험하다고 생각했습니다. 실은 얼마동 안 사모님을 의심의 눈초리로 지켜봤음을 고백합니다. 오직 두뇌로 움직일 뿐 마음으로 움직이지 않는 사람, 위대하신 주님 생애가 가르쳐주는 인자하고 거룩한 여성스러운 면이 전혀 느껴지지 않는 사람이라 지레짐작했습니다. 결국 훌륭한 인품의 사모님 앞에서 유니테리언주의에 대한 반감을 드러내고 말았습니다. — 저는 되먹지 못한 인간이었습니다. 그런데 이럴 수가! 사모님은 유니테리언주의에 충실한 활동을 통해 인자하고 여성스러운 성품을 몸소 증명했습니다. 바로 그녀가 믿는 신앙을 통해서 말입니다. 그녀와 친교를 맺는 데 제 정통주의적인 신앙은 전혀 문제되지 않았습니다. 사모님도 실질적인 도움을 주기도 했습니다. 오히려 여성의 본능을 발휘하여 제 안에 진동하는 고통의 '냄새를 맡아'주었으며 때로는 원장님보다 더 큰 위로를 주었습니다. 세상을 뜨기 전

병상에 누워 있을 때도 변함없는 상냥한 마음씨로 저를 걱정했습니다. 이미 하늘나라로 가신 도로테아 딕스를 따라 성녀 명단에 이름이 추가될 날이 가까이 왔을 때조차 '고집스럽게' 청교도주의를 떠들어댔던 이 한 몸 잊지 않았던 것입니다. 마지막까지 이교도에게 전도하기 위해 그녀는 먼 바다 건너편에서 크리스마스 선물을 보내주었습니다. 제 사역이 유니테리언주의를 신앙으로 믿지 않는다는 사실을 잘 알고 있음에도 불구하고 언제나 격려를 잊지 않았습니다. 사모님이 몸소 실천한 유니테리언주의와 친교를 맺지 못하는 정통주의는 정통으로 또 올바른 교의Straight–Doctrined로 불릴 가치가 없습니다. 참된 관용이란 자기 자신의 신앙에 관해 흔들림 없는 확신을 품으면서도, 동시에 자기 자신의 신앙과 같지 않은 신실한 신앙을 허용하고 인정하는 마음입니다. 자신이 어떤 some 진리에 관해서는 알 수 있음을 믿고 모든all 진리에 관해서는 알 수 있음을 믿지 않는 것이 기독교적인 관용의 기초입니다. 이것이 전 인류와 우호를 다지고 평화적인 관계를 유지할 수 있는 원천입니다. 사모님의 도움을 받아 이러한 이념과 친숙해질 수 있었습니다.

병원에서 저를 깨우쳐준 사람이 또 있습니다. 바로 원모입니다. 제가 아는 사람 중에 가장 의지가 강합니다. 게다가 여성인데 말입니다! 그녀는 넓은 건물 병원 안 구석구석을 살펴보며 모든 아이들에게 세심한 주의를 기울입니다. 조니의 양말을 조지 발에 신기고 사라의 모자를 수지 머리에 씌운 덜렁거리는 간호사는 재앙이어라! 남성에게 지지 않는 관리 능력을 여성도 가질 수 있음을 원모가 보여주었습니다. 그녀야 말로 기독교 나라 미국이 배출한 인간입니다. 이교도스러운 여성적인 우아함과 미덕을 갖춘 이교국도 그녀에 비길 수 있는 사람을 배출할 수는 없습니다.

병원 시절 깊은 관계를 맺었던 또 한 사람을 빠뜨릴 수 없습니다. 제 뿔난 기독교의 뿔을 뽑아준 사람입니다. 그는 델라웨어주 출신으로 남부 기질이 강했습니다. 실력 있는 청년 의사[265]였는데 신앙적으로는 성공회 신도지만 경쾌한 스텝으로 춤도 곧잘 췄습니다. 연극 연기도 잘하고 시도 썼습니다. 스튜어트 왕가[266]의 숭배자였습니다. 선량하고 친절하고 사려가 깊었습니다. 뉴잉글랜드에 대한 공감과 지식을 통해 품게 된 반란자 남부Rebel-South라는 편견을 그가 깨뜨려주었습니다. 청교도주의도 크롬웰 예찬[267]도 그와 신뢰와 우정을

• •

265. 1921년에 내일(来日)하여 37년 만에 재회하게 되는 바(Martin W. Barr, 1860-1938). 커린의 후임 원장.
266. Stuart Kings. 로버트 2세(Robert Ⅱ)가 재임한 1371년부터 제임스 6세(James Ⅵ)가 퇴임한 1630년까지 스코틀랜드를 지배, 이후 앤(Anne) 여왕이 사망하는 1714년까지 잉글랜드도 함께 지배했던 왕가.
267. 크롬웰(Oliver Cromwell, 1599-1658). 영국에서 청교도 혁명을 일으

쌓는 데 아무런 방해가 되지 않았습니다. 어느 날 델라웨어에 있는 그의 집으로 저를 데리고 갔습니다. 일전에 제 이상형의 여성을 말한 적이 있었는데 직접 이상형의 여성을 보여주겠다는 겁니다. 그의 말에 따르면 제 이상형이 미국에 없는 것은 아니나 펜실베이니아나 매사추세츠에는 없다는 겁니다. 그가 마차를 빌려 주지사의 집으로 저를 데려갔습니다. 전前주지사의 집으로도 데려갔습니다. 쉼 없이 이곳저곳 데리고 다녔습니다. 미인에게 경의를 표하고 집을 나선 뒤 그가 "어떤가?"하고 묻습니다. 이상형까지는 아닌 것 같다고 대답하면 제 입에서 여성을 칭찬하는 말을 듣기 위해 다음 또 다음 집으로 데리고 갑니다. 마치 옛날이야기 속 기사가 숭배하는 여성을 라이벌도 인정하도록 하게 하는 방식과 똑같았습니다. 하지만 거짓말을 할 수는 없는 노릇, 결국 그는 낙담했습니다. 참지 못한 그가 소리쳤습니다. "도대체 자네는 델라웨어에 뭘 바란다는 거야." 때마침 복숭아가 제철이었습니다. 우리나라에서 지리학을 공부할 때 델라웨어가 양질의 복숭아 산지라는 지식을 접한 적이 있습니다. 저는 이곳에서 가장 좋은 복숭아를

. .

> 킨 정치가, 군인. 『내가 배운 정치서(余の学びし 政治書)』를 보면 우치무라는 칼라일의 『올리버 크롬웰』(1845)을 성서와 동등한 서적으로 취급한다. '불경사건'도 『올리버 크롬웰』을 읽은 영향으로 볼 수 있다.

달라고 부탁했습니다. 기뻐하는 그가 곧바로 주문했습니다.
바라던 것을 가지게 되어 만족스러웠습니다. — 뉴잉글랜드
사람에 대한 공감에 가려 보이지 않았던 미국의 반면半面을
그가 일깨워주었습니다. 너그럽고 사려 깊고 성실하며 의심이
없는 미국인 — 미국의 모든 기독교가 달러와 센트에만 집중
하지 않는 이유가 바로 여기에 있습니다. 조나단 에드워즈[268]
나 시어도어 파커[269]가 그 증인입니다. 그들을 통해 기사도적
기독교chivalric Christianity의 존재를 확인했습니다. 기사도적 기
독교는 무사 가문에서 태어나 자란 제 내면의 일본인적인
심정과도 부합합니다. 남부 출신 제 친구가 끼친 정신적 영향
은 결코 작지 않습니다. 그가 보내준 기도서의 어구들을 암기
했고 성공회 예배에 출석하는 것이 기쁘게 느껴지기 시작했습
니다. 하나님 성령에 이끌리는 자에게 관용의 정신과 더불어
자신의 신앙에 관한 확신이 강해짐은 결코 모순되지 않습니
다. 올리버 크롬웰을 향한 무한한 존경심과 청교도적인 기독
교가 지닌 귀중한 진리를 향한 애착을 유지하면서 델라웨어

· ·

268. Jonathan Edwards(1703-58). 미국의 신학자. 칼뱅주의에 입각한 신앙
부흥운동을 일으켰으며 프린스턴대학의 전신 학교의 학장. 동명의
아들(1745-1801)도 아버지와 마찬가지로 칼뱅주의에 입각하여 뉴
잉글랜드의 신학을 위해 힘쓴다.
269. Theodore Parker(1810-60). 미국의 유니테리언주의 신학자. 사회 문
제에 관심을 가졌고 노예 폐지 운동을 지도했다.

출신 제 친구를 통해 기독교 나라의 절반과 친구가 될 수 있었음을 감사하게 생각합니다.

지면 관계상 병원에서 알게 된 다른 좋은 친구들 그리고 그들이 끼친 좋은 영향에 대해 이만 줄이겠습니다. 상류계급도 아닌 아일랜드 출신조차 좋은 자극을 주었고 마음과 정신의 지평을 넓혀주었습니다. 특히 기가 셌던 한 사람이 잊히지 않습니다. 그는 숭배한다고 해도 좋을 정도로 글래드스톤을 존경했습니다. 빅토리아 여왕 같은 강대한 군주가 있어서 좋겠다고 그에게 말하자 그가 거세게 반대했습니다. "그따위 d-able 여자의 신민이 될 바엔 아비시니아[270] 왕의 지배를 받는 편이 낫다." 잘못된 정보로 오해받기 십상인 에메랄드섬[271] 출신 중에도 선량하고 경건한 사람은 존재합니다.

여기까지의 이야기에 덧붙여 일기를 인용하겠습니다.

1885년 1월 1일 — 춥다. 어젯밤 '신앙을 통한 의인義認'과 관련하여 많은 걸 느꼈다! 숙직. 처음으로 환자 간호를 맡았다. 하나님이 길을 열어주고 계심에 감사했다.

양호원養護院에서 간호인으로 일하는 첫 날. 존 하워드와

● ●

270. Abyssinia. 동아프리카의 왕국. 현재의 에티오피아.
271. Emerald Isle. 초목의 선명한 녹색(에메랄드)을 뜻하는 아일랜드의 별칭.

엘리자베스 프라이[272] 등 무수한 성도聖徒들의 삶에 의해 성스러운 직무로 승화된 그 일, 오랫동안 염원했던 바로 그 일에 종사할 수 있게 되었습니다. 솔직히 스스로가 성도가 된 기분이었습니다. 하지만 '율법의 행위'를 행함으로써 의로움을 얻으려는 의도가 제 안에서 생겨난 바로 그 순간, 마음 깊은 곳에서 "그러므로 사람이 의롭다 하심을 얻는 것은 율법의 행위에 있지 않고 믿음으로 되는 줄 우리가 인정하노라"[273]고 말하는 목소리가 들렸습니다.

1월 6일 — 욥기를 읽다. 큰 위로를 얻었다.

이번에도 존경하는 알버트 번즈의 도움을 빌렸습니다. 그의 『주해서』 2권을 펼치고는 한 번에 다 읽었습니다. 모든 나쁜 일에 따라오는 마지막 결과가 선善이라는 어구가 마음에 와 닿았습니다. 아무리 칠흑 같은 어두움 한가운데 있더라도 이날 깨우친 인생관을 지켜왔습니다.

1월 11일 일요일 — 종일 당직. 해버걸[274]을 읽었다. 영혼에

. .
272. Elizabeth Fry(1780-1845). 영국의 여성 자선사업가. 퀘이커주의에 속하며 여성형무소 개량에 힘썼다.
273. 로마서 3장 28절.
274. Frances Ridley Havergal(1836-79). 영국의 여류시인, 찬송가 작곡가.

관한 많은 깨달음.

1월 25일 일요일 — 이 세상에서의 일생이란 천국으로 들어가는 법을 배우기 위한 학교생활과 같다. 그러므로 지금 생에서 달성해야 하는 것은 '존귀하신 영원의 가르침'을 배우는 것이다.

수호천사들에게 새로운 가르침을 받고 있습니다. 특히 프랜시스 해버걸의 가르침은 컸습니다. 기독교에 이끌려 살아온 제 인생을 돌이켜보건대 실은 이 세상을 위한 일이 생활의 전부였습니다. 우리나라는 새로운 종교가 원래 지닌 정신적 가치와는 무관하게 실리적인 목적을 위해, 예컨대 행복한 가정을 꾸리고 자유 정부를 수립하기 위해 새로운 종교를 수용했습니다. '우리나라를 유럽과 미국 같은 강대한 나라로 만드는 것'이 세상 생활의 가장 큰 목적이었습니다. 기독교를 통해 그 목적이 강력히 추진될 수 있다고 여겨 환영하고 받아들였던 것입니다. 지금 이 시간에도 수많은 사람들이 사회적이고 정치적인 이유 때문에 기독교를 수용하고 있지 않습니까! 하지만 조국에 대한 사랑은 가장 올바르고 가장 드높은 의미를 통해 제 안에서 재해석되었습니다. 즉 하늘에 계신 아버지에 대한 사랑을 위해 조국에 대한 사랑을 희생하기로 했습니다.

2월 2일 ― 내가 하나님 자녀라는 믿음. 힘이 솟는다.

2월 11일 ― 필립스 브룩스[275] 『예수의 감화』를 읽고 큰
힘을 얻었다.

나는 하나님 자녀지만 하나님의 형제처럼 하나님과 동등한
존재가 아니라는 큰 발견. 어찌 하나님과 '동등한 곳'에 설
수 있는 존재로 인정받으려 해서 스스로를 하나님의 강하심과
맑으심에 비하려든다는 말입니까. 분수를 모르는 세상 작은
신들아! 너 자신을 알라. 그리하면 하고자 하는 바 이루어지리
라.

그리고 필립스 브룩스여! 그는 고통 받는 영혼들에게 힘과
도움을 주었습니다. 그의 글을 읽어나가는 사이 이 사람은
내 병을 속속들이 꿰뚫어보고 있고 특효약을 가지고 있다는
생각이 들었습니다. 여행자가 그의 영약靈藥을 복용하고 한숨
푹 자면 1, 2 주는 노래를 흥얼거리며 걸을 수 있게 될 것입니다.
우거진 초목도 높은 산도 깊은 계곡도 그 여행자의 노래에
의해 걷기 좋은 평평한 땅이 될 것입니다.

· ·
275. Phillips Brooks(1835-93). 미국의 성공회 주교. 『예수의 감화The Influe
     nce of Jesus』, 1879는 유명한 저작 중 하나.

212

2월 14일 ― 내 지식과 진리는 결국 내가 아는 범위 안에 그치는 것. 세상에는 수많은 생각과 사고가 존재하지만 모두 내 것은 아니다. 그러므로 내 것이 아닌 생각과 사고에 대해서는 책임이 없다. 내가 아는 것을 소중히 하되 내가 알지 못하는 것에 신경 쓰지 마라.

수용받기를 요구하며 다가오는 다양한 의견으로부터 스스로를 지키기 위해서는 제 안의 지식 범위가 어디까지인지 그 한계를 명확히 인식해야 합니다. 미국은 다양한 교파의 나라입니다. 각종 교파들이 다른 교파를 희생삼아 자신들의 신도수를 늘리려 발버둥 칩니다. 전부터 알고 있던 교파는 물론이거니와 유니테리언주의, 스웨덴보리주의[276], 퀘이커주의[277] 등 생소한 교파들이 저를 시험에 들게 합니다. 나약한 개종자는 이 중 무엇을 수용해야 할지 망설입니다. 결국 저는 아무것도 받아들이지 않겠노라 다짐했습니다. 하나님께서 운명 지어 놓으신 인간이 어찌 장점도 있고 단점도 있는 수십 가지

● ●

276. 스웨덴보리(Emanuel Swedenborg, 1688-1772). 스웨덴의 신비주의자.
277. 프렌드파(기독우회(基督友会)). 폭스(George Fox, 1624-91)에 의해 영국에서 시작되었다. '내적인 빛(Inner Light)'을 중시하며 전쟁을 부정한다.

의 종파 가운데 '올바른 선택'을 할 수 있겠습니까. Βαπτιζω[278] 라는 말에 복종하여 고통을 참고 온 몸이 물에 '잠겨야'만 한다는 말입니까? 어떤 권위자들은 영원한 구원을 얻기 위해 굳이 몸에 물을 부을 필요도 없다고들 하는데 말입니다. '기독교 나라 본국의 기독교 신도들'이여, 기댈 곳 없는 개종자를 불쌍히 여기사 관대를 베풀어주시기를.

2월 18일 — 풀리지 않는 의문에 고민하다. 마음을 굳게 먹고 하나님께 모든 것을 맡겨야 한다. 인간의 의견이란 이것저것 있을 수 있으나 하나님의 진리는 오직 단 하나. 하나님께서 직접 가르쳐주시지 않는데 참된 지식을 얻을 수는 없는 노릇.

진리의 '선택'을 둘러싼 악전고투. 예수님은 신인가 사람인가. 만약 인간으로서의 그를 믿는다고 정해버리면 영겁의 불지옥에 떨어지지는 아닐까요? 그런데 에머슨[279], 개리슨[280],

• •

278. '물에 담그다'라는 의미의 그리스어. 세례를 뜻하는 밥티스마(βάπτισμα)는 명사형. 침례교 등은 머리에 물을 뿌리는 적수예(滴水禮)가 아니라 전신을 물에 담그는 침례(浸禮)를 오늘날에도 행하고 있다.
279. Ralph Waldo Emerson(1803-82). 미국의 사상가, 시인. 한때 유니테리언주의 목사였다.
280. William Lloyd Garrison(1804-79). 미국의 노예폐지운동가. 우치무라는 영시를 번역한 『애음(愛吟)』에 로웰의 시 「로이드, 개리슨」을 수록했다(전집4).

로웰[281], 마티노[282] 등 많은 용감한 학자들이 예수님은 인간이라 했다고 합니다. 만약 예수님이 인간이라면 예수님을 신으로 모셔온 제 신앙은 근거도 없는 멍청한 미신과 다를 바 없습니다. 과거에 수많은 희생을 치르면서까지 배척한 미신적인 우상숭배와 다를 바 없습니다. 이러한 고민에 번민하던 어느 날 한 성직자 무리의 방문을 받았습니다. 그들은 개신교의 악마에 속지 말라며 친절히 주의시켜주었습니다. 이 책을 열심히 읽고 열심히 기도하라는 말과 함께 기번스 추기경[283]의 "우리 교부教父의 신앙"이라는 책을 두고 사라졌습니다. 제 안의 풀리지 않은 고민을 해결하기 위해 전심전력으로 몰두하려 하자 이번에는 다윈, 헉슬리, 스펜서 등의 이름을 한 불가지론자들이 제 앞을 가로막더니, 그딴 쓸모없는 문제는 제쳐두고 눈으로 볼 수 있고 손으로 만질 수 있는 것에 만족하라고 말합니다. 외모가 기용부인[284] 같이 경건해 보이는 사람이

• •

281. James Russell Lowell(1819-91). 미국의 시인. 사회 개량 운동에 힘썼으며 후에 외교관이 된다.
282. James Martineau(1805-1900). 영국의 신학자. 유니테리언주의자.
283. James Gibbons(1834-1921). 미국의 가톨릭 사제. 1886년에 추기경(cardinal)이 된다.『우리 교부의 신앙The Faith of Our Fathers』, 1876은 개신교 신도들에게 읽히기 위해 썼다고 한다.
284. Jeanne Marie de la Mothe–Guyon(1648-1717). 프랑스의 가톨릭 신비주의자. 정숙주의(quiétisme)자로서의 경건함으로 유명.

갑자기 나타나더니 우리의 예언자 스웨덴보리는 그 눈으로 천국을 봤다, 그의 말과 글이 절대적 진리다, 상상을 초월하는 전지력全知力으로 세상 이치를 설명했다고 떠듭니다. 그런데 대大생리학자 플린트 박사[285]는 스웨덴보리가 통합실조증 환자임에 틀림없다고 진단합니다. 이토록 천차만별의 의견이 교차하는 한가운데 서있는 가엾은 양심적인 개종자여. 너무나도 복잡하고 어려운 문제가 공격해오지만 거기에 맞설 수 있는 안전한 장소는 없습니다. 양심적 개종자의 마음은 지적인 영향을 받아 오른쪽으로 끌려갔다 싶으면 또 왼쪽으로 끌려가기를 반복할 뿐입니다. 저는 할머니의 '이교적' 신앙에 깃들어 있는 평화가 그리워집니다. 교파에 얽매인 기독교 신도여, '유럽의 1년은 중국Cathay의 1,000년보다 낫다'라 말하지 말라. 당신네들조차도 진실로 소유하지 못한 평화를 우리에게 약속하고 있는 꼴이 아닌가. 만약 교파적인 의견 충돌과 종교적인 증오가 바람직한 것이라면 당신들이 만들어내고 있는 새로운 의견들의 충돌에 휩쓸리고 할 것도 없다. 그와 같은 의견 충돌은 옛날 '중국'에 이미 존재했기 때문입니다. 예전에 한 선교사에게 기독교에 있어서 여러 종파가 각각 존재 이유를 명확히 지니고 있다면 그것이 무엇이냐고 질문한

• •
285. Austin Flint(1812-86). 미국의 의사, 생리학자.

적이 있습니다. 선교사가 대답했습니다. 그의 의견에 의하면 수많은 종파가 공존함으로 인해 종파 간의 '경쟁'을 낳으며 교회에 순수한 신앙심이 깃들게 해서 하나님 나라의 완성이 더 빨라지기 때문에 경쟁은 참된 축복이라고. 그리고 몇 달 뒤 우리는 우리의 새로운 교회를 설립했습니다. 우리의 계획을 선교사는 싫어했습니다. 이미 수백 교파가 난립해서 기독교 정신을 어지럽히고 있는데 거기에 새로운 교파를 추가할 필요는 없다며 우리가 생각이 부족하다고 격하게 비난했습니다. 그의 논리를 도통 모르겠습니다. 다양한 교파의 존재가 '참된 축복'인데 교파수를 늘려 더 좋은 경쟁을 유도하는 것이 어디가 잘못됐다는 말입니까! 반대로 기댈 곳 없는 개종자의 생각처럼 교파의 난립이 재앙이라면 어째서 감리교, 장로교, 조합주의, 퀘이커주의 등, 물론 무해하지만 유해하다고 할 수도 있는 각종 주의들을 절멸시켜 연합체를 형성하려하지 않는 겁니까? 우리의 나쁜 머리로는 그 선교사가 내뱉은 역설적인 말의 의미를 알 도리가 없습니다.

3월 8일 — 성화聖化의 중요성을 조금씩 느끼기 시작하다. 눈앞에 '이상적인 깨끗한 상태'가 보이는데도 그 안으로 들어갈 수가 없다. 아아, 이 번뇌로 가득 찬 자여!

3월 22일 — 인간은 유한한 존재, 따라서 무한한 지혜의 초석 전체를 차지하여 자리 잡기란 불가능하다. 단지 그 초석의 구석진 작은 자리에 머무를 수 있을 뿐. 아무리 구석이라고 해도 손에 넣을 수만 있다면 평안함을 얻을 수 있다. — 그 정도로 단단한 초석. 이는 다양한 교파가 공존하면서 그 모든 교파들이 번영하고 있는 현상에 대한 설명이다.

'교파'에 대한 인간적이고 합리적인 해석입니다. 필립스 브룩스의 사상에서 배웠습니다.

4월 5일 부활절 일요일 — 풍요로운 하루. 처음으로 천국과 불사不死의 찰나를 경험했다. 형용할 수 없는 기쁨이여! 이토록 성스러운 기쁨의 순간이란 이 세상에 있는 모든 기쁨의 몇 년분에 필적하리라. 영적으로 어두웠음을 깨달았다. 광명을 얻기 위해 열심히 기도했다.

진실된 부활의 날이여! 몇 개월간 계속된 우울함과 영적인 사투가 드디어 끝을 맺었습니다. 이날 얻은 계시와 안식은 말로 형용할 수 없는 기쁨을 주었습니다. 제 앞의 계란을 눈으로 보고 혀로 맛보는 것보다 더 맛있는 감미로움을 경험했던 그때를 똑똑히 기억하고 있습니다. 그 계란(삶아서 부활절에 걸맞게 꾸미기 전의 날계란)을 바라보며 제 영혼이 어떤 상태인지 해석할 수 있는 가르침을 얻었기 때문입니다. 전에 배웠던 생태학의 지식이 동원되어 제 영혼은 높은 곳을 향할 준비를 합니다. 계란을 바라보며 지금 내 영혼은 발달 단계가 어디인지 생각했습니다 — '난할기'인가 '상실기'인가, 아니면 더 진행된 '부화기'? 조금만 지나면 제 영혼은 껍질을 깨고 나와 날개를 퍼덕이며 완전하신 구세주를 향해 높이 날아갈 것입니다. 아아, 빛을 주소서!

4월 6일 — 발달장애아를 가르치는 것이 한층 즐거워졌다. 마음이 뜨거워지다.

이날 하루 전에 지금껏 만난 사람 중 가장 멋진 사람과 인사를 나눴습니다. 그 사람은 불굴의 발달장애아 교사로서 세계적으로 유명한 고 제임스 B 리처즈[286]입니다. 그의 젊은 날의 교육 경험을 직접 들을 수 있었습니다. 하나님 아버지의 자녀 가운데 가장 낮은 자 취급 받는 아이들에게 '하나님 아버지에 대해 가르치는 것'이 실제로 가능함을 일깨워주었습니다. 저는 전기 충격을 받은 것 같은 강렬한 인상을 받았습니다. 그 영향은 영원합니다. 그와의 만남 이후 자선사업과

• •

286. James B. Richards(1817-86). 얼윈의 양호원이 기반을 다지는 데 공헌했다.

교육을 연민의 발로이자 사회를 위한 실용적인 사업으로 치부하는 마음이 싹 사라졌습니다. 자선사업과 교육 모두 고귀한 종교적인 목적 — 최선最善의 하나님을 널리 전하는 목적에 의한 것임을 깨달았습니다. 시설의 간호인으로서 제 역할은 신성하고 고결하고 영광스럽습니다. 제 역할 속의 굴욕적인 요소는 모두 사라졌습니다. 리처즈는 교파로 치면 유니테리언주의자이지만 직접 만났던 선교사 중 가장 훌륭한 사람 리스트에 그를 당연히 추가했습니다. 목사로서의 유능함은 전례가 없을뿐더러 그 인격과 속 깊은 마음씨는 독서로 삼위일체론을 배운 제가 가지기 쉬운 편견들을 불식시켜주었습니다.

4월 8일 — 인간의 능력을 높이 평가하는 것이야말로 가장 순수한 유니테리언주의의 기원일지도 모른다. 그러나 인간은 스스로의 노력만으로 가장 높은 도덕적 단계에 도달할 수 없다. 거기서 인간은 스스로의 나약한 지성을 기준삼아 그리스도를 위에서 끌어내린다. 신의 개념이 명료한 것은 우리가 그리스도 계시는 곳에 도달할 때까지다. 그곳에 도착하면 모두 돌에 부딪혀 비틀거리게 된다. 나는 그리스도만 없다면 신에 대한 내 견해와 개념을 명료히 할 수 있다고 생각하고 또 생각한다.

고대의 이교도인이라 할 수 있는 그리스인뿐만 아니라 현대의 이교도인 일본인도 중국인도, 오늘날의 모든 이교도에게 그리스도는 부딪칠 돌[287]입니다. 신비적인 동양인 입장에서 유니테리언주의의 그리스도에 대한 설명은 너무 단순합니다. 또 삼위일체론자의 '설theory'도 믿기 어렵습니다. 그 누가 저를 위해 돌을 치워줄까요?

4월 16일 — 퍼날드[288] 『참된 기독교 신도의 생활』을 읽었다.

4월 18일 — 드러먼드[289] 『정신계에 있어서의 자연법칙』을 읽었다. 매우 흥미로웠다.

4월 19일 — 묵시록[290]을 읽었다. 매우 흥미로웠다.

퍼날드는 처음으로 진지하게 읽은 스웨덴보리파입니다.

● ●

287. 로마서 9장 32-33절 참조.
288. Woodbury Melcher Fernald(1813-73). 미국의 유니테리언주의자로 스웨덴보리주의에도 관심이 있었다. 『참된 기독교 신도의 생활The True Christian Life』은 1874년 간행.
289. Henry Drummond(1851-97). 영국의 종교사상사, 자연과학자. 『정신계에 있어서의 자연법칙Natural Law in the Spiritual World』, 1883을 통해 다윈의 진화론이 계시에 기초하는 기독교 신앙과 모순되지 않음을 증명하려 했다.
290. 요한계시록.

실은 이보다 3년 정도 전에 『아르카나 세레스티아』[291]라는 책을 훑어본 적이 있는데 당시 물질적인 것을 중시하는 제게는 지나치게 영적인 내용이었습니다. 하지만 타향에서 많은 영적인 문제들과 충돌한 이후 신비주의라면 전부 환영하게 되었습니다. 현실적으로 극복할 수 없는 힘겨운 문제들을 정신적으로 극복할 수 있기 때문입니다. 그때 드러먼드가 나타나 제안의 과학을 영적인 것으로 변화시켰습니다. 퍼날드와 드러먼드에게 깊은 영적 감화를 받았습니다. 설명 불가능한 것은 없습니다. 저는 '묵시록'을 꺼냈습니다. 저를 회의론에 빠지게 할지도 모른다는 두려움에 펼친 적이 없었습니다. — 천사 같은 사람들에게는 이해하기 쉬운 내용이지만 귀납적인 인간에게는 적합하지 않은 내용이라고 여기고 있었습니다. 하지만 인간의 영적 경험에 대한 생생한 묘사라면 그 어떤 문구라도 해석할 수 있어야 합니다. 삼위일체론이 커버할 수 없는 내용도 설명할 수 있게 되고 동정녀 임신이나 부활도 당연히 일어날 수 있는 일로 설명됩니다. 창세기와 지질학의 조화를 둘러싼 무시무시한 논쟁, 그 유명한 『셸번 박물지』의 저자[292]를

• •

291. Arcana Cœlestia(1749-65). 스웨덴보리의 저작으로 '천계의 비의'라는 뜻.

292. 화이트(Gilbert White, 1720-93). 영국의 목사이자 박물학자. 여기서 우치무라는 화이트가 그의 교구(教区)인 셸번의 자연을 관찰해서

미치게 만들었던 논쟁 — 이 또한 『천계의 비의』가 알려준 방법을 쓰면 9월 일출이 서리 녹이듯 간단히 정리할 수 있습니다. 많은 사람들이 스웨덴보리를 멍청이 취급하지만 저는 다릅니다. 그의 내면세계는 제 상상력을 초월합니다. 그의 통찰력은 경이롭습니다. 스웨덴보리를 통해 모든 진리를 얻으려는 사람이라면 걸리는 부분이 많을지도 모릅니다. 하지만 학자적 겸허함과 기독교 신도로서의 경의를 지니고 그의 발밑에 무릎 꿇는 사람이라면 엄청난 축복을 경험하게 되리라고 믿어 의심치 않습니다. 그의 가르침을 처음 접했을 때는 극심한 정신주의spiritualism에 빠져버렸지만 이윽고 이 위인이 제 사상에 끼친 영향은 심히 건전합니다. 다만 어디가 어떻게 건전한지를 여기서 자세히 설명할 수는 없겠지요.

5월 14일 — 예레미야[293]를 읽었다. 큰 감동을 주었다.

5월 16일 — 예레미야를 읽고 감동을 받았다.

5월 27일 — 예레미야는 참으로 유익했다.

• •

서술한 *The Natural History and Antiquities of Selborne*, 1789을 언급하고 있다.

293. 구약성서 예레미야에 등장하는 예언자.

그 전까지는 『기독교 증거론』[294] 같은 책을 읽기는 해도 성경 본문을 직접 읽지는 않았습니다. 대체로 미래를 이야기하는 구약성서의 예언서는 세상이 종말하고 인류의 구세주가 등장하는 그때 예언서 속 예언과 상황이 '부합'함을 설명해서 세상 사람들을 놀라게 하기 위한 것이라고 생각했습니다. 그래서 예전부터 예언서를 이해하기 어려운 내용으로 분류했습니다. 예언서에 대한 글은 읽었으나 예언서 본문은 읽지 않았습니다. 그런 제가 호기심 반 공포심 반으로 예레미야를 펼치게 된 것입니다. 언젠가 원장님이 예레미야 같은 사람은 절대 우리 병원에 들어오지 못하게 할 것이다, 만약 예레미야 같은 사람이 병원에서 일어나는 모든 불행을 지켜보고 있다면 결국 병원의 모든 사람을 울리는 꼴이 될 테니까, 라고 주의를 준 적이 있는데도 말입니다. 그런데 보십시오, 그 내용이 어떤지! 이보다 인간적이고 이보다 알기 쉽고 이보다 미래의 이야기가 적으며 이보다 현재에 대한 경고로 가득 찬 글이 또 어디에 있을까요! 단 한 번의 기적도 행함 없는 인간 예레미야는 인간의 강함과 약함을 적나라하게 보여줍니다. '위인이란 모두 예언자가 아닐까?'라고 혼잣말했습니다. 제가 태어난

• •

294. *Evidences of Christianity.* '삿포로농업학교 제2, 제3년보'(영문)에 수록된 장서 목록에 C. P. M'Ilraine, W. Paley, A. Barnes 등에 의한 같은 제목의 책이 있다.

이교국의 위인을 한 명 한 명 떠올리고는 그들의 언행을 하나 하나 헤아려봤습니다. 물론 예레미야에게 말 걸었을 때처럼 명확하지는 않았겠지만 하나님은 우리나라 사람에게도 똑같이 말을 걸었다, 하나님은 우리나라를 영광의 길 보여주심 없이 소외시킨 것이 아니다, 세계에서 가장 기독교적인 국민에게 하신 것처럼 몇 세기에 걸쳐 우리도 사랑하시고 돌봐주신 것이다, 라는 결론에 도달했습니다. 이 결론을 통해 한없는 위로를 받았습니다. 외국에서 전해온 신앙을 수용한 결과 약해진 애국심을 오히려 전보다 몇 백 배의 활력과 감동으로 소생시켰습니다. 우리나라 지도를 펼친 저는 그 위에서 울었습니다. 우리나라를 위해 기도했습니다. 러시아를 바빌로니아에, 차르를 네브카드네자르[295]에 빗대고는 우리나라 사람을 의로우신 하나님만이 구원해주실 수 있는 무력한 유대인에 빗대어 보았습니다. 낡은 영어 성경책에 다음과 같이 메모했습니다.

예레미야 3장 1-5절 그 누가 이러한 간청을 거역할 수 있겠는가

· ·

295. 신 바빌로니아 제국의 왕. 기원전 586년에 유대왕국을 멸망시키고 주민을 포로로 끌고 갔다(열왕기하 25장 1-7절).

예레미야 4장 1-18절 이는 슬픔의 말이다. 나의 조국이여, 나의 제국이여, 그대여, 유대인의 전철을 밟지 말지어다.

예레미야 4장 19-31절 북의 러시아는 우리에게 칼데아[296]가 아닌가? 등.

이때부터 2년 동안 예언서 이외의 성경 말씀은 거의 읽지 않았습니다. 그 결과 제 안의 신앙적인 사고가 변했습니다. 친구들이 제 신앙을 복음서의 기독교보다 유대교에 더 가깝지 않으냐고 평한 적이 있습니다. 허나 그렇지 않습니다. 저는 그리스도와 그 제자들을 통해 영혼을 구원할 수 있는 길을 배웠고 예언자들을 통해 우리나라를 구원할 수 있는 길을 배웠습니다.

병원 일을 시작하고 8개월, 저를 괴롭히는 '회의'감으로 인한 괴로움은 견딜 수 없을 지경에 이르렀습니다. 구출을 요청해야 합니다. 인자하신 원장님의 진단은 절대 휴식이었습니다. 기능이 둔화된 간장肝臟을 위해 아폴리나리스 물[297]을 조제해주었습니다. 현실주의자인 그의 견해란 정신적인 원인에서 오는 고민을 전부 그렇게 단정 지을 수는 없지만 대체로

• •
296. 네브카드네자르의 신바빌로니아 제국을 일컫는 말.
297. Apollinaris water. 독일의 레마겐(Remagen)에서 얻을 수 있는 탄산수.

소화기관의 상태가 건강하지 않다는 신호로 설명할 수 있다고 합니다. 원장님의 권고를 핑계 삼아 모국의 친구들이 있는 뉴잉글랜드를 방문했습니다. 익숙해진 땅이 아닌 낯선 땅을 새 기분으로 밟으면 '행운'이 찾아올지도 모른다는 생각이 들기도 했습니다. 갑작스런 '행운'을 기대하는 이교도적인 심성은 위기가 닥칠 때마다 그 정체를 드러냅니다.

병원과 병원이 있는 땅에서 사귄 좋은 친구들을 뒤로하고 아쉬운 마음과 함께 떠났습니다. 도중에 중단한 업무가 마음에 걸렸고 마음씨 좋은 원장님께 신세만 지고는 멋대로 계획을 변경해버린 점이 사무치게 후회되었습니다. 제 안에 '나를 사랑하는love-self' 경향을 완전히 탈피하지 못하는 한 '남을 사랑하는love-man' 사역인 자선사업philanthropy에 완전히 집중할 수 없는 저를 깨달았습니다. 제 경우라면 신체보다 영혼의 치료를 우선시해야 합니다. 자선사업만으로 제 영혼을 치료하기에는 무력했습니다.

그렇다고 '천사도 질투하는' 자선사업을 업신여기는 것이 절대 아닙니다. 드넓은 세계 어디에서도 쉽게 볼 수 없는 존경받아 마땅한 사역입니다. 이교도 전도 사역을 더 존경해야 한다고 주장하는 이도 있습니다. 육체가 그 위에 입는 의복보다 중요하듯 마찬가지로 영혼이 그 의복인 육체보다 중요하다고 생각하니까 그렇겠지요. 하지만 귤의 껍질을 벗겨

알맹이와 분리하듯 육체와 영혼을 분리할 수 있는 사람이 이 세상에 존재할까요? 육체를 통하지 않고도 영혼을 구원할 수 있는 사람이 있을까요? 육체밖에 모르는 돈벌이에 눈이 먼 의사가 영혼의 안식처 천국과 정반대의 극極에 있는 것처럼 "평안히 가라, 덥게 하라, 배부르게 하라"[298] 주의로 돈을 버는 교역자에게 천국은 먼 곳입니다. 만약 사랑을 뜻하는 두 그리스어의 의미 관계를 잘 아는 사람이라면 자선사업Philanthropy이 성애聖愛사업Agapanthropy이 되기도 한다는 사실을 놓치지 않겠지요. 중국의 성현은 '의醫는 인술仁術이다'라고 했습니다. 제 생각에 이교도에서 탄생한 복음서의 기독교도 이 말에 동의할 것입니다. 신학과 의학을 구별할 수 있는 자가 누구입니까?

298. 야고보서 2장 16절.

제8장 기독교 나라에서: 뉴잉글랜드의 대학 생활

애머스트대학(당시)와 학장 실리

저는 뉴잉글랜드를 이 눈으로 직접 보고 싶었습니다. 제게 기독교란 뉴잉글랜드에서 온 것이므로 기독교 신도가 되고 나서 생긴 내적 고통은 뉴잉글랜드의 책임이기 때문입니다. 비유하자면 뉴잉글랜드 땅은 제게 빚을 졌고 채권자인 저는 채무자를 찾아간 셈입니다. 보스턴에 도착한 뒤 일단 앤곶Cape Ann과 가까운 어촌[299]으로 가서 뉴잉글랜드의 블루베리나 양키풍의 생활과 행동에 익숙해지기 위한 시도를 해보았습니다. 2주간 동부 매사추세츠의 바위 많은 곳 위에서 기도에 몰두했

· ·
299. 글로스터(Gloucester). 우치무라는 이곳에 체재하며 *Moral Traits of the Yamato-Damashii*(전집1)를 집필.

습니다. 대서양의 파도소리는 장단 맞춰 함께 탄식해주었고
화강암 채굴소 소리는 경직된 제 마음을 대신 표현해주는
듯 했습니다. 다소 마음의 평안을 회복한 다음 보스턴으로
돌아왔습니다. 소가 지나다니는 시골 한 구석에 틀어박혀
2주 이상이나 지낸 것입니다. 그리고 코네티컷 강가로 향했습
니다.

그곳으로 간 목적은 한 대학[300]의 유명한 학장님[301]과 만나
기 위해서입니다. 고국에서 읽은 저서를 통해 그 학장님이
신앙심이 깊고 학식도 풍부한 분이라는 사실을 알고 있었습니
다. 우리 이교도 입장에서 학장님 같은 분이라면 풍부한 학식
을 잘난 체하고 까다로운 성격의 소유자라고 지레짐작하기
십상입니다. 신학박사(D. D)와 법학박사(L. L. D) 두 학위를
소지하고 있는 자가 굳이 서민들의 의문에 대답하고 서민들과
함께 슬퍼할 필요는 없으리라 생각했습니다. 보통 지식인이란
자들은 '진화'나 '에너지 보존' 같은 문제에 몰두하고 있지
않습니까? 그런 사람에게 이 작은 영혼을 위한 친절한 도움을
지나치게 기대해서는 안 된다고 생각했습니다. 만날 수 있다

· ·
300. 애머스트대학(Amherst College). 본장 표지 참조.
301. 실리(Julius Hawley Seelye, 1824-95). 목사, 교육자. 1887년부터 애머
스트대학 학장. 저서에 *The Way, the Truth, and the Life*, 1873(고자키
히로미치(小崎弘道) 역 『종교요론(宗教要論)』 1881).

는 연락을 받았습니다. 저는 딱히 구체적으로 바라는 바 없이 그저 먼발치에서 그분의 영광을 나눠받겠다고 결심했습니다.

낡고 더러운 행색에 주머니에 단돈 7달러를 구겨 넣고 가방에는 기번의 『로마 제국 흥망사』 5권을 챙겨 학장님 댁 현관 앞에 섰습니다. 친구[302]가 미리 제 이름을 학장님께 전해주었다고 들었기에 이 천한 젊은이의 방문을 미리 짐작하고 계셨을 것입니다. 저는 상상했습니다. 응접실로 안내받은 제가 플라톤을 방불케 하는 높은 지성과 위엄에 움츠러드는 그 순간을. 쉿! 그분이 오신다! 고결하신 그분을 맞이하기 위한 영혼의 채비를 갖춰라. 네 마음을 꿰뚫어보시고 네 정체를 간파하시고는 제자 삼으심을 거절하실지도 모르니. 문이 열렸습니다. 보아라, 저 인자하심을! 크고 당당한 체구, 눈물에 젖은 사자와 같은 눈동자, 환대하는 따뜻한 마음이 그대로 전해오는 악수, 넘치는 애정을 드러내는 고요한 한 마디 한 마디 — 이럴 수가! 상상과 전혀 달랐습니다. 어느새 사르르 녹아 평안함을 느끼고 있는 제 마음. 학장님은 기쁜 얼굴로 저를 지원해주기로 약속했습니다. 제 전부를 학장님께 맡기기로 결심했습니다. 학장님 댁을 나섰습니다. 그날 이후 제 기독교는 새로운 길로 나아가게 됩니다.

··

302. 니지마 조.

학교는 기숙사[303]를 무료로 제공해주었습니다. 가진 게 없는 저를 위해 학장님이 학교 직원에게 부탁해서 책상, 의자, 침대, 세탁용 대야 등 최소한의 생활에 필요한 비품들이 갖추어졌습니다. 제일 위층 방에 몸을 누인 저는 전지전능하신 하나님께서 모습을 보여주시기 전까지 절대로 이 방을 떠나지 않겠노라고 굳게 다짐했습니다. 하나님을 향한 목적을 지닌 제게 생활의 불편함 따위는 전혀 문제 되지 않았습니다. 전에 방을 썼던 사람[304]이 바닥의 카펫을 벗겨놓은 채 떠났습니다. 새로운 거주자는 새 카펫을 깔 여유가 없었습니다. 일부 서랍이 떨어진 책상을 물려받았는데 다리는 전부 튼튼했기에 문제 없었습니다. 한쪽 다리가 부러져 다리가 3개뿐인 낡은 의자도 물려받았습니다. 약간만 신체 밸런스를 조정하면 앉을 수는 있었기에 편안히 공부할 수 있었습니다. 침대는 목재 프레임의 고급품이었으나 삐걱거렸습니다. 침대 커버에 흔히 난킨무시南京虫[305]라 불리는 생물Cimex lectularius이 숨어 있었습니다. 저렴한 양키식 램프는 자비로 구입했습니다. 램프와 작은 세면기가 가구의 전부입니다. 하지만 펜과 잉크와 종이가 있습니다. 그리고 어떤 부족함도 채울 수 있는 기도하는 마음

● ●

303. 우치무라의 방은 기숙사 북동(4층 건물) 꼭대기 층.
304. 일본인 고야노 게이조(小谷野敬三).
305. (역주) 빈대.

이 있습니다.

이렇게 뉴잉글랜드의 대학 생활이 시작되었습니다. 미국, 영국 독자라면 대학 생활을 미주알고주알 쓰지 않아도 대강 아시리라 생각합니다. 대학생이 경험할 수 있는 모든 기쁨과 즐거움을 누렸습니다. 교수님들은 모두 좋은 분들이었습니다. 독일어 교수님[306]은 제가 아는 사람 중에 최고로 웃깁니다. 수업에서 괴테『파우스트』를 수강생들에게 읽혔는데 감정이입하면서 들려준 이야기가 『파우스트』라는 책에 대한 흥미를 유발했습니다. 이 비극이 준 충격은 마치 낙뢰와 같습니다. 지금도 성경과 함께 이 '속세의 성경'을 애독하고 있습니다. 역사 교수님[307]은 참으로 신사다웠습니다. 공평한 시선으로 과거를 보는 법을 가르쳐주셨으며 현재도 공평하게 봐야 함을 역설했습니다. 역사 강의에서 종교가 거론되는 일은 거의 없었고 '인류의 진보'가 주제였습니다. 하지만 제게 있어 역사 수업은 참된 신학 수업과 다를 바 없었습니다. 성서해석학 교수님[308]은 구약의 역사와 유신론에 관한 특별 강의를 저를

. .

306. 리처드슨(Henry B. Richardson). 우치무라는 1904년 4월 13일자로 리처드슨 교수에게 17년 만에 편지를 보냈는데 막 출간된 본서의 독일어역본도 동봉했다.

307. 모스(Anson Daniel Morse, 1846-1916). 1876-1907년 애머스트대학에서 정치학과 역사학을 담당했다.

308. 필드(Thomas P. Field). 우치무라 한 사람을 위해 강좌를 개설했다.

위해 개설해주었습니다. 이 선량한 노老 박사님은 항상 저를 배려해주었습니다. 특별 강의의 수강생은 저밖에 없었기 때문에 교수님과 저 이렇게 둘은 세 학기에 걸쳐 정기토론회를 가졌습니다. 교수님은 제 안에 잠재된 유교를 비롯한 이교주의를 끄집어내서는 성서에 쓰여 있는 척도에 맞춰서 재해석해주었습니다. 철학적 사고와 관련해서 저는 완전한 실패자였습니다. 연역적이고 동양적인 심성을 탈피하지 못한 제게 지각知覺과 개념을 중시하는 철저하게 귀납적인 사고는 익숙하지 않았습니다. 모든 귀납적인 사고란 딱히 구별할 필요조차 없는 자명한 사실 또는 같은 현상을 두고 철학자들이 심심풀이로 다른 이름을 붙인 것에 불과했습니다. 논리보다 직관을 통해 진리를 확립하는 우리 동양인에게 있어서 뉴잉글랜드에서 배운 철학은 제 안의 의심하는 마음과 정신적인 환상을 일소一掃하는 데 아무런 도움이 되지 못했습니다. 유니테리언주의를 비롯한 지적知的인 경향을 띠는 선교사들은 큰 잘못을 저지르고 있습니다. 왜냐하면 우리 동양인은 지적인 백성이므로 기독교로의 개종도 지적인 것이어야 한다고 가르쳤기 때문입니다. 하지만 우리 동양인은 시인이지 과학자가 아닙니다. 삼단논법의 미로를 따라간들 우리는 진리에 도달할 수 없습니다. 유대인은 '일련의 계시'를 얻어 하나님의 참된 지식에 도달했다고 들었습니다. 아시아인도 다를 바 없다고 믿습니다.

제게는 철학보다 지질학과 광물학이 더 재미있었습니다. 왜냐하면 재미도 재미지만 그 어떤 지식보다 소중하고 중요한 마음의 평안에 관한 지식을 제공해주었기 때문입니다. 결정학은 그 자체가 소중한 설교말씀이었습니다. 황옥석과 자석영의 각도를 측정함으로써 정신적 위로를 얻을 수 있었습니다. 당시 교수님[309]은 이 분야의 세계적인 일인자였습니다. 길가에서 주워온 돌멩이 하나만 가지고 수업 전체를 진행할 정도였습니다. 그럴 때마다 로쟈나 휘트마시 등 다른 수강생들은 교실 구석에서 기분 좋은 낮잠에 빠지지만 말입니다. 저는 교수님께 창세기와 지질학을 어떻게 조화시키면 좋을지 묻지 못했습니다. 그의 머릿속은 암석, 광물, 화석, 말발굽 흔적으로 가득 차 있었기 때문에 제가 궁금한 문제가 비집고 들어갈 틈이 없음을 이미 알고 있었기 때문입니다.

그 누구보다 가장 큰 영향을 준 사람은 바로 위대하신 학장님입니다. 그가 채플에 서서 찬송가를 지휘하고 성경을 읽고 기도를 하는 모습을 보는 것만으로 충분했습니다. 존경하는 학장님을 한번이라도 더 보기 위해 채플 예배를 단 한번도 '컷' 다시 말해 결석한 적이 없습니다. 그는 하나님과 성서와

• •

309. 에머슨(Benjamin Kendall Emerson, 1843-1932).

무엇이든 이루어지게 하는 기도의 힘을 믿었습니다. 성자와 같은 학장님이 기도를 올리고 있을 때 몰래 라틴어 공부에 열중했던 무지한 학우들은 천국에서 필히 후회할 것입니다. 다가올 하루의 전투에 임하기 전, 낭랑하게 울려 퍼지는 그의 목소리를 듣는 것이 가장 소중했습니다. 우리가 아버지 하나님을 열심히 섬기는 것 이상으로 하나님께서 우리를 사랑하신다, 온 우주보다 크고 위대한 하나님 은혜이기에 우리는 그저 마음을 열고 '쳐들어오는' 하나님의 애정을 받아들이기만 하면 된다, 우리 잘못을 책망할 수 있는 존재는 하나님밖에 없는데도 우리는 스스로의 힘으로 부끄럼 없는 깨끗한 존재가 되려 한다, 진정 자기 자신을 사랑하는 자라면 우선 자기 자신을 미워한 다음 타자에게 바쳐야 하므로 참된 자기중심적인 상태란 자기 자신을 미워하는 것이다, 등등 — 학장님은 수많은 귀한 가르침을 직접 언행으로 일깨워주셨습니다. 그분을 알게 되고 저를 지배하던 사탄의 힘이 차차 약해졌다는 사실을 고백합니다. 원죄와 원죄로 인해 발생하는 여러 죄들로부터 서서히 정화되어갔습니다. 대학 생활 2년(3학년으로 입학했기 때문에)을 마친 저는 천국으로 향하는 길 위에 서 있음을 깨닫게 되었습니다. 제가 실족하지 않게 되었다는 말이 아닙니다. 지금도 끊임없이 실족하고 있습니다. 자애로우신 아버지는 그 아들을 보내사 우리 죄를 사하여 주셨습니다. 저는 그 아들 예수 그리스도에 기댐을 통해 영원한 사랑 안에 있음을 깨닫게 된 것입니다. 일기를 보면 잘 아시게 될 것입니다.

대학 생활에 어느 정도 적응한 무렵 학장님이 한 선교사 대회에 저를 데리고 갔습니다. 이런 대회에 참가하면 기독교 나라의 기독교 나라다움*christianness*을 여실히 느낍니다. 이교국 에는 이와 비슷한 대회나 모임이 없습니다. 우리는 타인의 영혼 따위 신경 쓰지 않기 때문입니다. 다른 나라 사람에게 은혜로운 복음을 전하는 방법을 알기 위해 지적인 남녀 1만여 명이 서너 개로 나뉜 광장을 가득 메웠습니다. 인파의 풍경부 터 인상적이었습니다. 개중에는 쇼를 보러 온 사람이 많았는 데 스스로 쇼가 되기 위해 온 사람도 적지 않습니다. 쇼의 구경거리가 되는 사람 입장에서 생각해도 이교도에게 전도하 기 위한 사업이라면 그 사업을 위한 구경거리가 될 가치는 충분합니다. 세상의 쇼 중에서 가장 숭고하고 신성한 쇼가 전도를 위한 쇼입니다. 이른바 전도 쇼에는 나라에서 가장 두뇌가 명석하며 침착한 사람들이 참가합니다. 전도에 열정적 인 남녀가 단상에 서서 전도를 위해 고생한 흔적과 주름이 가득한 얼굴로 카피르인[310], '호텐토트인'과 겪었던 도덕적인 결투를 이야기합니다. 그러면 단순한 쇼를 넘어 이야기를 듣던 우리 마음도 불타오릅니다. 비기독교 나라인 우리나라 사람에게 추천합니다, 만약 기독교 나라의 전도 쇼를 볼 기회가 있다면 놓치지 마세요. 후회하지 않습니다. 제가 보증합니다. 여러 의미에서 이 쇼를 볼 가치가 있습니다. 쇼를 직접 보면 기독교 나라가 왜 위대한지 깨닫게 되며 더불어 왜 자신의 나라가 초라한지도 깨닫게 될 것입니다. '기독교 신도의 잔학성'을 당당하게 떠들지 못하게 될 수도 있습니다. 전도 쇼가 주는 격려를 여러분께서 아셨으면 합니다.

그런데 쇼 참가자 가운데 가장 고초를 겪는 존재는 마침 그 자리에 있던, 이교도에서 기독교로 개종한 자의 표본으로 지목받는 사람들입니다. 이들이 서커스 공연을 위해 길들여진 코뿔소인 양 마구 이용됩니다. 단상에 세워지고 구경거리로 전락합니다. 실로 굉장한 구경거리가 아닐 수 없겠지요! 얼마 전까지 나무와 돌 앞에 머리를 조아렸던 사람들이 이제는 백인들과 같은 신을 믿는다며 신앙을 고백하고 있으니 말입니다! "어떻게 개종했는지 얘기해주세요"라는 외침. "단 15분 이내로. 더 길면 곤란해요. 이어서 신학박사님이신 모某 대선생님이 전도 방법과 수단과 원리를 말씀해주실 예정이거든요." 길들여진 코뿔소는 살아 있는 예가 됩니다. 칠판에 써서

••
310. 남아프리카의 원주민.

설명하는 예가 아닙니다. 현장에 끌려 나온 실물입니다. 기꺼이 군중들을 위한 노리개가 되기로 한 코뿔소는 구경꾼들의 명령에 복종합니다. 안쓰러워서 차마 눈뜨고 보기 힘든 태도로 동물이기를 포기하고 인간처럼 생활하기 위해 어떻게 했는지 고백합니다. 그런데 구경거리로 이용당하기를 원치 않는 코뿔소도 있습니다. 그 코뿔소들은 군중의 구경거리로 전락해서 마음의 평안을 잃어버리기를 원하지 않습니다. 코뿔소가 동물 생활을 그만두기 위해 어떤 우여곡절을 거쳤는지 모든 군중이 이해해주지는 않기 때문입니다. 이 코뿔소들은 무리들과 떨어진 외딴 곳, 하나님의 푸른 들판을 묵묵히 혼자서 걸어가기를 원합니다. 하지만 서커스 흥행사興行師들이 이들을 곱게 볼 리가 없습니다. 흥행사들은 특별한 목적을 위해 더 다루기 쉬운 살아 있는 예(대체로 매우 어렵니다)를 인도 정글에서 끌고 옵니다. 그들을 데리고 전국을 순회하며 주일학교 아이들에게 보여주기도 하고 설교단에 세워 노래를 부르게 하기도 합니다. 이런 방식으로 사람들이 전도 사업에 관심을 가지게 하는 것입니다.

코뿔소에서 인간으로 거듭난 자로서 전도 서커스 흥행사분들께 고합니다. 코뿔소를 더 배려해주시기 바랍니다. 이래서는 길들여진 코뿔소를 망쳐버릴 뿐입니다. 그리고 필요한 자양분을 가장 쉽게 얻을 수 있도록 길들여진 코뿔소 흉내를

야생 코뿔소에게 시키는 셈입니다. 게다가 기독교의 전도
사업에 관해 그릇된 생각을 퍼뜨릴 우려도 있습니다. 바울과
바르나바가 디도나 디모테오와 같은 자들을 예루살렘에 데리
고 간 것[311]이 이교도의 노래를 시키고 반도 알아듣기 힘든
언어로 '어떻게 우상을 불에 던지고 복음에 기댈 수 있었는가'
를 말하게 하기 위함이었습니까? 그런 내용을 성경에서 읽은
적은 없습니다. 저 위대한 사도께서 뜨겁게 이방인을 변호하
사 하나님 백성들이라고 이방인보다 나은 점은 없으며 죄인이
자 하나님 영광을 입지 못했다는 점에서 둘은 같다는 이야기는
읽은 적 있지만 말입니다. ─ 이러한 경험을 통해 저는 바울의
마음 혹은 바울과 같은 마음을 가진 자는 이교적인 것을 노리
개로 삼거나 '동정'의 대상으로 삼으면 안 된다, 스스로의
상태를 올바르게 판단해서 이교도를 헤아릴 줄 알아야 하고
이교도적인 것에게 경의를 가지고 기독교적인 친절을 베풀
줄 알아야 한다고 마음먹게 되었습니다. 인도 청년에게 민족
의상을 입히고 모국어인 팔리어로 토플레디의 찬송가를 부르
게 해서 모은 헌금 따위 오랑우탄을 길들여 재주부리게 해서
모은 돈 정도의 가치뿐입니다. 제발 부탁드립니다, 바리새인

· ·

311. 갈라디아서 2장 1절. 디도는 그리스인, 디모테오는 아버지가 그리스
      인.

242

같은 군중들의 프라이드에 호소하여 그들이 이교도보다 나은 존재인 양 보여주는 방식으로, '본국의 기독교 신도'에게 '그들을 불쌍히' 여기게 하는 식으로 행하는 쇼를 전도 사업이라 부르지 마십시오. 훌륭한 선교사란 모름지기 그들이 파견된 땅의 백성들의 말과 존엄을 지지하는 법입니다. 훌륭한 선교사라면 그 나라의 애국자의 심성과 동일합니다. 즉 기독교 나라 백성들 앞에 우상 숭배라는 이교도의 타락한 면면을 일부러 드러내는 것이 바람직하다고 여기지 않습니다.

이교도의 어둠을 기독교 신도의 빛에 대조해서 얼마나 어두운지 드러나게 하는 방식에 전도의 근거를 구하는 사람도 있습니다. 그들이 그린 지도는 이교도 구역을 까맣게 칠하고 개신교 신도 구역을 하얗게 칠합니다. 전도 관련 잡지, 평론, 통신 등은 이교도의 사악함, 타락, 꺼림칙한 미신 기사로 빼곡합니다. 이교도의 고결함, 독실한 신앙, 그리스도와 쏙 빼닮은 성격 등이 지면에 등장하는 일은 없습니다. 우리 이교도라면 종종 경험하는 일인데, 전도 집회에서 우리 이교도 나라에도 존재하는 도덕적인 면을 많이 이야기하고 반면에 이교도적인 면을 적게 이야기하면 동의를 얻지 못합니다. 이렇게들 말합니다. "만약 당신네 나라 사람들이 그 정도로 훌륭하다면 선교사 보낼 필요 없는 거 아닙니까?" 대답하겠습니다. "여러분, 그 누구보다 절실하고 간절하게 기독교를 찾는 자는 이처럼 도덕적입니다." 만약 우리 이교도가 긴팔원숭이나 침팬지보다 나을 게 없는 존재라면 기독교 신도는 그들의 전도 사업이 완전히 실패했음을 인정하고 전도 사업을 접는 편이 낫지 않을까요? 옳은 것과 그릇된 것, 진실과 거짓을 구분할 수 있는 이교도이기에 예수님의 십자가 밑으로 자발적으로 이끌리는 것입니다. 오직 '이교도를 불쌍히 여기는 마음'이라는 동기로 발현되는 전도는 선교사를 파견하는 쪽도 파견당하는 쪽도 더 피해를 입는 일이 없도록 지원을 완전히 끊는 편이 낫다고 믿어 의심치 않습니다.

(1886년) 3월 1일 — 하나님은 불쌍히 여기는 자에게 실질적인 것을 보내주신다. 타인의 의견에 기댄 사변을, 상상의 소산인 환상을 보내주시는 것이 아니다. 바람 따라 휘날리지 않는 진실로 실질적인 것이다.

3월 8일 — 내 인생에서 매우 중요한 날. 속죄의 그리스도가 지닌 힘을 오늘보다 더 강하게 느낀 날은 없다. 여태껏 마음에 짐을 지운 모든 곤란함을 해결하는 열쇠는 하나님 아들의 십자가 안에 있다. 그리스도가 내 모든 죄를 사하시고 타락하기 이전 원인[312]原人, first man의 순수함과 무구함을 되찾을 수 있게 해주신다. 이제 나는 하나님 자녀이다. 예수님을 믿고 섬기는 것이 내가 할 일이다. 예수님 계시기에 하나님께서 나에게 무엇이든 응답해주시는 것이다. 하나님은 당신의 영광을 위해 나를 쓰시고 최후에는 천국으로 구원해주실 것이리라.

'철학적' 사고를 중시하는 독자라면 경멸까지는 아니라도 일종의 동정심을 느끼며 이 일기를 읽을지도 모르겠습니다. 새로운 과학이 세상에 속속 등장해서 루터, 크롬웰, 버니언[313]의 종교는 과거의 '전설'이 되어버렸다고들 말합니다. 육신이 죽는 구세주를 믿어 생명을 얻는다는 신앙 따위 '이성적 사고에 반한다'고들 말합니다. 그렇게 떠드는 사람들과 굳이 논쟁할 생각은 없습니다. 그렇게 떠드는 자들이 '전능하신 하나님 앞에서 책임질 수 있는 영혼'의 문제로 고통스러운 번민에 휩싸일 일은 없겠지요. 그들의 바람이 흔히 인생이라 부르는 인간 존재의 짧은 한 컷의 범위를 넘어서는 일은 없겠지요. 그 사람들에게 전능하신 심판자란 사회라 부르는 인간의 습성을 뛰어넘지 못하는 것, 사회에 '잘 어울린다'고 인정받음을 통해 그들은 그들이 바라는 모든 평안과 평화를 얻을 수 있겠지요. 그렇습니다, 십자가에 못 박히신 구세주는 남녀 불문하고 영원을 갈망하는 자, 스스로의 내면을 심판하는 우주의

· ·

312. 에덴동산에서 추방당하기 전의 아담과 하와.

313. John Bunyan(1628-88). 영국의 종교문학자, 목사. 『천로역정The Pilgrim's Progress』, 1678-84가 대표작.

영혼을 가진 사람들에게 필요할 뿐입니다. 이들에게 루터, 크롬웰, 버니언의 종교는 전설이 아니라 진실 중의 진실입니다.

십자가에 못 박히신 하나님의 아들을 받아들임으로써 발생한 내면의 상승과 하강을 여기에 전부 밝혀 독자 여러분을 혼란시킬 생각은 없습니다. 하강도 있었습니다. 하지만 상승에 비하면 미비합니다. 제 마음은 오직 하나에 집중했습니다. 제 모든 영혼이 그 문제에 매달렸습니다. 밤낮 그 문제만 생각했습니다. 석탄이 든 바구니를 들고 지하실에서 제일 위층의 제 방으로 나를 때조차도 그리스도와 성서와 삼위일체와 부활과 관련된 문제에 대해 생각하고 또 생각했습니다. 어느 날은 들고 있던 두 바구니(균형을 맞추기 위해 두 개씩 나릅니다)를 중간에 잠시 내려두고 그 자리에서 감사 기도를 올린 적도 있습니다. 시간과 장소는 상관없습니다. '석탄산'에서 석탄을 들고 올라가는 도중 삼위일체에 관한 새로운 설명을 계시받았기 때문입니다. 방학이 되고 천국이 찾아왔습니다. 다른 학생들이 엄마를 찾아 귀성하고 텅 빈 대학 언덕에 저 그리고 우리 엄마이신 하나님의 상냥하신 영靈 이렇게 둘만 남았습니다. 클래스 대항 스포츠 시합의 응원 소리와 이교적인 소란스러움으로 항상 시끌시끌했던 언덕이 시온[314]으로 변모했습니다

314. 신전이 있는 예루살렘의 산이라는 의미에서 파생되어 하나님의

다. 사탄이 저를 혼자 내버려두는 시간이 되면 바다 건너 그리운 내 고향, 은혜로운 조국이 떠오릅니다. 그곳에는 교회도 있고 기독교 대학도 있습니다. 물론 제 상상에 불과하지만요. 하지만 마음의 위로가 되는 이러한 상상이 떠오를 때마다 그 장면을 우리나라 사람들을 위한 복음의 메시지로서 새겨둡니다. 한가한 때 모든 시간은 어떤 제국 그리고 그 제국의 국민에 대한 상상으로 가득 찹니다.

5월 26일 — 이 세상에 악보다 선이 훨씬 더 많다는 사실에 깊은 감사. 작은 새, 풀과 꽃, 태양, 공기 — 참으로 아름답고 눈부시고 향기롭구나! 그런데도 인간이란 맨날 악에 대한 불평불만만 잔뜩 늘어놓는다. 필요한 건 오직 하나, 세상을 낙원으로 만드는 것. 그것이 예수 그리스도의 종교이다.

조금씩 낙천주의자로 나아가고 있습니다. 이날은 내 한 몸 덥힐 스토브 하나 없이 뉴잉글랜드의 엄동설한을 버텨낸 직후입니다. 그리고 다음 학기 수업료로 낼 돈이 바닥났을 때이기도 합니다!

6월 3일 — 예정설에 대해 배웠다. 예정설의 중요성이 나를

수도를 뜻한다.

움직였다. 마음이 기쁨으로 춤춘다. 유혹이 물러감을 느끼고 내 마음 속 고결한 품성이 감동을 받아 뜨겁다. 만약 세상이 창조되기 전에 나도 하나님의 상속자로 정해진 존재라면 하나도 두려울 게 없다. 유혹자의 힘 따위 이겨내리!

한때 큰 부딪히는 돌로 내 앞을 막아섰던 교의가 이제는 신앙적인 모퉁이의 머릿돌[315]이 되었습니다. 예정설의 교의가 머릿돌의 목적을 가지고 선포되었음을 믿습니다. 하나님을 기쁘게 하기 위해 최선을 다하는 가운데 스스로가 선택받은 자인지 불안해하는 사람이야말로 반드시 선택받은 존재 안에서 그 자신을 발견할 수 있으리라 믿습니다. 선택받지 못한 자가 이와 같은 문제로 스스로에게 고통을 주는 일은 없기 때문입니다.

6월 5일 — 아, 모든 기독교 신도를 겸허하게 만드는 사상이여! 만약 내가 선택받았다면 어떤 가치가 있어서일까! 매일 죄를 저지르고 있음을 잊어서는 안 된다!

철학자 친구라면 "부러운 망상이다!"라고 하겠지요. 그러나 그다지 부러울 것도 없습니다. 하나님께 선택받은 존재의

· ·
315. 건축할 때 맨 구석에 놓아 기초로 두는 돌. 시편 118편 22절에 '건축자가 버린 돌이 집 모퉁이의 머릿돌이 되었나니'라 되어 있다.

운명이란 지상에서 가장 비참하기 때문입니다. 만약 하나님이 철학자 친구를 선택하려 한다면 그는 분명 거절할 것입니다. 날마다 죽는 것[316], 이것이 하나님의 선택입니다. 철학자 벗이여, 그래도 만족할 수 있겠는가?

6월 15일 — 내 영혼의 구원과 내 환경 그리고 재산 상태는 아무 관계가 없다. 행여 황금에 '파묻혀' 있다 한들 내 영혼에 아무 변화도 없을 것이다. 행여 최고로 엄숙한 금욕주의자의 길을 걷는다고 해도 내 영혼은 굶주린 야수와 다를 바 없으며 헌신을 자랑할 것이다. 성령께서 직접 마음에 닿아주시지 않는 한 절대 회심이 일어날 수 없다. 아아, 이 얼마나 위로를 주는 사상이란 말인가! 육체를 고되게 하는 빈곤이 개탄스럽다, 영혼의 구원이 위험에 처하는 부유함이 겁난다. 아니야! 구원은 하나님이 하시는 일이다. 그 누구도 그 무엇도 내가 어떤 상황에 처하더라도 하나님이 허락하신 구원을 빼앗을 수 없다. 저기 있는 산의 존재함보다 더 확실한 사실이다.

로마서 8장 38-39절을 제가 해석한 내용입니다. 가난한 자들아, 어깨를 떨구지 마라. 하나님 은혜가 네게 충만할 지어다. 부유한 자들아, 겁내지 마라. 하나님은 바늘구멍으로 낙타를

· ·

316. 고린도전서 15장 31절에 '나는 날마다 죽노라'고 되어 있다.

통과시키시는 분이다.

7월 31일 — 어젯밤 심한 뇌우雷雨. 그때 영원한 생명을 고뇌하며 내 안의 약함과 싸우고 있었다. 갑작스런 섬광과 천둥소리는 내 안의 '육肉의 요소'를 도려냈다. 나는 번개를 맞고 편안하게 누워 있는 모습을 꿈꿨다. 태어나서 처음으로 요동치는 뇌우를 즐겼다.

원래 천둥번개를 싫어했습니다. 머리 위에서 천둥이 치면 최후의 시간이 도래한 것이 아닌가 생각했습니다. 이교도 시절에는 모든 수호신들께 도와달라는 기도를 올렸습니다. '하늘의 노여움'에서 벗어날 수 있는 가장 안전한 장소인 모기장으로 피난했습니다. 기독교 신도가 되어서도 마찬가지, 구름 속 '신이 으르렁'거릴 때마다 제 신앙은 시련에 봉착했습니다. 그러나 이제는 하나님 은혜로 천둥과 맞설 수 있습니다. 십자가에 못 박히신 예수님의 계시를 받은 이후 마음에서 모든 공포가 사라졌기 때문입니다. 속으로 외쳤습니다. '천둥아, 날 쳐라! 나는 끄떡없다.'

8월 16일 — 예수님 영접함으로써 얻은 환희와 평안이여. 고독하기에 얻은 환희. 친구 없는 신세이기에 얻은 환희. 죄가 깊기에 얻은 환희. 내 영혼아, 이 고귀한 진리에 모든 주의를 기울여라!

　'단순한 수사적修辭的인 대조'에 불과하다고 비판자들이 말하겠지요. 허나 문장론을 신봉하는 벗이여, 그렇지 않다네. 우리 기독교 신도는 자기 안의 깊은 죄에도 기뻐할 수 있습니다. 인류의 향상이라는 측면에서 아담의 타락보다 더 도움되는 일은 없었다고 철학자 라이프니츠[317]가 말했습니다. 지렛대로 죄에 대해 설명할 수 있습니다. 받침점은 하나님 아들, 그 지렛대의 힘점에 죄가 작용하면 작용점에 있는 우리가 하나님 계신 곳에 도달할 수 있습니다. 마르쿠스 아우렐리우스[318] 같은 사람은 도달하기 힘든 높은 곳에 다다를 수 있는 것입니다.

　9월 13일 — 고요하고 아름다운 저녁. 저녁 식사를 위해 나서려는 순간 문득 내가 육flesh으로 죽으면 악마도 나를 공격하지 못하리라는 생각이 스쳤다. 이러한 '죄의 죽음'은 자기 안의 죄가 깊음을 직시해서가 아니라 십자가에 못 박히신

· ·

317.　Gottfried Wilhelm Leibniz(1646-1716). 독일의 철학자. 여기서 우치무라는 아담의 타락이라는 악도 인류의 향상을 위해 결국은 도움이 되었다고 설명하는, 하나님이 창조한 세계에 대한 라이프니츠의 예정조화설을 언급하고 있다.

318.　Marcus Aurelius Antoninus(121-80). 로마 황제(재위 161-80). 『명상록 Ta eis heauton』으로 유명.

예수님을 우러러봄으로써 성취할 수 있다. 나를 사랑하시는 예수님 덕분에 정복자보다 더 높이 올라갈 수 있는 것이다. 이런 생각으로 홀가분해진 나는 그날 쌓인 마음의 짐을 모두 털어버릴 수 있었다. 벅차오르는 감사. 주님을 향한 성찬 예식으로 이 날을 축복하고 싶어졌다. 들판의 개머루로 주스를 짜 작은 그릇에 담았다. 비스킷 한 조각도 준비했다. 주스와 비스킷을 깨끗이 씻은 손수건 위에 놓고 감사 기도를 드렸다. 감사하는 마음으로 주님의 몸과 피를 먹었다. 엄숙했다. 앞으로 또 성찬 예식을 올리겠다.

"성찬식을 농락하다니 천벌을 받을 지어다!" 교회주의나 교황주의적 입장인 자가 보면 이렇게 말하겠지요. 로마 교황과 그 일파의 사제들은 왜 제가 올린 예전禮典에 반대합니까? 그대들과 똑같은 인간이 주님 돌아가심을 기념하는 권리를 왜 인정하지 않습니까? 만약에 교황에게 성찬 의식을 성별聖別하는 독점권이 없으며 기독교 대리직[319]이 상상의 산물이라면, 당신의 '사도전승使徒傳承'[320]을 당신은 무슨 권위를 통해 입증할 수 있습니까? 세례 받고 기독교 신도가 되어 복음주의교회[321]

••

319. 교황직을 그리스도의 대리로 보는 가톨릭적 사고.
320. 가톨릭 등에서 주교의 가르침과 기능을 그리스도가 사도에게 내린 가르침이 계승된 것으로 보는 사고.
321. 개신교 교회.

회원이 되려는 일본인 지인이 있었습니다. 어느 성직자에게 세례 받았냐고 물으니 '하늘'이라 대답했습니다. 실상을 말씀 드리겠습니다. 어느 여름 오후 그는 스스로의 죄를 자각하게 되어 십자가에 못 박혀 돌아가신 예수님께 용서를 구하고 싶어졌습니다. 장엄한 기분에 휩싸인 그는 성스러운 세례를 받고 싶었습니다. 하지만 그가 사는 지역에서 25마일 이내에 '자격 있는 목사님'은 한 분도 없었습니다. 그런데 바로 그때 여름 더위를 식혀주는 소나기가 내렸습니다. 하늘이 성스러운 의식에 나를 초대하신다고 그는 느꼈습니다. 망설임 없이 빗속으로 뛰어든 그는 경건한 마음으로 '천수天水'에 온몸을 흠뻑 적셨습니다. 이 방법을 통해 세례를 갈구하는 그의 양심 이 만족을 얻었습니다. 이날 이후 그는 우상을 숭배하는 같은 나라 사람들에게 기독교 신자임을 고백하게 되었습니다. 저는 성찬의 빵과 황금 성배에 경의를 표하는 자들을 방해할 생각은 없습니다. 마찬가지로 제가 원하는 방식으로 행하는 성찬 의식을 방해받고 싶지도 않습니다. 하나님이 가장 중요합니다. 하나님을 영접하고 섬기는 길은 각자 다릅니다. 간섭받지 않는 자유를!

11월 24일 — 추수감사절[322] 휴가 시작. 상쾌한 꿀잠에서 깨어보니 먹음직스러운 빨간 사과가 있다. 깜짝 놀랐다. 이름

모를 친절한 친구가 쓸쓸한 내 영혼을 위로하기 위해 두고 간 것이 틀림없다. 이 어찌나 친절한가! 영혼이여, 오늘을 잊지 말라! 아무리 사소한 친절이라도 이 사과가 수백 달러의 선물보다 마음을 울린다. 보이지 않는 곳에서 나를 생각하고 관심을 가지고 있는 미지의 사람들이 존재함을 깨달았다. 즐거운 오늘 하루! 머리를 조아리고 기쁨의 눈물로 감사 기도를 드렸다.

아직도 누구인지 모르는 그 사람에게 축복을 내려주시옵소서.

11월 26일 — 데이비드 브레이너드[323]의 묘지 방문.

11월 28일 — 데이비드 브레이너드의 전기를 읽었다. 그의 일기를 읽고 있자니 마치 나의 일기를 읽고 있는 착각이 들었다. '내 안의 모든 인고가 참기 힘든 것은 하나님이 그 얼굴을 숨기고 계시기 때문이다'라는 구절에서 복받친 나머지 소리 내어 울어버렸다. 하나님이 안팎에서 단련시키는 사람이 나

• •

322. Thanksgiving Day. 당시에는 11월의 마지막 목요일, 1941년 이후에는 11월 네 번째 목요일로 국경일.
323. David Brainerd(1718-47). 미국의 전도사. 원주민에게 전도활동을 한 것으로 유명.

혼자가 아니라는 사실을 깨닫고 큰 위로를 얻었다. 데이비드 브레이너드와 같이 축복받은 시련을 거친 영혼과 천국에서 교제할 수 있기를 희망했다.

12월 4일 — 오전 학장님 수업 시간에 내가 어떻게 기독교를 진리로 받들게 되었는가에 대해 간증했다. 그리스도를 통해 조화를 얻어 어떻게 '도덕적 분열'을 극복했는지 있는 그대로 고백했다. '내가 할 수 있는 건 이것뿐이다. 하나님 도와주세요'라는 루터의 말[324]로 간증을 끝맺었다. 하나님께서 간증이 무사히 끝맺도록 이끌어주셨다. 정직하고 양심적인 일을 해냈다는 기분으로 하루를 보냈다. 영혼이여, 네 존재란 하나님께서 행하신 일의 '증인'에 불과함을 명심하라! 네 하찮은 지성이 만들어낸 네 것을 세상에 떠들지 말라. 주님을 신뢰하라. 주님의 뜻에 따라 구원받으라.

진실된 기독교 신도가 그러하듯 존경하는 학장님은 '이교도 개종자'를 배려하고 신경써주었습니다(제 경험이 증명합니다). 예전 1859년에 저와 같은 나라 출신의 기독교 신도가 학장님 댁에서 하룻밤 머무른 이야기를 들었습니다. '이방인

· ·

324. 1521년에 칼 5세가 소집한 보름스의 제국 회의에서 루터가 심문 받을 때의 맺음말.

귀가 복음을 들었다'는 엄숙한 사실에 감동한 학장님은 한숨도 자지 못했습니다. 행여 학장님이 개종한 이교도를 과대평가하는 것이 아닐까 신경이 쓰였습니다. 그래서 어느 날 학장님께 제가 기독교 신도라는 이유만으로 원조해주시는 것이라면 더 이상 기대지 않겠다고 솔직하게 고했습니다. 그렇다고 학장님이 저를 길들인 코뿔소 표본으로 삼을 생각이 아님을 잘 알고 있었기 때문에 학장님 수업과 기도회를 위한 일이라면 언제나 기쁘게 도왔습니다. 그날의 간증에서 선조 대대로 내려오는 신앙에 의지함 없이 어떻게 기독교를 받아들이게 되었는가를 고백하기로 되어 있었습니다. 저는 솔직히 털어놓았습니다. 제가 솔직했고 정직했기에 좋았다고 자부합니다.

12월 5일 — 하나님 섭리가 우리나라 국민들에게도 미치고 있다. 넘치는 감동. 만약 모든 좋은 선물이 하나님께서 주시는 것이라면, 누구나 칭찬하는 우리 국민들의 심성에는 하나님으로 말미암은 부분이 반드시 존재한다. 우리에게 주어진 선물과 은혜를 가지고 하나님을 위해 그리고 이 세상을 위해 힘써야 한다. 20세기가 넘는 세월 동안의 훈련을 거쳐 형성된 우리 국민의 심성이 유럽이나 미국 사상의 영향으로 급변하기를 하나님은 원치 않으신다. 기독교의 미덕이란 하나님이 각 나라 국민에게 부여하신 독자적인 심성을 성화聖化시킬 수 있다는 점에 있다. 이름이 J–인 나라 또한 하나님 백성이다. 은혜로운 용기가 솟는다.

12월 23일 — 하루 종일 학비를 고민했다.

당시 어디서 생활비를 마련했는지 궁금하신 독자도 계시겠지요. 몇 가지 방책이 있었습니다. 펜실베이니아에서 번 돈과 익숙지 않은 펜으로 쓴 글로 번 돈으로 첫 해는 그럭저럭 불편 없이 생활했습니다. 어느 날 성서해석학 교수님 F박사가 친구로서 건네는 돈이라며 100달러를 호주머니에 찔러주었습니다. 필요하면 "또 오도록"이라는 말과 함께. 부끄러운 이야기지만 그로부터 6번 정도 길들여진 코뿔소가 된 기분으로 약간의 수입을 얻었습니다. 크지 않은 액수지만 조국에 복음을 전하기 위한 목사를 지향하는 이교도 출신 개종자가 미국에서 생활하는 데 입을 것과 먹을 것에 전혀 불편함이 없었습니다. 오히려 편하게 생활했습니다. 제 생활을 보장해준 기독교 나라 미국에 경의를 표하고 싶습니다. 하지만 위선도 혼재합니다. 터키인, 그리스인, 아르메니아인, 인도인, 브라질인, 중국인, 일본인 중에는 굶주린 배를 하나님보다 더 사랑하는 자가 있습니다. 길들여진 코뿔소마냥 미국인 기독교 신도의 친절한 마음을 악용하는 치사한 무리들이 있기 때문입니다. 현지로 파견나간 선교사들이 '엉터리 자선'을 행하지 말라고 본국의 교회에 주의를 전달하기도 합니다. 그러니까, 미국에 있을 때 생활의 편의도 봐주고 교육도 시켜주었던 개종자들이 본국으로 돌아가는 배 위에서 복음을 바다에 내던져버리고는, 본국에서 관직을 얻는 등 악마적인 일에 발을 들여놓자마자 자국 이교도 사람들에게 기독교 나라의 험담을 늘어놓는다는 말입니다.

실은 양심적 개종자 입장에서 '엉터리 자선' 의심보다 더 싫은 것이 있습니다. 고국에 복귀한 양심적 개종자들은 기독교 나라의 자선 덕분에 그곳에서 배운 복음을 고국에 설파합니다. 그런데 말입니다, 양심적 개종자 및 그들이 전하는 복음을 보고 고국민들이 뭐라 하는지 아십니까? '저 복음에 돈이 딸려 들어온다'고 수군거리며 매도합니다. 불쌍한 개종자여! 수많은 희생 끝에 기독교가 베푸는 은혜를 입은 개종자여! 동포들을 기독교로 인도하기 위해서는 그 은혜마저 희생해야 합니다.

이와 관련해서 한 말씀 드리자면, 어쩌면 독립이야말로 가장 현명한 길입니다. 저는 독립하기로 굳게 결의했습니다. 우선 지출을 최소한으로 줄이고 부족한 음식과 낡은 옷이 주는 불편함은 신선한 공기와 성령으로 채웠습니다. 입학 후 1년 반 정도는 계획대로 흘러갔습니다. 하지만 뉴잉글랜드에서 두 번째 크리스마스를 맞이하는 그날의 제게 지폐[325]

한 장 금화[326]We Trust in God 하나 본 지가 오래였습니다. 진짜로 만나[327]가 하늘에서 떨어지기를 열심히 기도했습니다. 물론 그런 일은 없습니다. F박사님의 친절한 말이 떠올랐습니다. 기도와 함께 마음을 굳히고 눈과 늪지대와 숲속을 헤쳐 박사님 댁으로 향했습니다. 1킬로미터도 안 되는 길이 그날 밤 따라 어찌나 멀게 느껴졌는지! 댁 현관에 도착한 저는 서재의 등불을 우두커니 바라보았습니다. 들어가서 도움을 부탁할까? 눈을 맞으며 10분 넘게 고민했습니다. 종교에 의지해서 먹고 사는 저를 우리나라 사람들이 어떻게 생각할까요. 제 마음은 어두워졌습니다. 더 전진할 수 없었습니다. '잠깐만.' 저는 왔던 길을 되돌아갔습니다. 언덕 위 캠퍼스에서 유일하게 불빛이 새어나오는 제 방으로 쓸쓸히 걸어갔습니다. 도움을 부탁하는 것과 하지 않는 것 중에서 무엇이 더 좋을지 저울질 했습니다. 마침내, 우리나라 사람과 타국 사람 양쪽 모두의 오해를 살 바에는 배고픔 따위 참는 편이 낫다는 결론에 이르렀습니다. ─ 복음을 위하여.

* *

325. 1862년에 발행된 지폐. 뒷면이 녹색이라 Greenback으로 불렀다.
326. 1865년에 발행된 금화 이후 모든 경화(硬貨)에는 In God We Trust라 새겨져 있다.
327. 이스라엘 민족이 굶주릴 때 하나님이 주셨다고 전해지는 하늘에서 떨어지는 양식. 출애굽기 16장 31절 등.

1887년 1월 5일 — 밤, 금전적인 도움을 요청하기 위해 F박사님 방문. 온몸이 타들어가는 시련을 겪는 기분. 겨우 나 자신을 추슬렀다. 박사님은 너무나도 친절히 맞이해주었다. 크지 않은 액수지만 마련해주시겠다고 약속했다.

시련과 부닥치기를 미뤘던 것입니다. 크리스마스 연휴 내내 도움 받지 않는 생활에 최선을 다했습니다. 사실을 고백하자면, 현실과 타협한 저는 지방의 교회에서 길들여진 코뿔소 흉내를 두어 번 냈습니다. 그럼에도 불구하고 적자였습니다. 또 미국 기독교의 도움을 받을지 아니면 기숙사 아주머니 — 남편과 사별한 직후였는데 마음씨 좋은 분이었습니다 — 가 빌려준 돈을 갚지 않고 방치할지 딜레마였습니다. 고통스러운 딜레마에 허덕이던 때 하나님의 섭리가 도와주었습니다. 기대했던 만나가 아니라 '사상'의 형태로 하나님의 도움이 다가왔습니다. 이때 제게 다가와준 사상은 지금도 고귀한 가치를 지니고 있습니다. 졸린 눈을 비비며 우연히 손에 든 낡은 잡지 속 다음과 같은 구절이 눈에 들어왔습니다. 감미로운 미국 시인 애들레이드 A. 프록터[328]의 시입니다.

• •

328. Adelaide Anne Procter(1825-64). 영국(우치무라는 미국이라 하고 있다)의 시인. 여기 수록한 시는 우치무라가 『애음』(전집4)에 수록한 일본어역을 따랐다.

사랑을 위한 지성(至誠)의 마음으로

아낌없이 나누는 자는 위대하여라

그러나 사랑을 위해 움츠림 없이 받을 줄 아는 자의

더 큰 위대함을 칭송하리

이 시를 읽고 박사님께 청할 용기를 얻었습니다. 망설이면
서도 궁핍한 생활을 호소했습니다. 그렇게 온몸이 타는 시련
을 통과했습니다. 그로부터 며칠 후 우체국 정문에서 박사님
과 만나기로 했습니다. 그는 약속을 어기지 않았습니다. 사람
형체가 잘 분간되지 않는 어두운 저녁이었습니다. 마음씨
좋은 박사님은 친절한 격려의 말 두세 마디에 이어 제 호주머
니에 약간의 돈을 넣어주었습니다. 그러고는 곧바로 암흑세계
와 저를 뒤로하고 유유히 사라졌습니다. — 생활의 부자유가
해소되었습니다. 다시 영적인 진리라는 진주를 찾기 위해 물
속으로 뛰어들었습니다.

2월 5일 — 맑지만 쌀쌀한 바람. 내 정신세계에도 쌀쌀한
바람이 부는 날씨가 이어지고 있다. 마음에 타자를 향한 사랑
을 불어넣어서 온기를 더해 더 열심히 기도하려고 노력했다.
그러나 그 노력이란 한천寒天 아래의 숯불과 다를 바 없다,

부분적이고 일시적인 효과만 있을 뿐. 단 한번이라도 좋으니 마음에 온기를 더하는 성령님의 따뜻한 바람이 불어와주시기를. 그러면 내 사랑은 더 따뜻해지고 내 기도는 더 뜨거워지고 나는 더 쾌활해지고 내 정신은 더 충만해질 텐데! 노력하고 노력해도 우리는 비천한 죄인일 뿐. 우리 죄를 씻고 성스러워지기 위해서는 초자연적인 '도움'의 방문을 받아야 한다.

칼로 살을 베는 듯한 뉴잉글랜드의 추위는 힘겨웠습니다. 몸 안을 파고드는 추위에 아파서가 아닙니다. 추위는 금방 적응했습니다. 제가 얻은 귀중한 석탄이 하룻밤 사이에 동날 수밖에 없는 어떤 힘이 저를 힘겹게 했습니다. 몸이 온기를 채 흡수하기도 전에 기숙사 건물 벽돌이 고학생의 스토브가 내는 열을 몽땅 **빼앗아**버립니다. 그렇지만 아무리 추위도 정신적인 교훈을 얻을 수 있는 법. 싸늘하게 식은 방이란 성령님이 떠나가신 제 마음과 같습니다. 아무리 온기를 불어넣어도 싸늘함이 가시지 않습니다. 버뮤다 쪽에서 불어오는 상쾌한 바람은 성령님입니다. 이 바람이 불기만 하면 꽁꽁 언 만물이 녹고 고학생은 걱정에서 해방됩니다. 불어라 바람아, 꽁꽁 언 내 마음을 녹여다오.

4월 15일 — 아침 기도. 주님 앞에 나서는 것은 제 자신이 얼룩 한 점 없이 맑아서 타자를 사랑할 자격이 있는 사람이라서가 아닙니다. 주님을 통해 충만함을 얻고 그 충만함으로 더 열심히 기도하고 더 세상 사람을 사랑하고 주님 주신 말씀과 진리의 가르침을 더 얻고자 당신 앞에 서 있습니다. 주님을 통해 자라날 수 있게 하여주시고 모든 선과 은혜와 사랑의 샘이신 주님을 진정으로 얻게 되기를 간절히 바라옵나이다. 순종과 경건한 신앙과 순결함은 오직 주님이 주시는 것, 제 어떤 노력도 만들어낼 수 없습니다. 당신은 율법을 지키라 명령하십니다. 그것은 우리 스스로의 힘으로 율법을 따를 수 있기 때문이 아닙니다. 우리의 무능함을 스스로 깨달아 주님 이끄심을 얻고 주님을 얻기 위함입니다. 당신은 우리를 당신 곁으로 이끌어주기 위해 율법을 주신 것입니다. 주님, 너무나도 무능하고 타락한 존재인 제 자신을 알기에 당신의 생명으로 채워달라고 당신 앞에 서 있습니다. 저는 더럽습니다. 깨끗해지기 위해 당신께 기도드립니다. 제게는 신앙이 없습니다. 당신께서 신앙심을 내려주시옵소서. 선하심 그 자체이신 주님, 당신 없이는 암흑입니다. 제 더러움을 보시고 부디 제 죄를 씻어주시기를 간절한 마음으로 기도드리옵나이다. 아멘.

4월 23일 — 하나님께 특별한 힘을 더해주사 바라는 바가 이루어지게 해달라고 갈구하는 기도는 기독교 신도의 기도가 아니다. 기도란 영원하신 성령님과의 교신이다. 이 교신을 통해 이미 하나님 마음속에 있는 것을 바라는 기도를 올리게 되는 것이다. 하나님 힘이 작용해서 하게 되는 것이 기도이다. 이러한 마음가짐으로 올리는 기도는 하나님께 닿아서 들어주심이 틀림없다. 그러므로 기독교 신도의 기도는 예언이다.

이교도적인 사상으로 기도가 무엇인가 생각했던 때에 비해 상당히 발전된 사고라 할 수 있습니다. 그런데 안타깝게도 기독교 신도가 된 사람들 중에는 과거의 제가 가진 기도에 대한 생각과 다를 바 없는 사람이 아직 적지 않습니다. 과거에는 기도란 신을 설득해 자연의 법칙조차 바꾸게 할 수 있는 것이라 믿었습니다. 기독교 신도 중에도 그렇게 생각하는 사람이 많습니다. 내 영혼아, 그렇지 않다. 언제나 선하신 하나님 의지에 네 의지를 맞추어라. 그리하면 태양의 운행을 정지시켜서 더 많은 빛과 즐거움을 얻으려는 무의미한 기도를 멈추게 되리라.

이런저런 생각을 하는 사이 뉴잉글랜드의 대학 생활의 끝이 보였습니다. 무거운 마음으로 입학한 저는 구원의 주님을 영접하여 빛나는 영광을 얻고 졸업했습니다. 졸업한 뒤에도 더 많이 배웠고 더 많이 깨달았습니다. 허나 그 모든 배움과 새로움은 유서 깊은 대학의 언덕에서 보고 들은 내용을 확인한 것에 지나지 않습니다. 고국에서 세례를 받고 10년, 뉴잉글랜드에서 진정한 의미의 회심回心을 경험했습니다. 말 그대로 마음의 방향을 돌리게 된 것입니다. 주님은 대학이 있는 땅에서 귀중한 한 분 — 독수리 같은 눈매, 사자 같은 얼굴, 어린 양 같은 마음의 학장님을 통해 당신을 드러내셨습니다. 제 안의 성령과 제 앞의 규범과 제 주변의 자연 및 사물이 마침내 저를 정복했습니다. 물론 평생 정복당해야 합니다. 스스로에게 이기기 위해 헛된 노력을 하는 것이 아니라 위대한 우주의 힘을 얻어야 한다는 사실을 깨우쳤습니다. 이 세상의 보잘것 없는 신 — 인간은 전능하신 힘에 의해 비로소 정복당해서 복종하게 되는 것입니다.

대학에서 수확한 지적인 열매는 그리 여물지 않았습니다. 적어도 정신적인 수확에 비할 바가 못 되었습니다. 영혼의 구원에 마음을 집중하고 육체의 유지에 적지 않은 고생을 겪은 학생에게 현저한 학문적 진보를 기대할 수는 없는 노릇입니다. 그럼에도 불구하고 대학은 제게 매우 관대했습니다. 선과생選科生으로 입학했기에 정식 자격도 없는 이 몸을 양자로 받아 진짜 아들과 동일한 지위를 주었습니다.[329] 동기들은 제가 획득한 명예를 위해 함성yell 삼창을 해주었습니다. 제

• •

329. 이학사(Bachelor of Science).

운명은 신앙과 조국뿐만 아니라 우리 모교alma mater를 위해서도 고귀하고 당당하게 살아가야 하는 것입니다. 야구장 안에서는 예외지만 '대학 정신'이란 고결하고 기독교적인 정조情操입니다. 이 정신만 잘 지켜도 헛소문, 성직자처럼 보이는 복장 숭배, 대인공포 등 속세에 득실대는 비겁함과 비열함으로부터 몸을 지킬 수 있을 것입니다. 우리 대학의 정신이란 고결한 독립, 내용 없는 쇼에 대한 용감한 무시, 끈기 있는 진리 탐구, 반두뇌적인 종교anti-head-religion라는 말이 의미하는 정통적인 신앙으로 이해합니다. 세련된 이교도주의도 아니고 '가장 현세적인the greatest probability' 종교도 아니고 19세기적인 의미의 속악한 '성공'도 아닙니다. 제 인생에서 평생 겸허히 섬겨 기쁘게 해드려야 할 어머니가 한 명 더 생겼다는 사실에 감사드립니다. 부디 그 이름과 명예에 부끄럽지 않게 살게 하여주소서!

짧지 않은 두 달 간의 여름방학을 활달한 기숙사 생도들이 떠나고 쥐 죽은 듯 고요한 기숙사에서 혼자 생활하며 가을에 신학교[330]에 입학할 준비를 했습니다. 인생에서 가장 행복했던 시절입니다. 고요한 고독, 아름다운 자연, 끊임없이 임하시

• •

330. 제9장에 등장하는 코네티컷주 하트포드 신학교(Hartford Theologica
    l Seminary).

266

는 성령, 과거의 회고와 미래의 전망 — 언덕 전체가 포근한 하나님의 집 시온과 다를 바 없었습니다. 일기는 행복했던 나날의 한 장면입니다.

8월 27일 — 기분 좋은 맑은 날 — 평화. 시시각각 적적함을 느끼지만 하나님께 의지할 수 있다. 만약 지금 당장 하나님이 내 생명을 거두려 하시면 어떻게 할 거냐고 영혼에게 물어봤다. 영혼이 대답했다. '설령 하나님이 죽었다 하더라도 나는 기쁘다. 죽더라도 하나님 의지는 분명히 행해질 것이다. 하나님께 바친 영혼에게 있어서 기쁨이란 하나님 영광을 찬양함 뿐'이라고.

9월 12일 — A에서 지내는 마지막 날. 잊을 수 없는 하루. 2년간 겪은 수많은 갈등과 유혹을 떠올렸다. 그리고 하나님 도우심으로 죄와 연약함을 극복했던 많은 승리들과 하나님께서 주신 영광스러운 계시들을 세어보았다. 내 모든 생활은 새로운 방향으로 향하게 되었다. 이제 희망과 용기를 가지고 그 길로 나아갈 수 있다. 특별한 축복을 이 신성한 언덕에 내려주시기를! — 작별 인사를 고하기 위해 학장님을 찾아갔다. 존경하는 학장님 앞에 설 때마다 눈물이 맺힌다. 하고 싶은 말이 너무 많아서 아무 말도 못했다. 학장님은 격려의 말 몇 마디와 앞으로의 생활에 보태 쓰라며 100달러를 건네주었다. 떠나는 나를 마음으로 축복해주었다. 눈물이 앞을 가린 나는 제대로 대답도 하지 못했다. 내가 그분을 어떻게 생각하는지 주님은 알고 계신다. 학장님은 날 위해서라면 뭐든지 해주셨다. 지식을 주셨고 졸업장을 주셨지만 그것 말고도 더 많은 것을 주셨다. 게다가 금일봉을, 그분 말을 빌리자면 '잔액'이라는 명목으로 주시는 돈을 받은 채 학교를 떠난다. 영혼아, 주님이 금전과 은혜를 맡기거든 가난한 자와 어려움에 처한 자를 위해 네 지갑과 마음을 아낌없이 열어라. ─ 방에 돌아오니 참새 3마리가 안으로 날아 들어와 있었다. 오늘 밤 바깥 날씨가 거칠었기 때문이리라. 참새들이 벽에 강하게 부닥치며 날개를 파드닥거렸다. 나는 겁 많은 이 생물을 살포시 손에 품어보았다. 어두운 바깥으로 놓아줘도 괜찮을지 염려되었지만 참새 입장에서는 바깥보다 내 존재가 더 무서우리라는 생각에 굳이 실내에 그대로 두려 하지는 않았다. 인자하신 우주의 아버지가 보호해주시는 참새들을 방 밖으로 날려보냈다.

이튿날 대학을 떠나 신학교로 향했습니다.

제9장 기독교 나라에서: 신학과 접하다

애머스트대학 졸업 당시(1887년)

오랜 고민 끝에 신학교 학생이 되기로 결심했습니다. 이미 말씀드렸는데 저는 무사 가문에서 태어났습니다. 모든 현실주의자가 그렇듯 무사 또한 현학적입니다. 감상적으로 보이는 모든 것을 경멸합니다. 승려보다 비현실적인 인간은 없을 것입니다. 바쁘게 돌아가는 사회를 위해 승려가 제공하는 상품이란 그들이 감상sentiments이라 이름 붙인 것입니다 — 이 세상에서 가장 게으른 사람도 만들어낼 수 있는 영문을 알 수 없는 것. — 그들은 현실적이고 실질적인 가치가 있는 입을 것과 먹을 것 같은 것들을 감상과 교환합니다. 따라서 보시로 생활하는 승려를 보며 보시보다 명예로운 생활 수단이 검이라고 무사들은 믿었습니다.

승려가 되는 것 자체도 바람직하지 못한 마당에 행여 제가 기독교 승려가 되는 날이 오기라도 한다면 그 날은 제가 가진 운을 다 쓴 다음이 되리라 확신했습니다. 우리나라 같은 이교국에서 기독교 목사란 직접적 혹은 간접적으로 반드시 외국인의 원조를 받게 되어 있으며 교파와 관계없이 외국인 고위성직자bishops의 지배를 받게 됩니다. 이탈리아인 또는 프랑스인 성직자의 지배를 바라는 독일인은 아마 없겠지요. 마찬가지로 우리나라 국민 중에 외국 세력의 지배와 간섭을 바라는 사람은 없습니다. 자유방임주의Laissez faire나 등가교환Quid pro quo과 같은 경제 원리를 빌려 우리나라의 양심적인 명예에 대한 존중을 포기하는 것은 그 자체로 비열한 행위일 뿐더러 우리나라의 독립도 위험하게 됩니다. 사상이란 범세계주의적cosmopolitan 인 것, 세계 어디의 누구의 가르침도 기쁘고 감사하게 수용할 수 있습니다. 그러나 빵은 다릅니다. 제일 위험한 것은 마음의 속박이 아닙니다. 위장의 속박이 가장 위험합니다. 프랑스는 프리드리히 대왕의 마음을 속박했습니다. 하지만 독일을 프랑스 지배에서 해방시켰습니다. 프로이센은 볼테르[331]의 위장을 속박했습니다. 똑똑히 보십시오, 그의 비참함과 타락을. 물질

331. Voltaire. 본명 François-Marie Arouet(1694-1778). 프랑스의 문학자, 계몽사상가. 반교회적 계몽 활동을 전개했다.

적인 영역 안에서의 범세계주의야말로 가장 위험한 원리입니다.

그러므로 제 경우 기독교 승려 즉 성직자가 되는 것은 이중 속박을 의미합니다. 개인의 명예와 조국의 명예를 위해 목사가 되려는 생각은 추호도 없습니다. 솔직히 처음에 기독교 입신을 권유받은 순간 머릿속을 스친 첫 번째 걱정이 저를 목사로 만들려는 것은 아닌가 하는 생각이었습니다. 훗날 제 열광적인 신앙 활동이 기독교 신도 친구들의 주의를 끌게 되었지만 너의 사명이란 하나님 가르침을 세상에 전파하는 것이 아니냐는 친구들의 의견을 단호하게 부정했습니다. 직업적인 목사가 정말이지 싫었습니다. 목사가 되라고 권하는 친구에게 격분할 정도였으니까요.

그러나 목사라는 기독교 승려에 대한 편견은 고결한 인격을 소유하신 목사님들과의 만남을 통해 많이 누그러졌습니다. 뉴잉글랜드에서 수학한 대학의 위대한 학장님은 목사님이자 신학자입니다. 세례해준 감리교 목사님의 성품을 존경합니다. 행여 참지 못하고 성직자 계급을 비난할 때도 절대 이 목사님을 거론하는 일은 없습니다. 성서해석학 선생님 F박사님, 대학 목사님 B박사님 등은 ─ 절대 사기꾼humbugs도 아니고 허풍쟁이traders in wind도 아니었습니다. 목사님들이야말로 때로는 사회에 가장 큰 도움을 주는 사람들입니다. 훌륭한 목사는 그 존재 자체로 가치를 지닙니다. 목사란 이 세상에서 일정 역할을 맡고 있습니다. 아니, 위대한 업적을 이루고 있음을 깨달았습니다.

일반적인 의미에서 루터는 목사는 아닙니다. 하지만 루터야말로 진정한 의미의 목사가 아닐까요? 용감한 우상파괴자 존 녹스도 목사요 신학자가 아닐까요? 세계에서 가장 훌륭한 전사들 중 사상이 깊은 신학자도 있지 않습니까. 미국인이 아니라 영국인이지만 이상적인 신사이자 기독교 신도 존 햄던[332] — 그의 영웅적 행위가 심원한 신학적 확신의 소산이 아니고 무엇이겠습니까? 가스파르 드 콜리니[333] — 그가 사랑하는 프랑스를 위한 대개혁 계획을 세우는 데 신학이 아무 쓸모도 없었을까요? 설령 신학이 이 세상에서 가장 교활한 거짓말쟁이이자 가장 교묘한 위선자의 노리개, 마술부리는 술잔에 불과하다고 칩시다. 하지만 가장 위대한 지식인이 종사하는 분야가 신학입니다. 신학은 숭고한 영혼을 단련시키는 재료가 되기도 했습니다. 신학이라는 말의 어원에서 알 수 있듯이 신의 학the science of God이라면, 누구든지 스스로가

• •

332. John Hampden(1594-1643). 영국의 정치가. 왕권의 전제 정치에 반대해서 크롬웰 등과 함께 청교도 혁명에 참여하나 전사.
333. Gaspard de Coligny(1519-72). 프랑스의 군인. 위그노 전쟁 지도자. 성 바르톨로메오 축일의 대학살 때 사살 당했다.

진실된 아담의 자손임을 안다면 그러한 신의 학을 겸허히 배워야 하지 않겠습니까? 하나님 세계에 대한 모든 학문이 신학이 아니고 무엇이겠습니까. 만약 인간의 행동이 신의 학의 이끌림을 받지 못한다면 어찌 참된 진리에 도달할 수 있겠습니까? 영혼이여, 그러므로 너는 기꺼이 신학생이 되어라. 다윗이 성스러운 하나님 궤를 필리시테 사람 손에서 구출[334]한 것과 같이 신학을 위선자와 영혼의 돌팔이 의사 무리에서 구출하라. 학문 중에 가장 숭고한 학문이 신학입니다. 그러한 신학을 '이교도' 손에 계속 방임해두는 것은 옳지 않습니다.

하루하루 쌓여가는 영적 경험이 주는 실재감이 이전까지 신학을 텅 빈 것, 쓸모없는 것으로 간주했던 마음을 불식시켜 주었습니다. 신학을 꺼려했던 이유를 깨달았습니다. 만약에 쌀과 감자가 실제로 존재함과 마찬가지로 영혼도 실제로 존재하는 것이라면 어찌 신학을 업신여기고 농업을 예찬하겠습니까? 만약에 저와 제 친구들을 하나님 대지에서 재배한 수확물로 배부르게 하는 일이 고귀하다면 굶주린 영혼이 성령으로 배부르게 하기 위해 율법을 배우고 또 배운 율법으로 더 고결해지고 더 용감해지는 일이 어찌 나쁘다 할 수 있겠습니까? 겨와 짚만 재배하면서 마치 그것이 보리이고 쌀인 양 공급하

---

334. 사무엘상 4-7장, 사무엘하 6장 참조.

는 농업을 경멸합니다. 그것은 농업^{Agriculture}이 아닙니다. 사람 하나 먹여 살리지 못하는 암경$^{岩耕, Rock-Culture}$이자 사경^{砂耕,} $^{Sand-Culture}$에 불과합니다. 따라서 제가 비난했던 신학은 비신학$^{No-Theology}$입니다. 성령 대신 바람을 설교 대신 미사여구를 음악 대신 소음을 주는 악마학^{Demonology}입니다. 신학은 먹을 수 있고 마실 수 있습니다— 그 물을 마신 자는 목마름이 싹 가십니다. 그 고기를 먹은 자는 배고픔이 싹 가실 정도의 영양분을 섭취합니다. 신학이 부끄럽습니까? 신학을 부끄러워하는 마음이 비신학 혹은 악마학에서 비롯된 것이라면 영원히 부끄러워해도 좋습니다. 설령 신학교 또는 여타 교육을 통해 배웠어도 말입니다. 허나 당신이 배운 신학이 진실된 신학이라면 자랑스러워하십시오. 언젠가는 썩어 사라질 소유물을 헐벗고 배고픈 사람들을 구제하기 위해 아낌없이 베풀었던 조지 피바디[335]와 스티븐 지라드의 이름을 찬양하는 세상이라면, 종교 사상을 체계화하여 선행과 하나님 섬김을 학문적인 사고로 승화시킨 네안더[336]나 율리우스 뮐러[337]의 이름도

• •

335. George Peabody(1795-1869). 미국의 실업가. 자선사업가.
336. Johann August Wilhelm Neander(1789-1850). 독일의 신학자. 실증주의적인 교회사(史)에 반대해서 신앙적, 실천적 교회사를 추구했다.
337. Julius Müller(1801-78). 독일의 신학자. 헤겔 철학과 기독교가 일치하지 않음을 주장.

존경해 마지않을 것입니다. "마음heart이 신학의 중심이다"라 선언한 교회 역사의 아버지[338]가 있습니다. 심장heart은 없고 위장stomach만 있는 자는 신학과 관계 맺을 필요도 없습니다.

　이와 같은 심사숙고를 거듭한 끝에 신학을 배우기로 결심했습니다. 다만 중요한 조건 하나를 붙였습니다. 조건이란 절대로 자격을 얻지 않는다입니다. 속으로 말했습니다. '주여, 당신이 저를 목사로 만들 생각이 없다면 기꺼이 신학을 배우겠습니다. 설령 기독교 나라에서 가르치는 신학을 전부 습득하더라도 제 이름에 D 두 글자[339]로 된 부담스러운 칭호를 붙일 생각은 없습니다. 부디 제 마지막 간청을 들어주시옵소서.' 하나님이 승낙하셨습니다. 하나님의 동의하에 신학교에 입학했습니다.

　9월 18일 일요일 — 만약 신학이 현실성도 없고 쓸모없는 학문이라면 절대 배울 필요가 없다. 그러나 진실된 신학은 현실적이다. 그 어떤 학문보다도 현실적이다. 인간의 육체적 고통을 완화시켜주는 것이 의학, 인간 대 인간이라는 사회관계를 다루는 것이 법학, 육체적 질병과 사회적 무질서의 원인

　• •

338. 주336 네안더. "신학을 하는 것은 마음이다"라고 했던 그의 신학은 '마음의 신학(pectoral-theology)'이라 일컬어진다.

339. 신학박사(Doctor of Divinity, 또는 라틴어 Divinitatis Doctor) 칭호.

그 자체를 규명하는 것이 신학이다. 참된 신학자라면 당연히 이상주의자이나 몽상가는 아니다. 신학자의 이상이란 몇 세기 후의 미래에 실현되는 것이다. 언제 완성될지 모를 정도로 세월을 요하는 거대한 건물을 세우기 위해 벽돌을 하나둘 쌓아나가는 것과 같다. 성실히 충실히 쌓으면 절대 무너지지 않는다는 굳센 믿음으로 행할 뿐이다.

9월 19일 — 신학이란 테마는 소인小人이 이해하기에 너무 거대하다. 거대한 테마 앞에 선 초라함을 자각한 소인은 자신의 신학을 자신의 초라함의 크기에 짜 맞춰 날조해서는 자신보다 더 신학을 이해하는 사람들을 저주한다. 영혼아, 네 작은 영혼의 크기로 신학을 줄이지 말고 거대한 신학을 향해 스스로를 성장시켜라.

10월 12일 — 교실에서 하는 공부에 질렸다. 신약성서주해 수업 때는 지옥과 연옥에 대한, 호교론 수업 때는 내용 없는 토론이 오고갔다. 영혼 없는 신학이야말로 어떤 학문보다 무미건조하고 가치가 없다. 중대한 문제를 논의하고 있는데 웃으며 농담 따먹기를 하려는 학생을 보고 충격을 받았다. 그런 태도라면 진리의 심오한 경지 근처에도 닿을 수 없다. 만세반석[340]에서 생명을 이끌어내려면 뜨거운 정열과 열의가 필요하다.

11월 3일 — '해야 한다must'라는 명제를 이기는 고귀한 도덕을 찾고 있다. 하나님 은혜로 얻을 수 있는 도덕을 갈급하고 있다. 그런데 내가 찾고 있는 도덕을 대다수 사람들이 부정한다. 게다가 신학교 학생과 교수조차도 믿지 않는 것 같다. 성스러운 벽 안에 있는데도 벽 안에서만 배울 수 있는 새로운 것을 하나도 배우지 못했다. 신학교의 신학자들이 이교도에게 가르치는 내용이라면 공자와 부처를 통해 배울 수 있는 것들이다.

11월 7일 — 이 세상이란 과연 무엇일까? 사방에서 일어나는 대립과 불일치의 광경이 눈에 들어온다. 불신 대對 기독교, 로마 가톨릭주의 대 개신교주의, 유니테리언주의 대 정통주의 — 인류는 한 면面을 다른 면과 마주보게 하는 식으로, 또는 한 면의 일부분을 같은 면의 나머지 일부분과 마주보게 하는

· ·
340. The Rock of Ages. 고린도전서 10장 4절에 "그 반석은 곧 그리스도시라"고 되어 있으므로 신령한 반석은 그리스도를 가리킨다. 앞서 언급한 찬송가 작곡자 토플레디 작 '만세반석 열리니'를 우치무라는 『내가 특히 사랑하는 찬송가(余の特愛の賛美歌)』(전집10)에서 '대대의 반석(世々の磐)'이라는 제목으로 소개했다.

식으로 거처를 세운다. — 반대편의 과오와 실패를 통해 이익을 얻으려고 한다. 개인과 개인 사이에 신뢰란 없다. 그뿐만이 아니다. 인류 전체가 인간 혐오에 빠져 있다. 이는 독사의 새끼[341], 카인[342]의 후예나 진배없다. 영혼이여, 감리교고 조합주의고 달콤하게 속삭이는 무슨 무슨 주의고 간에, 그 어떤 주의와도 거리를 두어라. 진리를 구하라. 당당히 행하라. 사람을 피하라, 위를 보라.

11월 18일 — 데이비드 흄의 전기를 읽고 있다. 날카로운 철학자의 냉철한 마음이 내 신앙의 뜨거운 열기를 식혀주었다. 나는 학문적인 방법을 통해 내 안의 신앙 체험을 시험할 생각이다. '철학적 신기루의 꿈나라Fata Morgana'에 살고 있는 것이 아니라는 사실을 지적인 방법으로 확인하고 싶다. 나날이 자연과학이 발전하는 현대에 회의론자를 저주해서 회의론자의 손을 벗어나려는 게 아니다. 신앙은 객관화되어야 한다, '만져서 알 수 있는' 것이어야 한다, 과학적으로 이해할 수 있어야 한다. 허나 보라! 여전히 주변에는 무엇이 중요한지도 모르고 낡은 방법으로 '교구민들의 마음에 쏙 드는' 넉살

• •
341. 마태복음 23장 33절.
342. 자신의 제물을 받지 않아서 동생 아벨을 죽인 카인은 인류 최초의 살인자로 이야기된다(창세기 4장).

좋은 늙은 목사 흉내에 몰두하는 사람들로 넘친다.

12월 5일 — 인생에는 신의神意가 정한 일종의 모델이 있다. 한 인생의 성공이란 그 모델에 스스로를 합치시킴에 있다. 부족해도 안 되고 넘쳐도 안 된다. 합치시키는 삶이 완전한 평안을 준다. 모델에 맞춰 사는 삶이 심신의 활용이 가장 효율적이다. 소망이 부족한 인생은 그저 그렇게 끝나기 십상, 능력을 최대한 발휘하지도 못하고 이룬 것 없이 세상을 떠난다. 반대로 소망이 너무 큰 인생은 모델보다 넘치는 결과를 초래한다. 그 결과 건강을 망쳐 요절한다. 인간의 선택하는 능력(자유의지)이란 스스로를 이러한 모델에 맞춤으로써 가능할 수 있다. 일단 합치된 흐름을 타면 전진하기 위해 특별히 노력할 필요가 없다. 흐름에 몸을 맡기면 된다. 흐름 안에서 받을 수 있는 모든 은혜를 누리면 된다. 다만 거기서 더 은혜를 요구하여 흐름에서 벗어나지 말라. 어떤 장애물이 닥쳐도 일단 나아가라. 하나님이 정해주신 길에 움직일 수 없는 산이란 없기 때문이다. 그러면서도 절대 자기 자신에 의존하지 말라. 네 흐름은 하나님이 정해주셨다. 너를 위한 '선장'도 준비해주셨다. "너희는 그의 말을 들으라"[343] 하셨다.

• •

343. 마태복음 17장 5절.

12월 29일 — 때로는 신학을 공부하는 나 자신이 부끄러울 때가 있다. 그리고 부끄럽다는 사실 자체가 더 부끄럽다. 속된 자들은 학문이라는 것의 정신적 가치를 절대 깨닫지 못한다. 만약 어떤 신학자가 빵과 버터를 위해 즉 먹고 살기 위해 설교한다면 속된 자들에게 그 신학은 비루해보일 뿐이다. 참된 복음을 전하는 설교자로 거듭나기 위한 자기희생을 보지 못하기 때문이다. 아니, 희생은커녕 세상에서 가장 비루해보일 것이다. 실천하는 자선과 선행이라면 비루해보일 일은 없다. 신학 공부를 희생으로 보는 자들에게는 신학 공부중임을 감추고 신학 공부를 비천하게 보는 자들에게는 신학 공부중임을 밝혀야 하는 상황 — 아아, 가장 험난한 가시밭길을 헤쳐나가야 하는 기독교 신도여. 십자가의 자녀가 되기 위한 길은 좁도다. 아버지여, 눈 하나 깜빡하지 않고 다른 사람에게 아버지를 부정하는 저를 용서해주시옵소서. 해야 할 일을 해나갈 수 있는 더 큰 용기와 확신을 주시옵소서.

그러나 신학 공부를 지속할 수 없었습니다. 과거 3년간의 정신적으로 고통스런 긴장과 신경 불안으로 결국 심각한 만성 불면증에 시달리게 되었습니다. 휴식도 수면제도 기도도 무용지물이었습니다. 제게 허락된 길은 고국으로 돌아가는 길밖에 없었습니다. 신학을 포기했습니다. 외국 유랑으로 얻은 지식을 들고 집으로 돌아가는 수밖에 없습니다.

그렇지만 돌이켜보면 제게 허락된 그 섭리는 현명하고 정당했습니다. 미국의 신학교는 미국 교회를 위해 일할 청년 양성이 목적이지 미국과는 환경이 다른 곳에서의 전도에 진력하는 사람을 양성하기에 최적의 장소가 아니었습니다. 구약이나 신약의 해석학은 차치하더라도 신학교에서 가르치는 내용 대부분은 실제 전도자가 몰라도 됩니다. 목회학, 역사신학, 교의학, 조직신학과 같은 학문이 쓸모없다는 게 아닙니다. 분야를 막론하고 기독교 신도가 몰라도 되는 지식은 없다고 믿고 있으니까요. 문제는 상대적인 중요도입니다. 우리에게 닥친 문제는 회의적인 흄과 분석적인 바우어[344]를 이해하는 것이 아닙니다. 문제는 이교도 나라인 인도 철학의 정밀함과 치밀함이며 중국 도덕가의 비종교성입니다. 또한 물질적인 것을 원하면서도 근본적으로는 정신적인, 신흥국가들의 혼란스러운 사상과 행동입니다. 서양의 기독교 신도가 흔히 사용하는 '교회Church'라는 단어가 우리나라에서는 매우 생소합니다. 타국에서 그 가치가 의심받을 일 없는 교회 제도가 우리나

• •

344. Ferdinand Christian Baur(1792-1860). 독일의 신학자. 역사적이고 비평적인 입장에서 성서를 다루었다. 튀빙겐학파를 일으켰다.

라에도 정착될 수 있을지는 여전히 생각할 점이 많은 큰 문제입니다. 20세기라는 긴 세월 동안 우리나라 사람들의 생활 속에서 도덕적, 종교적 사고를 가르치는 방법은 성서에 기초한 설교나 전도와는 그 방법이 다릅니다. 우리는 덕육德育과 지육知育을 구분하지 않습니다. 학교가 우리의 교회이며 학교에서 우리의 전존재全存在를 형성해나갑니다. 우리 이교도 귀에 종교 전문가라는 표현은 기묘할 뿐더러 썩 좋은 기분이 들지도 않습니다. 물론 우리도 성직자에 해당하는 승려가 있습니다. 허나 원래는 절의 관리인일 뿐 영원한 진리를 가르치는 교사가 아닙니다. 우리 이교도를 도덕적으로 개혁하는 존재는 교사입니다. 교사란 그저 학문을 가르치는 것에 그치지 않습니다. 정신적으로도 지도해주는 '인생의 교육자pedagogues'입니다. '학문이란 인류를 밝히는 조건이다. 무사의 길을 가려는 자, 어찌 모두 유학자인가'라고 한 사람은 뛰어난 학식으로 명성이 높았던 이교도 일본인 다카야마 히고쿠로高山彦九郎[345]입니다. 함께 기인奇人이라 불렸던 두 사람과 마찬가지로 다카야마

••

345. 1747-93. 근왕가(勤王家)였던 다카야마 히고로쿠는, 가모 군페이(蒲生君平), 하야시 시헤이(林子平)와 더불어 간세이의 세 기인(寛政の三奇人)으로 유명하다. 본문 인용은 스기야마 다다아키(杉山忠亮) '다카야마 마사유키 전(高山正之伝)'에 의한다. (가나이 유키야스(金井之恭) 『다카야마소시(高山操志)』 1869).

는 섬나라 제국의 도덕, 정치, 그 외 여러 분야에서 가장 위대하고 훌륭한 개혁을 이루어냈습니다.

회심을 일으켜 교회원이 되게 하는 전도라는 행위의 수단과 술책은 어떻습니까? 수단과 술책으로 설득해서 기독교로 개종시킨 사람이라면 마찬가지로 수단과 술책으로 이교도로 복귀시킬 수도 있습니다. 물질적인 시대를 사는 우리는 환경을 지나치게 중시합니다. 다원주의가 기독교를 개종시켜버린 것은 아닌가 하는 생각이 듭니다. 교회의 듣기 좋은 성가대, 즐거운 사교, 젊은 여성들이 개최하는 바자회, 무료 점심 식사 모임, 주일학교 소풍 — 이런 것들이 영혼을 유지하기 위한 중요한 수단으로 간주되고 '목회학'의 대부분이 이런 내용으로 채워져 있는 느낌입니다. 만약 젊은 신학생들이 영혼의 불꽃Fire 없이 겉만 번지르르한 수사술修辭術을 얻기를 원하며 — 아니 영혼의 불꽃조차 수사술을 위해 원하며 — , 또한 설교자의 이야기가 듣는 자의 마음에 불을 일으켜 우상을 파괴하게 하는 견지에서 비롯된 것이 아니라 절정의 수사술에 의한 것이라면, 크리소스토모스[346]가 황금 같은 울림으로 천계天啓를 전했던 그 자신의 입을 저주하고 아우구스티누스가 수사

· ·
346. Johannes Chrysostomus(347경-407). 콘스탄티노폴리스의 총주교. 웅변 같은 설교로 '황금의 입(Chrysostomos) 요한'이라 불렸다.

술[347]을 사기술로 경멸한 것도 당연합니다. 만약 비평가들의 말처럼 성 바울이 딱히 잘생기지도 않았고 그리스어가 특별나게 자연스러운 것도 아니었다면, 또 보쉬에[348]의 웅변과 마시용[349]의 완벽한 문체가 프랑스 혁명의 맹공에 맞서지 못했다면, 그리고 땜장이 버니언[350]과 점원 무디[351]가 그 시대가 요구하는 복음의 진리를 알기 쉽게 설교했다면 —, 만약 그랬다면 신학교 과정을 중도에 포기한 것을 아쉬워할 필요가 없습니다.

앞서 말했듯 신학교에 입학해도 절대 자격을 따지 않겠다고 결심한 상태였습니다. 자격을 취득하지 못한 채 도중에 그만두는 제게 아쉬움을 표하는 친구도 있었습니다. 하지만 제 입장은 혹시라도 자격을 따는 결과가 되면 어쩌지 하고 진지하게 걱정했습니다. 목사 자격이라는 새로운 특권이 부여됨을 예전부터 두려워했던 저는 신학교에서 자격을 얻고 누릴 수 있는 이익 관련 이야기를 엿듣고 더 두려워하게 되었습니다.

• •

347. 아우구스티누스는 로마와 밀라노에서 수사술의 교사였다.

348. Jacques–Bénigne Bossuet(1627-1704). 프랑스의 가톨릭 신학자. 모(Meaux)의 주교. 웅변이 유명.

349. Jean–Baptiste Massillon(1663-1742). 프랑스 클레르몽의 주교. 명설교로 유명.

350. 주313의 버니언은 부모의 직업이었던 땜장이를 이어받았다.

351. Dwight Lyman Moody(1837-99). 미국의 대중전도사.

'목사 사택 포함 1,000달러', '시카고의 무정부 상태를 주제로 한 20달러짜리 설교', 정말이지 귀에 거슬렸습니다. 적어도 동양에서 설교가 돼지고기, 토마토, 호박처럼 상품가치로 취급 받는다는 것은 상상도 할 수 없습니다. 우리 동양인은 의심이 많습니다. 존 스튜어트 밀은 동양인의 의심 많은 성격을 평하며 가톨릭을 믿는 스페인 사람과 비교했습니다. 우리 동양인은 신앙을 상품으로 파는 자를 절대적으로 의심합니다. 신앙이란 절대 현금과 맞바꿀 수 없습니다. 신앙심이 깊어지면 깊어질수록 금전은 멀어집니다. 미신적인 마음이 있긴 하지만 신앙과 경제학을 똑같이 매기지는 않습니다. 만약 자격이 신앙에 상품 가격을 매기는 척도가 된다면 자격이 없음을 행복으로 여기리라. 자격이 없음으로 유혹을 면할 수 있으니.

돈을 받는 유급 목사직에 관해서는 할 말이 아직 많습니다. 우리 이교도의 목사들은 딱히 정해진 급료 없이 일하는 것이 보통입니다. 목사의 가르침을 받으면 감사를 표하기 위해 1년에 2번 각자 한도 내에서 정성을 보입니다. 지폐 10장부터 무 하나 또는 당근 하나까지. 이를 '감사의 표시'라 불렀습니다. 교회 회비나 교회 좌석비와 관련된 잡무로 목사를 부려먹는 교회원은 한 사람도 없습니다. 이교도에서 목사가 되기 위해서는 생활 유지를 전적으로 하늘과 교회원에게 맡길 수 있는 경지에 이를 정도로 정신적인 수양을 쌓아야 합니다. 이러한 척도가 돌팔이 목사나 시류에 영합하는 사기꾼에 현혹될지도 모르는 위험을 제거하는 현실적이며 '자연도태'적인 방법이라 여겼습니다.

인간이란 오직 영적인 것에 의지하는 존재가 아닙니다. 대지가 주는 것에 의지하며 살아가는 존재입니다. 따라서 유급 목사직이 합리화될 수 있습니다. 이러한 논거는 정당합니다. 현대 생리학에 의하면 지적 능력과 정신력은 빵과 양고기를 통해 양성됩니다. '에너지 변화' 법칙에 따라 정신과 양고기를 교환해도 문제는 없지 않겠습니까? 영혼의 아사가 죄가 되듯 육체의 아사도 죄입니다. 하나님의 건강법에 따르면 복음 전파를 위한 머리와 마음의 노동에 임하는 교사는 적절하고 정기적인 의衣와 식食이 보급될 필요가 있습니다.

애석하게도 고지식한 동양인은 이렇게 단순한 과학적 논리를 깨우치지 못합니다. 인간은 빵만으로 살 수 없고 때때로 정신이 신체를 위한 양식이 될 수도 있다, 하늘의 영적인 힘을 받아 살아가는 자에게 양고기, 치킨, 파이는 필요 없다는 말을 믿어 의심치 않습니다. 그래서 선교사들의 생활을 보고는 '생각이 짧은' 비난을 입에 담는 것입니다. 물론 전도에 적대적인 자들의 말처럼 선교사들이 '호화로운 생활'을 하고 있지는 않습니다. 자국에서의 생활과 다를 바 없습니다. 파견된 선교사들과 자주 접하다 보니 마치 그들이 호화롭게 사는 것처럼 보일 뿐입니다. 아시다시피 부와 쾌락이라는 개념은 상대적입니다. 바닥에서 먹고 자는 사람이라면 의자가 사치품으로 여겨지기 쉽습니다. 이러한 상황이기에 그 멸함이 정해져 있는 이교도에게 기쁜 구원이 도래함을 전파하기 위해서는 정열로 노력하고 극복해야 하는 과제가 존재하는 것입니다.

가끔은 이교도의 특성을 받아들이고 그에 맞춰 전도하려는 '축복받은' 선교사도 있습니다. 이들은 흰 와이셔츠를 벗고 변발을 합니다. 파이 같은 고국의 맛있는 음식도 끊고 바닥에 무릎 꿇고 앉는 법을 배우는 등 수단과 방법을 총동원하여 이교도들의 영혼을 예수님께 인도하는 일에 열과 성을 다합니다. 우리 이교도는 이러한 선교사들을 기쁘게 맞아들입니다. 우리를 광명과 진리의 길로 인도하기 위한 원조를 아끼지 않는 그들의 선의에, 그리고 그러한 선교사들을 보내준 하나님께 감사드립니다. 중국에 파견된 선교사 크로셋 씨[352]가 바로 그 예입니다. 그는 중국인이 되었습니다. 관료 타입의

· ·

352. Jonathan Fisher Crossett(1844-89). 미국의 장로교 선교사로 중국에서 전도 활동을 했다. 『복음신보(福音新報)』(1891년에 창간되어 1942년 일본기독교단기관지 『일본기독교신보』에 통합될 때까지 존재했던 기독교 주간 신문. 역주) 96호(1893년 1월 13일)도 '모범적인 선교사'로 소개했다.

중국인Mandarin이 되었다는 말이 아닙니다. 그가 완전히 중국인화化되었다는 '기행'이 문제시되어 모국의 원조가 끊기게 됩니다. 하지만 이교도들이 그를 도왔습니다. 베이징 이교도 상인의 원조를 받은 그는 베이징에 구빈원을 열었습니다. 크로셋 씨는 여느 중국인과 다를 바 없이 3등석을 타고 다녔습니다. 일반 중국인과 똑같은 방식으로 황해를 건너 전도여행을 떠나는 그 때 하늘나라의 부르심을 받게 되었습니다. 선장은 그가 편히 쉴 수 있도록 선장실을 권했으나 정중히 사양했습니다. 자신의 사명을 일깨워 준 사람들 속에서 삶의 마지막을 맞이하고 싶었기 때문입니다. 마지못해 선장실에 누운 그는 주위 모든 사람들을 하나님과 구세주에게 맡긴 채 숨을 거두었습니다. 그의 죽음은 고국에도 알려졌지만 지면을 할애한 종교 신문은 거의 없었습니다. 보도는커녕 멍청한 희생이라는 등 선행은 흰 와이셔츠 입고 1등석에서도 충분히 할수 있었다는 둥의 뉘앙스를 은근슬쩍 내비치는 말투가 보일 정도이니 정말이지 도가 지나쳤습니다. 그러나 베이징 사람과 톈진 사람 등 변발의 신사들은 그의 봉사를 결코 잊지 않았습니다. 그를 '기독교 부처'라 불렀습니다. — 그만큼 크로셋 씨의 존재는 숭경崇敬의 대상입니다. 그로 인해 종교적 은혜를 입은 사람이 실제로는 많지 않을지도 모르겠습니다. 하지만 크로셋이라는 인간 존재를 통해 하나님의 자비와 사랑을 깨달은

자가 분명히 존재합니다.

그는 행운의 선교사였습니다! 아무도 크로셋 씨처럼 선교 생활을 할 수는 없을 것입니다. 아마 그의 위장은 중국인과 동일한 식사를 해도 소화 불량에 걸리지 않는 타조의 위장과 같을 것입니다. 그가 행운의 선교사인 이유는 '전도지에서 겪는 곤란함'을 불평할 필요가 없는 사람이었기 때문입니다. 그를 모방하려는 생각은 없습니다. 모방은 위선입니다. 모방 해봤자 바람직한 결과를 얻을 수 없습니다. 변발을 하고 3등석에 앉는 것이 중요한 게 아닙니다. 크로셋 씨의 행동을 '기행'으로 치부하고 경멸할 생각은 추호도 없습니다. 만약 이교도 안에서 전도 활동을 성공적으로 행하는 선교사가 되고 싶다면 크로셋 씨와 같은 선교사가 되게 해달라고 기도해도 좋을 것입니다.

중요한 것은 익숙지 않은 환경에 적응할 수 있는 능력은 신학교 교육을 통해 얻지는 못한다는 사실입니다. 신학교 교육은 그릇된 환경에 적응하기를 또 그 환경에서 탈출하기를 더 어렵게 만듭니다. 우리나라 사람 중에도 신학교의 교육으로 서양풍의 생활과 사상에 익숙해진 나머지 우리나라로 복귀해도 적응하지 못하고 마치 이방인과 다를 바 없이 사는 사람이 적지 않습니다. 그러한 자에게 흰 쌀밥과 두부는 새 환경에 적응한 신체 조직이 요구하는 모든 영양을 공급할 수 없습니다. 딱딱한 바닥 생활은 무릎관절염 또는 하반신 관련 질병의 원인이 됩니다. 모국의 교회에 차가운 공기를 데워주는 스팀 히터도 없고 목도 아프고 환기도 잘 안되니 머리가 띵합니다. 그들에게 최소한으로 필요한 것들이 모국 사람들 눈에는 대단히 크게 보입니다. 그는 육체적으로도 정신적으로도 병들어갑니다. 설교하기가 고통스러워집니다. 결국 다른 직업을 찾아 떠나고 더 건강한 자가 그의 지위를 대신합니다. 그에게 생존 경쟁은 너무나 버겁습니다. ─ 그리고 그의 사상이 모국 사람들과 얼마나 다른지 아십니까! 그는 흄과 시어도어 파커를 비난합니다. 하지만 그의 가르침을 듣는 사람들 머리에 흄과 파커의 사상 자체가 깃든 적도 없습니다. 로마 제국이 멸망한 이야기나 피의 메리[353]가 박해하는 이야기 등은 우리나라에서 듣도 보도 못한 일로 '마이동풍'일 뿐입니다. 그는 성경책의 진리를 성경책을 통해 증명하려 합니다. 하지만 그의 설교를 듣는 사람들에게 성경책이란 한가한 고물 마니아가 좋아할 법한 표지가 검게 퇴색한 양피지羊皮紙 책일 뿐입니다. 그의 설교는 사람들 머리 위 공중으로 흩어집니다. 그는 청중에게 실망하고 청중도 그에게 실망합니다. 불만, 불평, 사직, 이탈.

● ●

353. 영국의 여왕 메리 1세(Mary Ⅰ, 1516-58). 가톨릭을 부활시키고 개신교를 박해했기 때문에 '피의 메리(Bloody Mary)'로 불린다. 주185의 스미스필드에서 많은 반대자를 처형했다.

거지에게 보내는데 왕자를 양성해야하나요…….

　그러나 이는 신학교 생활의 부정적인 일면입니다. 현재의 불행[354]을 위로하기 위해 떠올려본 것에 불과합니다. 신학 교육의 긍정적인 효과에 대해 세세히 쓸 필요는 없겠지요. 비록 신학교가 예언자를 양성하지 못한다고 해도 — 시인이 그렇듯 예언자도 타고나는 존재이므로 — 예언자를 성장시키고 진보시킬 수 있는 최고의 장소입니다. 비록 천사의 거처는 아니더라도 — 하계下界 어디에도 천사의 거처는 없으므로 — 신학교는 하늘 아래 어느 곳보다 맑고 성스러운 교제가 이루어지는 장소입니다. 다른 시설과 기관보다 특히 신학교의 어두운 면이 부각된다는 사실 그 자체가 신학교 안에서 빛나는 빛이 세상에서 가장 눈부시며 정의로움을 이야기해주는 셈입니다. 소란스러운 세상 사람들의 잣대로 인해 신학생들이 가장 불리한 입장에 처해 있습니다. 세상 사람들은 천사가 아니면 할 수 없는 일을 신학생들에게 기대합니다. 신학생들의 죄에 돌을 던지는 세상 사람들도 같은 죄를 저지릅니다. 정치경제학을 신봉하는 세상 사람들이 공공연히 추구하는

• •

354. 귀국 후, 우치무라는 선교사와의 충돌, '불경사건'을 정점으로 일본인과 기독교계 양쪽으로부터 고립되었으며 경제적으로도 상당히 궁핍했다.

배금주의가 복음을 전하는 교사에게 발견되기라도 하면 더 죄질이 무겁다는 투로 큰 소리로 비난합니다. 물론 죄를 지은 기독교 교사와 선교사들은 전능하신 구세주 하나님 앞에 스스로의 죄를 철저히 회개해야 합니다. 그렇다고 세상 사람들과 다를 바 없음을 부끄러워할 필요도 없습니다. 하나님 집 바깥에 사는 세상 사람들 눈에는 일고의 가치도 없는 과실을 하나님 집에 거하는 우리는 중시하기도 합니다. 시온 안의 소동이 배금주의 나라의 울부짖음이나 이를 가는 소리로 오해받지 않도록 노력합시다.

저는 신학교를 떠나 고국으로 향하는 길에 올랐습니다.

제10장 기독교 나라의 실태: 귀국

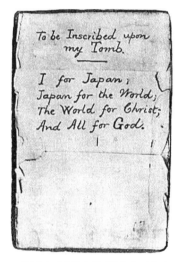

미국에서 애용했던 성경책에 쓴 좌우명

나는 일본을 위해;

일본은 세계를 위해;

세계는 그리스도를 위해;

모든 것은 하나님을 위해.

기독교 나라에서의 수행 이야기가 끝나가는 이 순간 제가 그 나라를 어떻게 생각하는지 궁금하지 않으십니까? 그 땅을 처음 밟았을 때의 인상이 끝까지 유지되었을까요? 역시 기독교의 나라라면 이교의 나라보다 무조건 좋은 곳일까요? 우리나라가 기독교를 수용할 가치가 있을까요? 그리고 전도란 존재 이유가 있을까요?

솔직히 말씀드리겠습니다. 기독교 나라의 모든 것에 매료되지는 않았습니다. 3년간 아무리 감사해도 모자랄 정도로 극진한 대접을 받았고 친밀한 우정도 쌓았습니다. 그럼에도 불구하고 기독교 나라에 적응하지 못했습니다. 처음부터 끝까지 저는 이방인에 불과했습니다. 이방인이 아닌 다른 무언가가 되려고 하지도 않았습니다. 문명국에 사는 티에라 델 푸에고[355] 출신 사람들은 남십자자리 밑 하얀 파도 부서지는 절벽을 방황했던 옛날을 그리워합니다. 라틴 문화에 물든 원주민들은 다시 고향 초목 위에서 소들과 정겹게 지내기를 갈망합니다. 저는 더 고귀한 목적이 있기에 '그리운 나의 집Home-Sweet-Home'이 있는 고국이 그리웠습니다. 기독교 나라에서 지내는 마지막 날까지 단 한시도 고국을 그리워하지 않은 적이 없습니다. 미국인이나 영국인처럼 되고 싶다는 소망 따위 애초에 없었습니다. 오히려 제 자신이 이교도라는 사실이 특권처럼 여겨졌습니다. '이교도'로 태어났다는 사실, 기독교 신도로 태어나지 않았다는 사실에 감사했습니다.

그도 그럴 것이 이교도로 태어나서 가지는 이점도 없지 않기 때문입니다. 저는 이교라는 것을 현재의 어떤 기독교도 달성하지 못한 어떤 가능성, 더 높고 완전한 단계로 발전할 수 있는 가능성이 잠재된 상태라고 생각합니다. 인간성이 완전히 발달하지 않은 단계인 셈입니다. 아직 기독교에 물들지 않은 이교국이야말로 무한한 희망을 내재하고 있습니다. 말하자면 선인先人들이 거친 인생보다 더 광대한 인생에 도전

355. 남아메리카 남단의 군도.

298

하려는 청년에 비유해도 좋습니다. 2천년이 넘는 우리나라 역사도 기독교 역사에 비하면 어린아이 단계입니다. 빠른 속도로 발전하는 하루하루 속에 언젠가 장래에 달성될지도 모르는 모든 희망과 가능성이 잠재되어 있습니다. 감사하게도 가능성을 잠재한 하루하루를 수없이 접했습니다. — 이런 생각에 다다른 저는 이전보다 진리의 힘을 더욱 강하게 느낍니다. '태어날 때부터 기독교 신도'에게 너무나 익숙해서 촌스러워 보일 정도로 평범한 모든 것들이 하나님 계시와 다를 바 없습니다.

> 투명한 이슬이 친 장막에 덮여
> 드넓은 석양빛을 받으며
> 별을 데리고 뜨는 초저녁 금성.
> 보라! 펼쳐지는 눈앞의 창조.[356]

이 시가 노래하는 광경을 보며 우리 이교도의 최초의 선조가 불렀다고 일컬어지는 찬가를 모두 떠올렸습니다. 내면의 악전고투를 헤쳐 나오며 18세기에 걸친 기독교의 변화와 진보

• •

356. 스페인에서 태어나 영국에서 활약한 화이트(Joseph Blanco White, 1775-1841)의 시 「To Night」 중 한 구절.

를 직접 목격한 바로 그 때, 제 자신이 조금은 더 선해지고 조금은 더 마음이 넓은 인간이 되었음을 목격했습니다. 이는 우상숭배에서 십자가에 못 박혀 돌아가신 하나님의 아들 품에 들어가 영혼의 해방을 맞이하기까지, 즉 이교도에서 기독교 신도가 되기까지 모든 정신적인 과정을 통과했기 때문입니다. 이런 광경 이런 경험을 모든 하나님 자녀가 받을 수 있는 것은 아닙니다. 최후에 in the eleventh hour[357] 부르심을 받는 우리 이교도이기에 영겁의 암흑 속에서 지내야 했던 손실을 적게나마 메꾸기 위해 이러한 특권을 주시는 것입니다.

기독교를 정당하게 평가하기 위해서는 순수하고 단순한 기독교와 교수들이 각색하고 교의화敎義化한 기독교를 엄밀히 구별해야 합니다. 일반적인 현대인 중에 일부러 기독교 자체를 헐뜯는 자는 없으리라 믿습니다. 저는 신앙을 회의적으로 보는 모든 서적을 읽으려고 노력했습니다. 독서의 결과, 나사렛 예수라는 이름으로 불렸던 사람들은 맹렬한 공격을 받았으나 예수님 자체를 부정하는 말은 일언반구도 없다는 결론에 도달했습니다. 만약에 기독교라는 것이 제가 믿고 있는 기독

* *
357. 마태복음 20장 6절 및 9절. 일본어역은 '5시'(한국어역은 '제십일시', 역주)인 경우가 많으나 여기서는 '최후'를 뜻한다.

교와 동일하다면 히말라야가 그 자체로 존재하듯 기독교의 존재 또한 확고한 사실입니다. 기독교를 공격하는 자는 스스로를 위험에 빠뜨리는 형국입니다. 어리석은 자가 아닌 이상 위험을 알면서 반석에 돌진하지는 않겠지요. 허나 기독교라고 믿어 돌진하는 사람도 있습니다. 믿고 돌진하는 목표는 기독교가 아닙니다. 기독교라는 바위 위에 세워진 건물입니다. 이 건물은 믿음 없고 신앙심 없는 신도들이 세월이 흐르면 바위가 부서질 것이라 여겨 고안한 신전, 성당, 교회, 교의, 39개 신조[358] 등으로 불에 타기 쉽습니다. 신앙심 없는 신도들은 이런 건물들로 바위를 덮으려 합니다. 개중에는 어떤 건물이 더 불타기 쉬운지 이미 알고 있는 자도 있는데 그들은 타기 쉬운 건물에 일부러 불을 붙여 태우고는 바위 자체가 소실되었다고 기뻐하는 어리석은 자들입니다. 허나 보십시오, '변해가는 세상에도 변함없이 서있는'[359] 십자가를 노래하지 않았습니까?

기독교란 무엇일까요? 성경 자체가 기독교는 아닙니다. 성경 안에 기독교의 대부분, 기독교의 본질이 포함되어 있다고

· ·

358. The Thirty-Nine Articles. 1563년에 제정되어 1571년에 승인된 영국 국교회의 신앙요강.
359. 영국의 외교관 존 바우링(John Bowring)이 1825년에 작곡한 찬송가 'In the cross of Christ of glory'의 일본어역 제목(한국어역의 제목은 '주가 지신 십자가를', 역주).

하더라도 말입니다. 하물며 시대의 요구에 순응해서 인간이
만든 일련의 교의敎義도 기독교가 아닙니다. 우리가 아는 것은
기독교란 무엇인가가 아니라 무엇이 기독교가 아닌가입니다.

기독교란 진리라고 말합니다. 이는 정의하기 어려운 것을
정의하기 위해 또 다른 정의하기 어려운 것을 끌어오는 것에
다름 아닙니다. 로마의 빌라도[360]를 비롯한 수많은 불성실한
자들이 '진리란 무엇인가'라는 질문을 던졌습니다. 생명을
정의하기 어려운 것과 마찬가지로 진리도 정의하기 어렵습니
다. 아니, 불가능합니다. 기계론적mechanical인 생각이 인정받
는 현대는 생명과 진리 모두 정의가 불가능하다는 이유로
그 존재 자체를 의심하고 있습니다. 비샤[361], 트레비라누스[362],
베클라르[363], 헉슬리, 스펜서, 헤켈[364]은 각자의 방법으로 생명
에 관한 정의를 내렸지만 하나도 만족스럽지 않습니다. 누구
는 '움직이는 유기체'라 합니다. 다른 누구는 '죽음에 저항하

• •

360. 예수를 심문할 때 로마 총독 빌라도는 '진리가 무엇이냐'고 물었다
  (요한복음 18장 38절).
361. Marie François Xavier Bichat(1771-1802). 프랑스의 생리학자.
362. Gottfried Reinhold Treviranus(1776-1837). 독일의 박물학자, 의사,
  생리학자. 진화론의 선구자로 일컬어진다.
363. Pierre Augustin Béclard(1785-1825). 프랑스의 의사, 해부학자.
364. Ernst Heinrich Haeckel(1834-1919). 독일의 생물학자. 유물론자로서
  진화론을 지지.

는 힘의 총체'라 합니다. 하지만 우리는 그러한 정의가 생명을 다 담을 수 없음을 알고 있습니다. 생명에 관한 진실된 지식은 생명으로 살아가는 것 그 자체를 통해 비로소 드러나게 됩니다. 메스와 현미경으로 생명의 구조는 파악할 수 있을지 모르지만 생명 자체를 파악할 수는 없습니다. ― 진리도 그렇습니다. 진리를 따르는 삶을 통해 비로소 진리가 무엇인지 깨닫게 되는 것입니다. 견강부회와 궤변과 불필요한 논쟁은 진리의 거대함을 왜소하게 만들 뿐입니다. 의심할 여지없이 진리는 바로 거기에 있습니다. 진리 쪽으로 다가가면 됩니다. 진리를 인간 쪽으로 부르면 안 됩니다. 진리가 무엇인지 정의하려는 욕심은 인간이 자신의 어리석음을 스스로 증명하는 꼴입니다. 무한한 우주와 접할 수 있는 존재를 제외하면 진리를 정의하거나 한정시키는 것은 불가능합니다. 따라서 우리 자신의 어리석음을 드러내고 싶지 않다면 진리를 정의하려는 태도를 단념해야합니다.

기독교를 정의할 수 없다는 사실, 이것이 기독교가 실제로 존재하지 않음을 증명하는 것도 아니며 기독교가 엉터리임을 증명하는 것도 아님을 깨우쳤습니다. 기독교가 주는 가르침에 따라 살아가면 갈수록 기독교는 더 큰 존재가 됩니다. 이 자체가 기독교와 무한한 진리가 밀접한 관계를 맺고 있음을 증명해줍니다. 기독교와 다른 종교들이 무관하지 않음을 저는 잘 알고 있습니다. '10대 종교'[365] 중에서 기독교만 믿을 가치가 있는 유일한 종교라고 주장하기 위해 다른 종교를 헐뜯을 생각은 없습니다. 다만 제가 아는 한 다른 종교보다 위대한, 훨씬 위대한 종교가 바로 기독교입니다. 적어도 어린 시절의 저를 길러준 종교보다 기독교가 더 위대합니다. '비교종교학'에서 배운 지식을 총동원해서 검토한 결과 기독교보다 훌륭한 종교는 떠오르지 않습니다. 슬슬 '자자, 칭찬은 충분합니다. 당신들의 이교도보다 어떤 점에서 기독교가 훌륭한지, 그걸 말해 달라고요.'라 하실 것 같군요.

기독교 나라에서 기독교적인 것에 근거하여 도덕을 가르치듯 우리 이교에서도 도덕을 가르칩니다. 우리 이교도에게 그 도덕을 지키라고 설교합니다. 길을 제시해주고 그 길을 따라 걸으라고 명령합니다. 이교는 그 이상도 그 이하도 아닙니다. 자간나트나 유아 인신공희人身供犧 등은 우리 이교와 관련된 이야기에서 삭제해야 합니다. 이교가 아니기 때문입니다. 마치 배금주의, 유아를 산 채로 악어 입에 던져 희생양으로 삼는 것까지는 아니더라도 결과적으로는 그와 다를 바 없는 유아살인, 그 외의 기독교 나라에서 횡행하는 미신과 무서운

..

365. 당시에는 힌두교, 불교, 유대교, 기독교, 이슬람교, 조로아스터교에 이집트, 그리스, 로마, 스칸디나비아의 종교를 더하는 경우가 많았다. 단 기독교 대신에 유교를 포함시키는 경우도 있다.

일들이 기독교가 아닌 것과 마찬가지입니다. 그런 의미에서 공평하고 관대하게 타종교를 판단해야 하겠습니다. 최선의 그리고 최강의 적을 우리 이교도는 환영합니다.

기독교도 길을 제시해줍니다. 다른 종교보다 더 명확하고 더 정확하게 길을 제시해줍니다. 다른 종교에서 종종 보이는 길을 안내하는 척하면서 인간을 현혹시키는 도깨비불will-of-the-wisp-ness이 기독교는 없습니다. 위대한 기독교의 특징은 빛과 어둠, 삶과 죽음을 딱 잘라 구분하고 있는 부분입니다. 허나 모세의 십계명과 부처의 계율을 비교해보라고 공평한 심판자에게 부탁하면 어떻게 될까요? 아마 낮과 밤이 다른 것처럼 십계명과 계율이 다른 것은 아니라는 점을 깨닫게 될 것입니다. 부처와 공자를 비롯한 '이교' 교사가 가르치는 올바른 인생의 길을 기독교 신도가 신중하게 공부해보면 이전까지 품었던 자기만족이 부끄러워질 것입니다. 중국인과 일본인에게 공자의 가르침을 더 철저히 따르도록 하면 어떻게 될까요? 아마 유럽과 미국과는 다르지만 훌륭한 기독교 나라로 거듭날 것입니다. 가장 뛰어난 기독교 개종자는 불교와 유교의 진수를 버리지 않습니다. 기독교를 통해 이상적인 인간으로 거듭나는 도움을 얻을 수 있었기에 우리 이교도는 기쁘게 기독교를 받아들입니다. 그전까지 모셨던 숭배 대상을 기독교를 영접했다고 별안간 종교 재판에 회부해 처형하는 데 열심인 자는 광신도이며 '리바이벌리스트'이며 서커스를 좋아하는 선교사의 예쁨이나 받으려는 무리에 불과합니다. '폐하러 온 것이 아니요 완전케 하려 함이로다'[366]라고 기독교 제창자가 말했습니다.

우리 이교도가 율법을 지키게 하기에 이교보다 기독교가 더 훌륭합니다. 이는 이교에 생명을 더한 것과 같습니다. 기독교가 있기에 비로소 율법을 지킬 수 있게 됩니다. 기독교는 율법의 영혼입니다. 모든 종교 중에서 특히 내면에 작용하는 것이 기독교입니다. 이교도가 고심苦心의 눈물을 흘리며 찾아 헤맸던 것이 바로 기독교입니다. 기독교는 영원히 선한 존재로 우리 이교도를 인도해줍니다. 선을 보여주는 것에 그치지 않고 우리도 선한 존재로 만들어줍니다. 길뿐만이 아니라 생명도 줍니다. 선로를 보여주면서 엔진도 달아주는 셈입니다. 이러한 기독교와 동일하게 작용하는 다른 종교가 존재함을 '비교종교학'은 가르쳐주지 않습니다.[367]

• •

366. 마태복음 5장 17절.
367. (원주) 글래드스톤 각하에 의한 기독교의 정의는 다음과 같다. '일반적 의미에서 기독교는 추상적인 교의의 수용이 아니다. 기독교란 살아 있는 신적인 존재를 보여주고 우리는 그 존재와의 생생한 합체를 통한 결합에 이른다. 그 죄로 인해 하나님이 손을 놓았던 피조물이 하나님과 재결합하는 것이다. 그 방법은 하나님 가르침이 하늘에서 내려오는 것이 아니다, 하나님께서 새로운 생명을 다른

'구원 계획의 철학'에 관해서는 철학의 현자에게 맡깁시다. 구원은 사실 그 자체로서 지금도 존재합니다. 철학이든 아니든 사실을 부정할 수는 없습니다. 그 존재가 구체적으로 무엇인지 지상에서 인간이 경험하는 범주 안에서 아직 알려지지는 않았지만 우리는 틀림없이 구원받습니다. 도덕학에 대해 충분히 알고 있습니다. 아무리 대단한 신학박사의 도덕학 강의와 연설도 많은 돈을 지불하면 들을 수 있습니다. 신학박사가 가르쳐주지 않아도 도둑질하면 안 된다는 사실을 잘 알고 있습니다. 특히 정신적 의미의 도둑질도 절대 해서는 안 됩니다! "내게로 돌이켜 구원을 받으라."[368] "모세가 광야에서 뱀을 든 것 같이 인자人子도 들려야 하리니, 이는 저를 믿는 자마다 영생을 얻게 하려 하심이니라."[369] 구원의 철학이 무엇이든 간에 우리 구원은 하나님 바라봄을 통해 이루어집니다. 19세기에 걸친 기독교 역사가 그렇게 가르칩니다. 제 작은 영혼도 그렇게 하리라고 증언합니다(하나님, 감사드립니다).

이것이 기독교입니다. 적어도 제가 생각하는 기독교입니다. 하나님 아들에 의한 속죄의 은혜를 입어 죄로부터 해방되

• •

선물과 능력과 함께 주시는 것에 있다' — 로버트 엘즈미어론(論)에서.
368. 이사야 45장 22절.
369. 요한복음 3장 14-15절.

는 것. 어쩌면 기독교는 그 이상일 수도 있습니다. 하지만 그 이하는 아닙니다. 이것이 기독교의 본질입니다. 교황도 주교도 목사도, 실질적인 도움이 안 된다고 해도 교황 등의 성직자를 보좌하는 사람들도, 기독교가 꼭 필요로 하는 것은 아닙니다. 이러한 기독교야말로 가장 가치 있습니다. 진실된 인간은 기독교 없이 살 수 없고 기독교 없이 평안을 맞을 수 없습니다.

웹스터[370]는 기독교 나라를 이렇게 정의합니다. '기독교가 널리 퍼져 있거나, 또는 이교도나 이슬람 국가들과는 차별되는 기독교적인 제도 하의 세계 속 한 부분.' 완성된 천사의 나라라고 말하지 않습니다. 기독교 나라란 기독교가 나라 곳곳에 퍼져 있거나 기독교가 대다수 사람들의 생활 방침으로 존중받는 곳을 말합니다. 신앙과 신도라는 두 요소가 그 나라의 실질적인 도덕성을 결정합니다. 거친 색슨 사람도 해적 기질의 스칸디나비아 사람도 향락을 즐기는 프랑스 사람도 모두 나사렛 신인神人의 가르침에 따라 스스로를 컨트롤하며 살아가려고 노력합니다. ─ 이것이 기독교 나라 사람들이 사는 모습입니다. 그들이 편굴偏屈하다고 기독교를 비난해서는

..

370. Noah Webster(1758-1843). 『웹스터 사전』 편집자. 애머스트대학의 이사장이기도 했다.

308

안 됩니다. 반대로 언제 호랑이처럼 날뛸지 모르는 그들을 순하게 만드는 힘을 가진 기독교를 찬양해야 할 것입니다.

만약 기독교가 없었다면 그들은 어떻게 되었을까요? 그들의 약탈을 잠재우고 정의와 용서를 구하는 마음을 가지게 한 레오 교황[371]이 없었다면 어떻게 되었을까요? 그들에게 불교와 유교란 마치 아폴리나리스 물이 만성 소화불량에 듣지 않는 것과 같은 정도의 효과를 가질 것입니다 — 만성 소화불량이란 의기소침, 기진맥진, 동물적 생활로의 복귀, 영원한 파멸과 같은 상태입니다. 배금주의, 주류 밀매, 루이지애나의 복권, 그 외의 무법 행위의 범죄 등등의 커다란 괴물과 전쟁하듯 맞서 싸우는 교회[372]the Church Militant가 있기에 비로소 기독교 나라가 멸망과 죽음에 즉각 빠지는 일이 없는 것입니다. 장로교 목사의 아들 로버트 잉거솔[373]이라는 미국인이 미국에 있는 교회를 모두 극장으로 바꿨으면 좋겠다고 말했습니다. 미국인들이 절대로 자신의 권고를 듣지 않는다는 확신이 있기에 그런 말을 할 수 있는 것입니다. 기독교의 '잔학성'에 대해서

• •

371. Leo Ⅰ.(400-61). 훈족의 아틸라왕, 반달족의 가이세리크왕의 로마 침입을 막았다.

372. Ecclesia Militans, 천국의 교회가 승리의 교회라고 하는 것에 대해, 개신교에서는 땅 위에서 현실과 맞서는 교회를 이렇게 불렀다.

373. Robert Green Ingersoll(1833-99). 미국의 법률가. 반기독교적인 연설가로 유명.

더 말할 수 있습니다. 그러나 고통에 몸부림치는 기독교 나라의 모습이야말로 기독교로 살아가는 기독교 나라가 지닌 생명력의 증거가 아니고 무엇이겠습니까?

가장 밝은 빛과 가장 어두운 어둠의 공존이라는 광학적 현상을 보십시오. 그늘을 만들어내는 빛이 밝을수록 그 그늘은 어두운 법입니다. 진리의 특징 중의 하나는 악한 것을 더 악하게 선한 것을 더 선하게 한다는 점입니다. 왜 그럴까요? 그 이유를 찾아본들 소용없습니다. "무릇 있는 자는 받아 넉넉하게 되되 없는 자는 그 있는 것도 빼앗기리라."[374] — 도덕도 경제학도 마찬가지입니다. 밀랍을 녹이는 태양이 점토를 굳힙니다. 기독교가 만인의 빛이라면 그 빛이 선이 아니라 악도 조장한다고 한들 결코 불가사의하지 않습니다. 그러므로 기독교 나라에서 가장 악한 일과 마주할 수 있는 것입니다.

5백만 인구의 뉴욕주가 4천만 인구의 일본보다 살인범이 더 많다고 합니다. 그랜트 장군[375]의 관찰에 따르면 일본의 빈민 수 및 빈민의 상태는 자국 합중국에 비하면 양호한 편이라고 합니다. 런던은 빈민이 많은 걸로 유명합니다. 기독교

• •

374. 마태복음 13장 12절.
375. Ulysses Simpson Grant(1822-85). 미국의 군인으로 남북전쟁 때 북군 총사령관, 이후 제18대 대통령. 세계 시찰을 위한 여행 중 1879년에 일본을 방문했다.

나라는 대체로 도박하고 음주하는 습관으로 알려져 있습니다. 기독교 나라 사람들의 욕망을 만족시켜주는 술에는 만약 우리 나라의 음주가가 그 술을 상당량 마시면 발광할 정도로 도수가 센 것도 있습니다. 품행이 단정한 사람이라면 기독교 나라 대도시의 뒷골목을 굳이 가까이서 보고 싶지는 않을 것입니다. 그와 같은 기독교 나라의 모습과 풍경을 서술하려면 어느 나라 언어든 그 언어의 가장 나쁜 표현을 써야 할 지경입니다. 뻔뻔하게 횡행하는 도박, 백주대낮에 발생하는 강도, 세력 확대를 위해서라면 동료도 희생하는 피도 눈물도 없는 각종 행위 등이 기독교 나라에서는 기업에 버금가는 거대한 규모로 이루어집니다. 이교도를 불쌍히 여기며 기독교 문명을 자랑스레 여기는 당신들께 고합니다. 당신들 나라의 한 자선사업가가 제게 들려준 다음 이야기를 공평한 잣대로 읽어주시기 바랍니다.

기독교 나라 중에서도 특히 기독교 나라라 부르기에 부족함 없는 한 나라의 수도와 그리 멀지 않은 교외에 한 노부부가 조용히 살고 있었습니다. 외견상 두 사람은 행복하게 살고 있는 것처럼 보였는데 무엇이 그들을 행복하게 하는지 그 이유는 아무도 몰랐습니다. 그런데 한 가지 기묘합니다. 그것은 아무리 봐도 두 사람이 먹기에 지나치게 큰 밥솥으로 밥을 짓는다는 점입니다. 노부부 집의 굴뚝은 이웃의 식사가 끝난 모두 잠든 고요한 심야가 되면 연기를 피웁니다. 한 용감한 여성이 이 집을 수상쩍게 여겼습니다. 나쁜 일을 조사할 때의 그녀는 날카로운 여성적인 본능과 더불어 실제적인 기지機知도 발휘합니다. 노부부의 집에 대해 몰래 그리고 신중히 조사했습니다. 증거를 포착한 그녀는 집 바깥에서 의심만 하고 있을 필요가 없어졌습니다. 껌껌한 어느 밤 그녀는 당국 경찰을 데리고 그 집에 쳐들어갔습니다. 혐의 대상은 밥솥입니다. 밥솥을 열었습니다. 그 안 과연 무엇이 있었을까요? 노인 둘을 위로하는 무연탄의 남은 불씨일까요? 아닙니다. 이런 무서운 일이 있다니! 그 안에는 사람같이 생긴 것이 있었습니다! 그것은 갓난아기였던 것입니다! 갓난아기 하나 구워 죽이면 2달러! 20년간 아무 방해도 받지 않고 그들은 이 일을 해왔던 것입니다! 게다가 이 일을 통해 꽤 돈도 모았습니다! 무엇을 위해 이런 무시무시한 일을 저지를까요? 불행한 아기를 낳은 수치심을 감추기 위해서입니다! 그 마을에 사생아가 넘쳐서 노부부의 매상을 올려준 것입니다! 이 이야기를 들려준 자선사업가가 덧붙였습니다. "가엾은 이 아기들이 세상에 태어난 것이……라 해도 이상할 것도 없습니다."(부끄러운 줄을 알아야지!).

기독교 나라에도 몰렉 숭배[376]가 있습니다! 자간나트의 무시무시함을 연상시키기 위해 일부러 인도 신화를 가져올 것도 없습니다. 이교도 암몬 사람[377]은 분명 종교적 목적으로 유아를 희생양으로 바쳤습니다. 허나 자선사업가의 이야기 속 마녀들에게는 그러한 종교적 목적조차 부재합니다. 단지 '하나에 2달러'의 장사를 하기 때문입니다. 기독교 나라의 여러분은 '당신들 현관에 이교도'를 두고 있는 셈입니다. 외국 여행에서 기독교 나라의 어두운 면만 보고 돌아와 '기독교 나라는 축생국畜生國'이라고 보고하는 우리나라 사람도 있습니다. 물론 공평한 보고는 아니겠지요. 하지만 앞서 언급한 축생도畜生道가 발생하는 한 보고자가 받은 인상은 틀리지 않았습니다. 축생도를 기준으로 해도 기독교 나라가 이교도 나라보다 더 나을 것도 없는 것입니다.

그런데 아무리 기독교 나라의 악이 악질스럽다고 해도 그곳의 선이 얼마나 거룩한지 아십니까! 이교국을 구석구석 살펴보시기 바랍니다. 인류애의 역사를 장식한 존 하워드와 같은 인물이 있나 없나 찾아보시기 바랍니다. 1장에서 말했듯 저희 아버지는 유학에 조예가 깊고 중국 선인先人에 대한 존경심이 매우 강했습니다. 그런 그가 언제나 화제로 삼는 사람은 그가 아는 존 워싱턴이었습니다. 아버지에게는 공자가 높이 받들어

● ●

376. 레위기 18장 21절, 20장 2-5절, 예레미야 32장 35절 등에 보이는 토착신을 위해 어린이를 바치는 희생제의.

377. 아모스 1장 13절 참조.

상찬해 마지않았던 요임금도 순임금도 존 워싱턴이라는 미국의 해방자와는 비교도 되지 못했습니다. 워싱턴에 대해 더 많이 알고 있는 제가 아버지의 '역사비평'이 틀리지 않음을 보증합니다. 올리버 크롬웰처럼 용감하면서도 따뜻한 마음씨, 타고난 재능과 공평한 판단, 뛰어난 식견과 정열적인 신앙, 이 모든 것이 적절히 조화된 인간이 기독교가 전파되지 않고도 존재할 수 있을까요? 우리나라 부자들도 엄청나게 모은 돈을 '후대를 위해' 절에 기증하거나 가난한 자에게 나누어준다고는 들었습니다. 허나 조지 피바디와 스티븐 지라드는 나누기 위해 재산을 모았던 사람, 나누는 행위 자체에서 기쁨을 찾았습니다. 이러한 심성은 이교도에서는 볼 수 없습니다. 게다가 피바디나 지라드와 같이 선택된 소수가 그렇게 행했던 것도 아닙니다. 선인good men이라 불러도 좋은 사람들이 기독교 나라 구석구석에 존재합니다. 그들은 마치 약속이라도 한 것처럼 눈에 띄지는 않습니다. 그들은 선善 자체를 위해 선을 사랑합니다. 일반적으로 인간이란 악에 굴복하는 경향이 있다면 그들은 선에 굴복하는 경향이 있습니다. 철저히 대중의 눈을 피하면서도 선행을 위한 노력과 기도에 전심전력을 쏟는 그들의 노력을 이루 다 헤아릴 수 없습니다. 인간의 불행과 무지의 개선에 자발적으로 참여하고 있는 것입니다. ― 이러한 사실의 존재를 제 눈으로 직접 확인했습니다. 그 배후에 순수함 그 자체의 정신이 있음을 증명할 수 있습니다. 조국이 존망의 위기에 처했을 때 목숨을 걸고 앞장서는 자가 평소에는 침묵하고 있습니다. 이교국에 전도하러 떠난다는 계획을 들으면 그들은 전도사에게 여비를 쥐어주고 자신은 걸어서 집으로 갑니다. 선인들은 그들의 모든 행위 자체로 하나님을 찬양합니다. 눈물을 흘리기 쉬운 마음으로 하나님 자비의 모든 비의秘儀를 이해하고 그것을 통해 주위 사람들에게 자비를 베풉니다. 무분별한 열광도 정열도 없습니다. 따뜻한 마음씨 그리고 선을 행하기 위한 냉정한 사고를 가지고 있을 뿐입니다. 저는 선한 사람이 존재함을 기독교 나라에서 처음 경험했다고 고백하겠습니다. 용사, 정직자, 의인이라면 이교도 나라에도 있습니다. 하지만 선인은 잘 모르겠습니다. — 여기서 선인이라는 단어를 쓴 것은 영어 외의 다른 언어로 적절한 단어가 떠오르지 않는 Gentleman을 말하고 싶어서입니다. — 저는 그와 같은 선한 사람이 예수 그리스도의 종교 없이 형성될 수 있는지 심히 의심스럽습니다. '기독교 신도, 전능하신 하나님의 gentleman' — 말로 다 형용할 수 없을 만큼 아름답고 훌륭하며 사랑스러운 사람, 그 누구와도 비교할 수 없는 사람입니다.

기독교 나라라고 선인이 엄청나게 많은 것도 아닙니다. 선인의 수가 절대적으로 많지는 않다는 사실을 생각건대 선인이 악인을 물리치는 힘 또한 중요할 것입니다. 기독교 나라의 특징에 이교도 나라보다 선행이 쉽게 행해진다는 점이 있습니다. 친구도 없고 눈에 띄지도 않는 로이드 개리슨 같은 사람에 의해 노예 인종의 해방 운동이 시작되었습니다. 존 B. 고프[378] 같은 사람에 의해 애주가들이 설 곳을 잃었습니다. 기독교 나라의 헌법을 보면 소수파를 패배자로 간주하기 십상이지만 고프를 비롯한 소수파들은 그들의 올바른 주장과 국민의 양심에 대한 확신이 있었기에 다수의 국민들을 아군으로 끌어올 수 있다고 믿어 의심치 않았습니다. 기독교 나라는 부자를 칭송하고 존경해 마지않지만 그 이상으로 선인을 더 칭송하고 존경합니다. 사람들은 워싱턴의 용기보다 그의 선행을 더 자랑스러워합니다. 제이 굴드[379]보다 필립스 브룩스를 더 자랑스러워합니다(실제로 굴드를 부끄럽게 여기는 사람도 많습니다). 정의가 바로 힘입니다. 1온스의 정의는 1파운드의 부에 필적합니다. 아니, 더 무거울 때가 많습니다.

기독교 나라 국민 개개인의 평균적인 양심에 비해 국민적 양심 — 즉 국민 개개인의 양심을 합한 총체 — 란 이 얼마나 고결합니까! 기독교 나라 국민들은 개인의 입장이라면 마음대로 향유할 수 있는 것에 대해 국민의 입장에서 강하게 반대

• •

378. John Bartholomew Gough(1817-86). 미국의 금주운동가.
379. Jay Gould(1836-92). 미국의 실업가. 금을 매점(買占)하고 철도회사 주식을 매점한 것으로 알려져 있다.

하기도 합니다. 평소 하나님을 헐뜯던 사람이 남북전쟁 때 전장에서 기독교 신도로서 부끄럽지 않은 죽음을 맞이했다는 일화를 들은 적이 있습니다. 거짓말이 아니라고 생각합니다. 그 전쟁은 주의主義를 위한 전쟁이지 명성이나 부정한 이익을 위한 전쟁이 아닙니다. 역사상 그보다 더 이타적인 목적을 위해 싸운 국민은 없습니다. 더군다나 그 전쟁에 참가한 사람 모두가 기독교 신도였던 것도 아닙니다. ― 또 하나, 기독교 나라 사람들이 대통령을 고를 때 얼마나 꼼꼼하고 세세하게 후보자의 도덕성을 검토하는지 한번 보십시오. 단순히 능력이 좋다고 대통령이 될 수 없습니다. 도덕적으로 결점이 없어야 합니다. 리슐리외[380]와 마자랭[381] 같은 자는 이 나라의 대통령 이 될 수 없습니다. 국가를 통치하기에 최적이라도 약간의 인격적 결함으로 낙선한 후보자를 벌하여주시옵소서. 이교도 나라는 정치가의 도덕적 자격을 그리 따지지 않습니다. ― 왜 몰몬교[382] 신도들이 국민적으로 격한 비난을 받을까요? 실제

. .

380. Armand Jean du Plessis Richelieu(1585-1642). 프랑스의 정치가. 중앙 집권적인 절대 왕권 확립에 힘썼으며 위그노파를 탄압했다.

381. Jules Mazarin(1602-61). 프랑스의 정치가. 이탈리아에서 태어나, 교 황의 대사로 파리에 파견되어 프랑스로 귀화. 리슐리외의 정책을 이어 받아 왕권의 확장을 도모했다.

382. 정식명은 '예수 그리스도 후기 성도 교회(The Church of Jesus Christ of Latter-day Saints)'. 미국인 조셉 스미스(Joseph Smith, 1805-44)에

로 '감춰진' 처첩제와 일부다처제를 이 나라의 개인이 모른다는 말일까요? 말도 안 되는 모순이라고들 생각하시겠지요. 말도 안 되는 것은 맞습니다, 허나 칭찬받아 마땅한 이야기이기도 합니다. 개인의 입장이 아니라 개인이 모인 국민의 입장에서 일부다처제를 허용하지 않는다는 말입니다. 일부다처제를 원하는 개인이 있다면 하게 내버려 둘뿐. 드러나지 않는 감춰진 행위를 일일이 적발할 정도로 국민적 양심이 민감하지는 않습니다. 하지만 기독교 신도 비신도를 막론하고 제도로서의 일부다처제가 국법의 암묵적 허용과 보호 아래에 방치되는 것을 그냥 지나치지 않습니다. 몰몬교 신도는 이에 순응해야 합니다. 순응하지 않으면 유타주[383]는 명예로이 반짝이는 별들이 모인 성조기에서 그들의 별을 삭제해야 합니다.

이처럼 국민의 고결하고 품격 있는 감정을 배양하는 양심은 동시에 천하고 가치 없는 것을 멀리합니다. 온 세상을 밝게 비추는 햇빛이 마녀를 물리칩니다. 마녀가 그 모습을 드러내기 위해서는 의인의 옷을 걸쳐야 합니다. 그렇지 않으면 다른 마녀들에게 '린치를 당하고' 망각이라는 신과 그 신의 심부름꾼

••

의해 1830년 설립. 경전 *The Book of Mormon* 때문에 몰몬교라 부른다. 유타주 솔트레이크시티에 본부가 있다. 초기에는 일부다처제를 주장했으나 1890년에 폐지.
383. 몰몬교도를 중심으로 개척된 지역.

에게 맡겨질 것입니다. 재물의 신 맘몬은 정의의 법을 수단으로 움직입니다. 정직이란 돈벌이를 위해서도 정치를 위해서도 가장 좋은 술책입니다. 집에서 아내를 두드려 패는 자도 다른 사람 앞에서는 아내에게 입맞춤을 합니다. 당구장이라는 이름으로 도박장이 횡행하고 타락한 천사도 '레이디' 행세를 합니다. 밖에서 안이 보이지 않게 커튼을 친 술집에 모인 사람들은 스스로의 악습을 수치스럽게 여기면서도 구석진 어두운 곳에서 술을 마십니다. 이 정도면 최악의 위선을 행하고 있다는 생각이 들 법도 하겠지요. 악을 공적으로 허용하는 것이 덕일까요? 저는 그렇게 생각하지 않습니다.

과연 선에 대해서 악을, 하늘을 날고 싶어 하는 종다리에 대해서 동굴에 사는 박쥐를, 오른편 양에 대해서 왼편의 염소[384]를 구별할 수 있는 기준은 무엇일까요? — 그것은 기독교 세계에 있다고 생각합니다. 기독교 세계란 우리가 나아가는 바로 그 곳에 있는 것 — 선과 악의 완전한 분리의 전조입니다. 아름다운 이 땅은 애초에 천사의 나라로 정해짐 받은 곳이 아닙니다. 더 높은 단계로 진학하기 위한 준비 단계입니다. 이 땅을 이상적인 모습으로 바꾸기 위한 작은 노력으로 이 땅의 교육적 가치를 잃어버려서는 안 됩니다. 고대 그리스인들

---

384. 에스겔 34장 17절, 마태복음 25장 31-33절 참조.

처럼 이 땅을 신이 사는 집으로 생각하는 공리주의자 및 감정적 기독교를 비롯한 천박한 사상의 무리들은, 크롬웰과 같은 엄격한 예언자의 예시를 통해 자신들이 만인을 행복하게 하지 못하는 이유를 깨닫게 되고 좌절할 것입니다. 대부분의 경우 '최대 다수의 최대 행복'이란 공명정대한 통치와 반대됩니다. 하늘 아래 그 어디를 찾아봐도 콩고강가, 잠베지강가의 아프리카 정글 사회보다 더 '모두가 만족'하며 사는 곳은 존재하지 않을 것입니다. 잘 교육된 영혼을 통해 이 땅 위에 창조를 이루시는 하나님 본래의 목적이 가장 잘 실현된 상태가 가장 좋은 상태입니다. 이 상태가 실현되는 순간 우리는 세상과 작별하게 될 것입니다. 어떤 사람은 영원한 축복을 받게 될 것이고 어떤 사람은 영원한 저주에 빠지게 될 것입니다. 그리고 쓸모없어진 이 땅은 태초의 모습으로 돌아가겠지요.

기독교 나라의 좋은 점에 대한 이야기를 마치기 전에 마지막으로 덧붙이겠습니다. 식후에 수다 떨듯 현대 생물학이 반드시 거론하는 기독교의 교의 — 즉 부활에 관해서 이야기하겠습니다. 르낭[385] 및 그 아류들이 부활에 대해 내키는 대로 내뱉고 있는데 내버려두십시오. 부활이라는 기독교의 독자적

• •

385. Joseph Ernest Renan(1823-92). 프랑스의 종교역사가. 『예수의 생애*Vie de Jésus*』, 1863에서 비판적 역사 연구를 바탕으로 인간으로서의 예수를 썼다.

교의가 지니는 실제적인 의의를 그 어떤 학풍의 '역사학파'도 무시할 수는 없습니다. 대체로 일찍 노화하는 이교도와 달리 기독교 신도는 왜 노화를 의식하지 않고 나아가 죽음에 대해 희망을 품을 수 있을까요? 80대 노인이 마치 20대처럼 장래 계획을 세우는 모습을 본 우리 이교도는 불가사의한 광경에 어안이 벙벙할 뿐입니다. 우리는 40세를 넘으면 노인으로 칩니다. 그에 비해 기독교 나라에서 50대 이하에게 중요한 책임이 있는 지위를 맡기지 않습니다. 이교도 부모들은 자녀가 성인이 되자마자 하던 일을 관두고 노후를 계획합니다. 효도라는 가르침 덕분에 매일 놀고먹으면서 젊은 세대의 보살핌을 받아도 되는 자격을 얻습니다. 하지만 인고의 일생을 보낸 선교사 저드슨[386]은 영원한 휴식이 보장되어 있으니 더 일하고 싶다고 외쳤습니다. 84살이 된 빅토르 위고가 "이 세상을 조국같이 사랑하므로 일 분 일 초를 아껴 내가 사는 세상을 더 좋게 만들고 싶다. 내 할 일은 이제 막 시작했다. 이제 겨우 할 일을 위한 토대가 다져졌다. 나는 할 일을 위한 토대가 영원히 높아지는 것을 보며 즐기고 싶다"고 말할 정도입니다. 술잔을 기울이며 늙어가는 즐거움을 만끽하려 했던

• •

386. Adoniram Judson(1788-1850). 미국의 선교사. 인도 전도에 뜻이 있었으나 거절당하고 미얀마에서 활약.

중국 시인 도연명도 좋고 아니면 약간만 머리가 희끗해지자마
자 세상을 은퇴하는 우리나라 사람들과 이들을 비교해도 좋습
니다. 하나님을 배제하는 생리학은 식사나 기후의 차이에
따른 것으로 설명하려 합니다. 여전히 쌀과 계절풍에 의지하
며 사는 우리 이교도도 과거와 다른 모습으로 변할 수 있습니
다. 생리학적인 설명이 아닌 설명이 필요합니다.

　저는 기독교 나라가 보여주는 적극성의 근원은 기독교에
있다고 봅니다. 믿음, 소망, 사랑[387], 즉 사신死神 그리고 사신의
사자使者에 맞설 수 있는 생명의 세 사자가 1,900년간 기독교
나라를 움직여왔으며 오늘날의 모습을 만든 것입니다.

　　생은 대적大敵 죽음이 보내는 의미 없는 증오를 비웃어
　　적 위에 앉고 적 무덤을 밟으리.
　　창백한 적과 싸워 이긴 전리품을
　　성장하는 영양분으로 삼으리.

　　　　　　　　　　　　　　　　　　　　－브라이언트[388]

· ·
387. 고린도전서 13장 13절.
388. William Cullen Bryant(1794-1878). 미국의 시인. 인용 시구는 「A
　　forest Hymn」 중 한 구절(우치무라가 「생물학자를 위한 애도사(生物
　　学者を葬るの辞)」(전집31)에서 일본어로 번역한 것을 중역. 역주).

아무리 기독교 나라 사람들의 죄가 막심하다 하더라도 그들은 그들의 죄와 싸워 이겨낼 수 있는 힘을 가지고 있습니다. 치유할 수 없는 슬픔은 없습니다. 이러한 힘을 보더라도 믿을 가치가 있는 그것이 바로 기독교입니다.

기독교 전도의 존재 이유는 무엇일까요? 이미 다 말했습니다. 전도의 존재 이유란 기독교 자체의 존재 이유와 다름 아닙니다. 데이비드 리빙스턴[389]은 "전도하는 정신은 주님의 정신이며 주님이 주신 믿음의 본질이다. 세상에 널리 퍼진 박애 정신 그 자체가 기독교다. 그 진실을 증명하기 위해 끊임없이 전도해야 한다"고 말했습니다. 전도를 그만두는 것은 곧 삶을 그만두는 것입니다. 여러분, 왜 하나님이 인류 대부분을 아직도 이교라는 암흑 속에 두고 계시는지 생각해본 적이 있습니까? 제 생각을 말하자면 그 암흑을 멸하기 위한 노력에 의해 여러분의 기독교가 성장함을 기대하시기 때문입니다. 13억 4천만 명이나 되는 이교도가 아직도 존재합니다! 이렇게나 많은 이교도가 존재함을 하나님께 감사드려야 합니다. 더 정복할 세계가 없다고 알렉산더 대왕이 한탄한 것처럼 한탄할

• •

389. David Livingstone(1813-73). 영국 스코틀랜드의 선교사. 런던전도협회 소속으로 아프리카 전도와 탐험으로 유명.

필요가 없기 때문입니다. 만약 하나님이 기독교 나라 국민인 여러분께 국내에만 머물러라, 지갑은 굳게 닫고 절대 이교도에게 마음을 열지 말라, 라고 명령했다고 상상해보세요. 쓸데없는 일에 돈과 시간을 쓰지 않아도 된다고 하나님께 감사드리게 될까요? 만약 전도라는 의무를 행함으로써 하나님께 얻을 수 있는 큰 축복과 전도해주어서 고맙다며 이교도가 전하는 따뜻한 감사를 마치 받아 마땅한 것으로 여긴다면, 하나님도 이교도도 당신들을 통해 얻을 수 있는 좋은 것은 아무것도 없습니다. 그런 식의 전도라면 그만두시기 바랍니다. "만일 복음을 전하지 아니하면 내게 화가 있을 것이로다."[390] 사도 바울이 말했습니다. 바울의 가장 큰 시련은 선교사가 되면 안 된다는 것이었다고 믿습니다. 내면에서 팽창하는 생명이 기독교의 전도라는 인류를 위한 보편적인 사랑으로 나아가는 것을 제어하지 못했던 것입니다. '전도지의 곤란'이나 '이교도의 거만' 등 비열한 변명으로 불만만 늘어놓을 바에는 아직 기독교를 가지지 못했다고 정직하게 고백하는 편이 더 낫습니다.

그런데 당신 나라에 수많은 이교도가 아직도 존재하는데 어찌 우리 이교도에게 선교사를 파견하는 것입니까?

• •
390. 고린도전서 9장 16절.

세계는 하나고 인류는 거대한 가족이라는 사실을 기독교 나라의 여러분은 잘 아시겠지요. 이 사실이 기독교적인 애국심 또는 다른 종류의 애국심을 부정하는 것처럼 보여도 실은 제가 성경책에서 읽은 내용입니다. 타자를 완전케 하지 못하는 한 여러분 자신도 완전할 수 없습니다. 이교국에 둘러싸여 그 한가운데에 있기에 완전한 기독교 나라로 보일 수 있다는 생각은 성립될 수 없습니다. 당신들을 둘러싸고 있는 타자를 전도해서 기독교화 함으로써 당신들도 더욱 기독교화 되어가는 것입니다. 이는 실제의 경험을 예로 얼마든지 설명 가능한 철학입니다.

　외국 전도를 멈추고 모든 에너지를 국내 전도에 집중한다고 생각해보십시오. 무엇을 얻을 수 있을까요? 놀랄 만큼 많은 사람들의 회심, 위스키의 저주에서 해방된 가족들, 더 깔끔한 옷을 갖춰 입게 된 아이들을 얻게 될 것입니다. 그리고 더불어 얻는 것은? 아마도 주일학교의 소풍도 늘고 '일본의 신부'[391] 사건도 늘겠지요. 동시에 끊임없는 이단 사냥과 교파간의 악담도 늘겠지요. 1,800년에 걸쳐 기독교를 소유해온 당신들이기에 한쪽에서 선이 행해지면 그만큼 다른 쪽에서 행해질

· ·
391. 목사 다무라 나오미(田村直臣, 1858-1934)가 1893년 미국에서 *The Japanese Bride*를 출판했는데 일본의 약점을 강조하는 서적이라는 이유를 들어 일본의 기독교회가 그의 목사직을 박탈했다.

예정의 선이 줄어든다는 생각, 멍청한 이교도와 다를 바 없는 사고방식은 이미 졸업했다고 생각합니다. — 외적인 성장은 내적인 성장도 의미하는 법입니다. 장기능이 떨어졌다고 칩시다. 의사한테 가면 이런저런 약을 특효약이라며 복용하라 합니다. 하지만 낫지 않습니다. 그 의사를 더 믿지 못합니다. 결국 그 병이 무엇인지 당신은 스스로 깨닫습니다. 당신의 내부에서 외부로 주의를 보냅니다. 다시 말해 본인이 병자라는 사실을 잊고 양배추 밭을 갈든 뭘 하든 집밖에서 일을 하기 시작합니다. 그러자 호흡이 편해지고 근육과 뼈가 튼튼해집니다. 서서히 병이 호전됨을 느끼는 당신은 전보다 더 건강해졌다고 생각합니다. 반사작용으로 병을 고친 것입니다. 양배추에 스스로를 맡긴 당신을 양배추가 치료해준 셈입니다.

교회도 다를 바 없습니다. 이단을 사냥해서 제거하고 새로운 신학을 복용하게 한들 교회의 병은 절대 낫지 않을 것입니다. 오히려 악화될 수도 있습니다. 바로 그때 현자가 나타나고 외국으로 전도하라는 처방전을 써줍니다. 외국 전도라는 것을 접하게 되고 관심을 가지게 됩니다. 당신들의 외부인 전 세계를 향한 애정과 배려가 오히려 당신들 내부를 강대하게 해줌을 느끼게 됩니다. 이단 사냥과 새로운 신학의 복용 때문에 잠들어 있던 애정과 배려를 깨우쳐줍니다. 자신을 오직 자신만을 위해 썼기에 내부에 잠들어 회생되지 못했던 것이, 자신이 아니라 타자를 위해 자신을 쓰는 길을 따라가면서 회생됨을 느낍니다. 당신들은 이교도를 개종시켰습니다. 이번에는 이교도가 당신들을 한 번 더 개종시킵니다. 이것이 바로 인류애입니다. 당신들과 전 인류는 친밀하게 이어져 있습니다. 이교도를 불쌍히 여김이란 무엇을 뜻할까요? 친형제의 비참한 상태를 불쌍히 여깁니까? 그러한 형제들을 부끄러이 여기고 비참한 상태의 원인을 자책하지는 않습니까? 이러한 태도야말로 진정한 기독교의 전도철학이라 믿어 의심치 않습니다. 이러한 이유가 아닌 다른 이유로 말미암은 전도는 그저 쇼와 놀이에 불과합니다. 쇼와 놀이에 불과한 전도는 적의 비난을 받게 됩니다. 전도를 위해 파견된 땅의 이교도조차 무시합니다.

그런데, 이교도가 기독교를 과연 좋아할까요? 라고 여러분이 묻겠지요.

그렇습니다. 분별 있는 이교도는 기독교를 좋아합니다. 우리 이교도 중 생각이 짧은 자들이 선교사에게 돌을 던지는 등 불행한 짓을 한다고 해도 그들이 분별력을 되찾기만 하면 그러한 행동을 뉘우치게 될 것입니다. 물론 기독교의 이름으로 전해지고 행해지는 모든 것을 좋아한다는 말은 아닙니다. 성체, 법의, 강제적인 기도서, 신학 등, 이교도의 발달 상태에 비추어보건대 기독교를 전하기 위해 절대적으로 필요한 것이 아닌 이상 우리 이교도가 그 전부를 꼭 좋아할 필요는 없다고 생각합니다. 그리고 미국교나 영국교가 기독교인양 쳐들어오기를 원치 않습니다. 그리스도에게 직접 돌을 던지는 것과 다를 바 없는 행위를 저지른 이교도는 우리 안에 없었다고 생각하고 싶습니다. 만약 돌을 던졌다면 그 행위는 전능하신 하나님 옥좌에 돌을 던진 것과 다름 아닙니다. 따라서 우리는 진리의 이름으로 벌을 받아 마땅합니다. 다만 그리스도의 이름을 빌려서 멋대로 지어낸 견해 — 그들이 신학이라 부르는 것 — 와 이교도 입장에서 다소 적응하기 힘든 '자유 결혼'이나 '여성의 권리' 등을 가르치는 선교사에게는 돌을 던져도 비난하지 말아주시기를. 우리 스스로를 지키기 위해서입니다. 당신들도 가톨릭 신앙은 눈 감아도 로마 가톨릭은 그냥 넘어가지 못하지 않습니까? 학교를 비롯한 공적 사항에 간섭한다며 높은 설교단에서 들리는 설교나 신문에서 보이는 평론을 통해 무슨 비오 무슨 레오라는 교황을 비난하지 않습니까? 그런 당신들이기에 우리가 미국주의나 영국주의와 같은 외국주의에 항의하는 이유를 이해해주리라 믿습니다.

그리고 우리에게 다가오기 전에 건전한 상식을 갖춰주시기를. 하루아침에 나라 전체를 개종시킬 수 있다고 떠드는 전도 서커스단의 유언비어를 믿어서는 안 됩니다. 이 세상에 정신의 황금나라[392]El Dorado란 존재하지 않습니다. 단 한 번의 전도로 몇 십, 몇 백 개의 영혼을 한꺼번에 개종시킬 수 있는 곳은 없습니다. 우리나라도 다른 나라와 다를 바 없습니다. 우리나라 사람도 다른 나라 사람과 다를 바 없이 의심하고 과장하고 실패합니다. 우리 이교도를 마치 자국민 대하듯 하나님 말씀을 가르치는 선교사가 있습니다. 이들은 미국과 영국에서 큰 성공을 거둔 무디=생키 방식[393]이 일본인과 중국인에게도 통할 거라 믿는 모양입니다. 그러나 일본인과 중국인은 미국인이 아닙니다. 일본인과 중국인은 '여호와는 나의 목자시니'[394]나 '이제 잠자리에 들어요Now I lay me down to sleep'[395]를 비롯한 천사의 자장가를 들으며 성장한 유년시절이 없습니다. 이교도에게는 에스티 파이프오르간[396] 소리도 종소리도 같은 기쁨입니다. '이교도'는 '이교도'에 알맞은 방식으로 가르쳐야 합니다. 그런데도 그저 예수 그리스도 이야기를 늘어놓고 신약성서 한권 씩 쥐어주고 세례를 권해서는 받게

· ·
392. 스페인 사람들이 남아메리카 아마존강 유역에 있을 것이라 상상했던 황금의 이상향.
393. 주351의 무디와 생키(Ira David Sankey, 1840-1908)는 1871년에 짝을 이뤄 무디가 연설하고 생키가 찬송가를 부르는 식으로 영미 전역을 순회했다. 그 영향을 받은 대중전도법.
394. 시편 23편을 바탕으로 James Montgomery가 작곡한 찬송가.
395. Thomas Kelly 작곡의 찬송가. 자장가로 유명.
396. 에스티 오르간(The Estey Organ Company)이 제조하는 오르간.

하고 세례명을 교회원 명부에 기입하고 이름이 모인 명부를 본국의 모교회에 보고합니다. 이것으로 전도 받은 이교도도 안심하고 천국에 가게 될 것이라 여기는 사람도 있습니다. 그렇지 않다는 법은 없겠지만 제 생각에 아마도 천국에 가지 못할 것입니다. 이교도들이 아담 이후의 변치 않고 죄를 짓는 경향을 가진다는 점은 차치하더라도 유전적 영향, 심리적 특이성, 사회적 환경의 차이로 인해 귀로 듣는 익숙지 않은 내용의 설교에 쉽게 적응하지 못합니다. 우리는 하나님 없는 과학을 경멸합니다. 그 이상으로 과학 없는 복음 선교에 가치를 두지 않습니다. 저는 신앙과 건전한 상식이 양립할 수 있다고 굳게 믿습니다. 열심히 전도해서 성공한 선교사는 모두 풍부한 상식의 소유자였습니다.

우리에게 다가오기 전에 당신들의 영혼부터 악마와의 싸움에서 승리하고 출발하시기를 바랍니다. 잘 아시겠지만 존 버니언은 악마를 접한 경험이 없는 목사님 이야기를 합니다. 그 목사가 버니언의 영혼을 치유하지 못했듯 우리 이교도도 치유할 수 없습니다. '태어날 때부터 기독교 신도'에게 이교도의 회심이란 그저 '머나먼 곳에서 전해오는 소식'으로 들릴 뿐입니다. '태어날 때부터 기독교 신도'는 어둠속에서 빛을 찾아 필사적으로 몸부림치는 우리 이교도에게 아무런 도움도 되지 않습니다. 제가 아는 미국의 한 퀘이커 신도 대학교수에게 그리스도를 찾아 헤매던 고통 가운데 극복해야 했던 의혹과 곤경을 이야기한 적이 있습니다. 그는 기독교의 의미란 L–O–V–E 한 음절 한 음절 속에 담긴 매우 간단한 것이다, 그러므로 당신이 겪은 의혹과 곤경을 잘 모르겠다고 대답했습니다. 고작 한 음절일 수도 있겠지요, 그러나 저 광활한 우주조차 그 한 음절을 오롯이 담지 못합니다! '태어날 때부터 기독교 신도'인 그가 참으로 부럽습니다. 그의 선조가 그를 위한 싸움에서 이미 승리해놓았습니다. 그는 악마와의 싸움이 뭔지도 모른 채 기성既成 기독교 신도로 태어났습니다. 백만장자의 아들이 독립을 위해 홀로 나아가는 자의 비참함과 분투를 이해하지 못함과 마찬가지로 이 대학교수를 비롯한 기독교 나라의 사람들은 우리 이교도가 그 한 음절에 안심하고 정착하기까지 셀 수 없을 만큼 영혼의 싸움을 거쳤다는 사실을 이해하지 못합니다. 저는 그 교수와 같은 사람이라면 자기네 나라에서 교수로 머물기를, 혹여 선교사로 우리에게 다가오는 일이 없기를 권하는 바입니다. 그들의 단순함과 단조로움이 우리 이교도를 당황시키는 것과 마찬가지로 우리 이교도의 복잡함과 번거로움이 그들을 당황시킬지도 모르기 때문입니다. 기독교라는 것에 진지하게 몰두해온 우리 이교도와 같은 인간에게 기독교란 그리 간단하지도 않고 즐거운 나의 집home-sweet-home도 아닙니다. 만인에게 평화 있으리, 라고 쉽게 소리칠 수 있는 성질의 것이 아니라는 말입니다. 우리는 자유를 노래하는 시인 브라이언트를 통해 약간이나마 알 수 있게 되었습니다.

    수염 난 용사여,
    온몸을 무장했구나.
    갑의로 감싼 한 손으로
    쥔 넓은 방패,
    다른 손으로
    쥔 검.
    아름답게 빛나는 이마에
    옛 싸움을 남긴 상처.
    당당한 손목은
    싸움으로 다져졌구나.[397]

　우리도 『천로역정』을 압니다. 하지만 행복 넘치는 신혼여행처럼 되어버린 종교에 대해서라면 그것이 십자가에 못 박히신 그분의 기독교가 아니라는 것은 잘 알겠으나 정확한 정체는 모르겠습니다. 당신들 영혼 안에도 극복해야 할 이교가 존재

● ●

397. 브라이언트의 시 「The antiquity of freedom」의 일부.

합니다. 당신들 안의 이교를 극복해야 우리의 이교도 극복할 수 있게 되리라 생각합니다.

당신들 멋대로 만들어낸 주의isms를 기독교에서 걸러내고 당신들의 상식을 잘 다듬어서(아직 다듬어지지 않았다면) 그리고 특히 당신들 자신의 영혼이 악마와의 싸움을 거친 후에 우리에게 다가온다면, 분명 기독교인 당신들은 이교도에게 무한한 선을 베풀게 될 것입니다. 지금까지 실제로 그러한 선교사를 보내주셨습니다(하나님, 감사드립니다). 앞으로도 더 많이 보내주시기를 간절히 바랍니다. 그러면 머지않아 우리 이교도는 선교사를 이방인으로 여기지 않게 될 것입니다. 설령 말이 통하지 않아도 전혀 문제되지 않습니다. 기독교는 눈으로 이야기합니다. 나누는 악수에서 기독교를 느낄 수 있습니다. 이교도 안에서 눈부시게 빛나는 기독교 선교사여! 그들의 존재 자체가 어둠을 쫓아냅니다. 굳이 가르침을 설교할 필요도 없습니다. 우리 이교도가 그들 대신에 설교하게 될 것입니다. 뒤에서 조금만 도와주면 됩니다. 몇 십 명, 몇 백 명의 전도 투기사投機師도 실험가도 필요 없습니다. 신실한 선교사 한 명이면 충분합니다. '천사장도 질투하는 업業 — 이교도에게 그리스도를 전하는 사역', 부러움 받을 이 일에 종사하는 자가 천사장이 아니고 누구겠습니까.

그렇습니다, 기독교가 우리 이교도를 필요로 하고 있음이 분명합니다. 단지 우리의 목상과 석상을 없애기 위해서가 아닙니다. 이 정도 목상과 석상은 이교국 및 그 외 나라에서 받들어 모시는 여러 우상과 비교해도 해를 끼치지 않는 정도입니다. 우리의 악함을 더 악하게, 우리의 선함을 더 선하게 보이도록 하기 위해 기독교가 필요한 것입니다. 오직 기독교만이 우리 죄를 자각할 수 있게 합니다. 기독교를 믿고 확신함으로써 우리 안의 죄를 극복하고 정복하기 위한 도움을 받을 수 있습니다. 저는 이교란 인간 존재의 미지근한 상태가 아닌가 합니다 — 그렇게 뜨겁지도 않지만 그렇게 차갑지도 않은. 애매한 생활이란 약합니다. 고통이 적은 만큼 기쁨도 적습니다. 깊은 곳에서[398] *De Profundis*, 라는 말이 이교국에 없습니다. 우리는 하나님께는 충성을 맹세하고 악마에게 적대심을 다짐합니다. 즉 우리 자신을 강화시키기 위해 기독교가 필요합니다. 나비 같은 생활이 아닌 독수리 같은 생활을 위해서입니다. 꽃이 한창인 바로 그때에 꺾일 것만 같은 분홍빛 장미의 약함이 아니라 튼튼한 떡갈나무와 같은 강함입니다. 아직 어리다면 이교가 맞을 수도 있겠지만 어른에게는 기독교가 필요합니다. 세상은 성장하는 법입니다. 우리도 세상과 함께 성장하는

••

398. 시편 130편 1절에 '내가 깊은 곳에서 주께 부르짖었나이다'라 되어 있다. 비참의 나락에서 부르짖음을 의미.

334

중입니다. 기독교는 우리 이교도에게 없어서는 안 될 필수품이 되어가는 중입니다.

고향으로 돌아가기 위해 50일간을 바다 위에서 지냈습니다. 남십자자리 아래를 항해하던 그때 진실의 십자가가 서고 거짓의 십자가가 쓰러지는 광경을 봤습니다. 독자 여러분, 여러분은 제가 그리운 사람들과의 재회를 즐거운 마음으로 손꼽아 기다렸다고 생각하십니까? 맞습니다. 이 즐거움은 무사가 적과 조우한 다음 눈앞의 적을 완전히 무찌르는 꿈을 꾸는 행복함과 같은 의미입니다. 주님이 저를 찾으시고 저를 구속하시사 제가 바란 적 없는 곳으로 인도하시겠다고 말씀하셨습니다. 주님이 정해주신 전쟁터는 제 작은 영지 안입니다. 저는 싫다고 할 수 없습니다. 여러분, 저는 수많은 싸움을 거치며 주님을 찾아 헤맸습니다. 저는 주님을 찾았고 주님은 주님의 전쟁터로 나아가라 명하셨습니다! 이는 무사 가문에서 태어난 자의 운명과도 같습니다. 불평불만은 없습니다. 주님께 감사드립니다.

(1888년) 5월 16일 정오 — 맑음. 오후 안개. — 오전 10시경, 우리나라의 풍경이 눈에 들어왔다. 어제 정오 무렵부터 282마일을 달려왔다. 63마일만 더 가면 고국이다. — 창세기 32장을

읽었다. 지금까지의 방랑 생활 가운데 하나님께서 보여주신 모든 자애, 그 중에서도 가장 작은 자애조차 내게는 너무나 과분하다는 생각에 큰 위로를 얻었다. 하나님 은혜는 슬픈 인생 경험[399]이 만든 진공을 전부 채워주신다. 내 인생이 하나님 인도하심을 받았다는 사실을 잘 안다. 정체를 알 수 없는 두려움을 안고 고국으로 돌아가는 중. 하지만 이제 내가 알 수 있게 하나님께서 나타나주실 것이기에 두려움은 없다.

한밤중인 저녁 9시 30분, 집에 도착했다. 2만 마일을 돌아 마침내 이곳에 도착하게 된 것에 감사드린다. 뜨거운 환영을 받았다. 아마도 부모님 생에 가장 기쁜 날이었으리라. 동생들도 많이 자랐다. 남동생은 건장한 청년, 여동생은 어여쁜 처녀다. 아버지와 밤새 이야기를 나누었다. 어머니는 바깥 세계에 대한 지적 호기심을 보이지 않는다. 오직 아들이 무사히 돌아왔다는 사실에 기뻐한다. 내가 없었던 세월 동안 우리 가족을 지켜준 하나님께 감사드린다. 그때까지의 내 기도 제목은 건강히 살아계신 아버지를 만나 내 견문과 경험을 남김없이 이야기할 수 있게 해달라는 것과 다름 아니다.

"야곱이 또 이르되 내 조부 아브라함의 하나님, 내 아버지 이삭의 하나님 여호와여 주께서 전에 내게 명하시기를 네

399. 우치무라의 첫 결혼의 파탄 등.

고향, 네 족속에게로 돌아가라 네게 은혜를 베풀리라 하셨나이다. 나는 주께서 주의 종에게 베푸신 모든 은총과 모든 진실하심을 조금도 감당할 수 없사오나 내가 내 지팡이만 가지고 이 요단을 건넜더니 지금은 두 떼나 이르렀나이다'(창세기 32장 9-10절). 하나님께서 영광 주시려는 자의 모습입니다. 야곱은 하란에서 간절히 기도했던 모든 것 즉 레아와 라헬과 아이들과 양을 얻었습니다. 하나님의 가난한 하인인 저도 제가 간절히 기도했던 모든 것을 기독교 나라에서 얻었습니다. 물론 야곱의 축복과 똑같지는 않습니다. 실상은 매우 가난했습니다. 바다고 땅이고 2만 마일을 방황한 끝에 고향으로 돌아오니 주머니에 잡히는 것은 고작 75센트뿐입니다. 지적인 재산도 크게 다를 바 없습니다. 저와 같은 세대인 우리나라 사람이 일반적으로 외국에서 고향에 가지고 오는 지적 유산과는 비교도 되지 못했습니다. 과학, 의학, 철학, 신학 — 부모님께 기쁨 주는 선물이 되는 이러한 학문의 학위증서는 어느 하나 제 가방에 들어 있지 않았습니다. 그러나 간절히 원했던 바로 그것 — "유대인에게는 거리끼는 것이요 그리스인에게는 미련한 것"[400]을 얻었습니다. 애당초 기대했던 방법으로 기독교 나라에서 발견하지는 않았습니다. 다시

<hr />

400. 고린도전서 1장 23절. 단 일본어역은 '그리스인'이 아니라 '이방인'.

말해 길에서 주운 적도 없고 교회와 신학교에서 찾은 것도 아닙니다. 그럼에도 불구하고 예상치 못한 방법으로 얻었기에 만족합니다. 기쁘게 받아줄지 모르겠지만 바로 이것이 부모님 과 우리나라를 위한 선물입니다. 이는 인류의 희망이자 세계 국민의 생명입니다. 인류 역사상 다른 어떤 철학과 신학도 대신할 수는 없습니다. "내가 복음을 부끄러워하지 아니하노 니 이 복음은 모든 믿는 자에게 구원을 주시는 하나님의 능력 이 됨이라 먼저는 유대인에게요 그리고 헬라인에게로다"[401] 라고 하셨습니다.

늦은 시각에 집에 도착했습니다. 나지막한 언덕 위 삼목杉木 울타리 속, 아버지의 자그마한 집이 서 있습니다. "어머니!" 문을 열며 외쳤습니다. "어머니 아들이 돌아왔어요." 어머니 의 여윈 몸은 그동안의 고생하신 흔적을 말해줍니다. 하지만 우리 어머니란 얼마나 아름다운지! 델라웨어의 친구가 소개 해준 여성은 지니지 못한 이상적인 아름다움을 어머니의 청아 한 자태를 통해 봤습니다. 그리고 우리 아버지, 광대한 지구의 땅 12분의 1에이커의 지주인 아버지 ─ 그도 올곧고 강직하신 영웅입니다. 바로 이곳이 제가 내 것이라 불러 마땅한 곳입니 다. 저는 이곳을 원점으로 이 나라 이 땅과 이어져 있습니다.

• •

401. 로마서 1장 16절.

이곳이 나의 집이자 나의 전쟁터입니다. 사역, 기도, 생명 그 모두를 아낌없이 던질 땅이 바로 이곳입니다.

이튿날 이교도가 설립한 어느 기독교주의 학교[402]를 맡아주지 않겠냐는 권유를 받았습니다. 이 학교는 세계 역사에서 흔치 않은 독특한 교육 기관입니다. 수락해야 할까요?

여기서 펜을 놓겠습니다. 여러분께 내가 어떻게 기독교 신도가 되었는가에 대해 이야기했습니다. 혹시라도 파란만장한 제 인생을 이야기하는 화법이 독자 여러분을 지루하게 하지 않았다면 이 다음에는 "나는 어떻게 기독교 신도로서 일했는가*How I Worked a Christian*"라는 제목의 책을 써볼까 합니다.

끝.

---

402. 니가타(新潟)의 호쿠에츠(北越)학관. 이 해(1888년) 8월, 임시 교감으로 취임하나 당국과 대립하여 12월에 사직.

우치무라 간조 연보

(음력은 양력으로 환산)

1861년(만엔^{万延} 1) 1세

3월 23일(음력 2월 13일), 에도 고이시카와 도비자카우에^小 ^{石川鳶坂上}(지금의 분쿄구혼고4초메^{文京區本鄕4丁目})에서 다카사키^{高崎}번사 우치무라 요시유키^{內村宜之}의 장남으로 출생.

1867년(게이오^{慶応} 2) 7세

1월, 부친 요시유키, 군제 개혁을 추진하려 했으나 근신을 명 받아 가족 모두 다카사키(지금의 군마현^{群馬縣} 다카사키시)로 이주.

1869년(메이지^{明治} 2) 9세

10월, 부친 요시유키, 이시노마키현(지금의 미야기현^{宮城} ^縣 북동부) 쇼산지^{少參事}로 임명되어 이시노마키현으로 이주.

1871년(메이지 4) 11세

7월, 부친 요시유키, 다카사키번 쇼산지로 임명되어 가족 모두 다카사키로 이주. 다카사키번의 영학교英學校에서 수학.

1873년(메이지 6) 13세

3월, 상경하여 아리마사학교有馬私學校 영학과英學科 입학.

1874년(메이지 7) 14세

3월, 도쿄외국어학교(후의 도쿄영어학교, 도쿄대학의 예비 기관인 요비몬予備門) 영어학 하등下等 제4급에 편입.

1877년(메이지 10) 17세

9월, 삿포로농업학교 입학(제2기생). 12월 1일, 클락이 작성한 '예수를 믿는 자의 서약'에 서명.

1878년(메이지 11) 18세

6월 2일, 해리스에게 세례를 받다.

1881년(메이지 14) 21세

7월, 삿포로농업학교 졸업. 개척사(후에 삿포로현) 민사국 권업과勸業課근무. 10월, 삿포로 교회札幌協會 창립.

1883년(메이지 16) 23세

5월 9일, 도쿄에서 개최된 제3회 전국 기독교신도 대친목회에서 '하늘의 새와 들판의 백합空ノ鳥ト野ノ百合花' 강연.

6월, 삿포로현 사임. 12월, 농상무성 농무국 수산과에서 근무.

1884년(메이지 17) 24세

3월 28일, 아사다 다케淺田タケ와 결혼(가을부터 별거, 1889년 이혼). 11월 농상무성을 그만두고 미국행.

1885년(메이지 18) 25세

1월, 펜실베이니아 지적장애아 양호원(원장 컬린)에서 간호인으로 근무. 4월 15일, 다케, 딸 노부ノブ 출산. 7월, 양호원을 떠나다. 9월 애머스트대학(학장 실리)에 선과생으로 입학.

1886년(메이지 19) 26세

3월 8일, 회심 체험.

1887년(메이지 20) 27세

6월, 애머스트대학 졸업. 9월, 하트포드 신학교 입학.

1888년(메이지 21) 28세

1월, 하트포드 신학교에서의 신학 공부를 그만두다. 5월 16일, 귀국. 9월, 니가타 호쿠에츠학관 임시교감으로 부임. 12월, 사직하고 귀경.

1889년(메이지 22) 29세

3월, 도요에이와東洋英和학교 수산전습소水産伝習所 교사로 취임. 7월 31일, 요코하마 가즈橫浜かず와 결혼.

1890년(메이지 23) 30세

9월, 제1고등중학교(현재의 도쿄대학 교양부, 치바千葉대
학 의학부·약학부의 전신) 촉탁교원이 되다.

1891년(메이지 24) 31세

1월 9일, 제1고등중학교 교육칙어敎育勅語(1890년 10월 30
일, 근대 일본의 교육 방침의 기조로서 메이지 천황이
발표) 봉독식 때 '불경사건'을 일으키다. 2월, 제1고등중
학교를 스스로 사임. 4월 19일, 아내 가즈 사망.

1892년(메이지 25) 32세

8월, 지바현 다케오카竹岡 체재 중에 아마하天羽 그리스도
교회 창립. 9월, 오사카 다이세이泰西학관에 취임. 12월
23일, 오카다 시즈岡田しづ와 결혼.

1893년(메이지 26) 33세

2월, 『기독교 신도의 위로基督信徒の慰』 간행. 3월, 「문학박
사 이노우에 데쓰지로 군에게 보내는 공개장文學博士井上
哲次郎君に呈する公開狀」 발표. 4월, 구마모토熊本영학교에
취임. 8월, 『구안록求安錄』 간행. 교토京都로 이주.

1894년(메이지 27) 34세

3월 19일, 딸 루쓰ルツ 태어나다. 7월 16, 17일, 하코네箱根에
서 개최된 기독교청년회 제6회 여름학교에서 '후세에
보내는 최대유산後世への最大遺産'이라는 제목으로 강연.

8~10월, 청일전쟁은 '의로운 전쟁義戰'이라고 주장. 11월, *Japan and the Japanese*(『일본 및 일본인』, 후의 『대표적 일본인』) 간행.

1895년(메이지 28) 35세

5월, 『나는 어떻게 기독교인이 되었는가*How I Became a Christian*』 간행.

1896년(메이지 29) 36세

9월, 나고야名古屋에이와학교에 취임. 12월, 『경세잡저警世雜著』 간행.

1897년(메이지 30) 37세

2월, 조호사朝報社에 입사하여 『요로즈조호萬朝報』 영문란 주필에 취임. 7월 15일, 『하기연설夏季演說 후세에 보내는 최대유산』 간행. 11월 12일, 아들 유시祐之 태어나다.

1898년(메이지 31) 38세

1~2월, 도쿄기독교청년회관에서 매주 월요일 문학 강연. 5월, 조호샤 퇴사. 6월, 『도쿄독립잡지東京獨立雜誌』 창간.

1899년(메이지 32) 39세

7월, 여자독립학교女子獨立學校 교장 취임.

1900년(메이지 33) 40세

7월, 『도쿄독립잡지』 폐간. 제1회 하기夏期 강담회 개최. 9월, 『성서의 연구聖書之研究』 창간. 조호샤에 객원으로 재입사.

1901년(메이지 34) 41세

3월, 『무교회無敎會』 창간. 4월, 아시오동산足尾銅山 광독 피해지 시찰. 7월, 사회개량단체이상단社會改良団体理想団을 구로이와 루이코, 고토쿠 슈스이幸德秋水, 사카이 고센堺枯川 등과 함께 설립. 제2회 하기강담회 개최. 이 무렵부터 쓰노하즈角筈 성서연구회를 시작하다.

1902년(메이지 35) 42세

7월, 제3회 하기 강담회 개최. 9월, 삿포로로 전도.

1903년(메이지 36) 43세

6월 30일, 러일전쟁에 반대하여 「전쟁폐지론戰爭廢止論」 발표. 10월, 비전론非戰論 주장이 원인이 되어 조호샤 퇴사.

1904년(메이지 37) 44세

11월 11일, 모친 야소ヤソ 사망.

1905년(메이지 38) 45세

9월, 이 무렵부터 『성서의 연구』 독자에 의한 교우회敎友會가 각지에서 결성되다.

1906년(메이지 39) 46세

8월, 니가타현 가시와자키柏崎에서 하기 간화懇話회 개최.

1907년(메이지 40) 47세

4월 13일, 부친 요시유키 사망. 지바현 나루하마鳴浜에서 하기간화회 개최. 11월, 쓰노하즈에서 가시와기柏木(두 곳 모두 현재의 신주쿠구新宿區)로 이사. 12월, 가시와기에 고故 이마이 쇼타로今井章太郎 유족의 기부로 이마이칸今井館 건립.

1909년(메이지 42) 49세

10월, 제1고등학교 교장 니토베 이나조의 독서회 그룹의 학생들이 성서연구회에 입회, 성서연구회를 가시와카이柏會로 명명.

1911년(메이지 44) 51세

10월 22일, 성서연구회에서 「덴마크 이야기デンマルク國の話」를 구두 발표.

1912년(메이지 45 · 다이쇼大正 원년) 52세

1월 12일, 루쓰 사망. 10월, 삿포로로 전도.

1913년(다이쇼 2) 53세

2월 21일, 『덴마크 이야기』 간행. 10월, 이마이칸 부속 가시와기성서강당 건립.

1917년(다이쇼 6) 57세

10월, 종교개혁400년 기념강연회를 다무라 쓰토무田村勤, 사토 시게히코佐藤繁彦와 함께 개최.

1918년(다이쇼 7) 58세

1월 6일, 다나카 시게하루田中重治, 기무라 세이마쓰木村清松

등과 함께 성서의 예언적 연구강연회를 개최하여 재림
운동을 개시. 간사이關西, 홋카이도, 도호쿠東北 등 각지에
서 강연 활동. 성서연구회 안의 각 조직을 통합하여 가시
와기형제단을 결성. 9월부터 도쿄기독교청년회관에서
성서강연회를 열다. 11월,『그리스도 재림 문제 강연집基
督再臨問題講演集』간행.

1919년(다이쇼 8) 59세

5월,『우치무라전집』제1권 간행. 성서강연회 회장으로
썼던 도쿄기독교청년회관 사용이 거부되어, 6월에 회장
을 마루노우치丸の內의 대일본사립위생회관내 강당으로
옮기다. 9월, 그 곳 강당에서의 강연을 도쿄성서연구회로
이름 짓다.

1921년(다이쇼 10) 61세

1월, 로마서 연속강의 개시(1922년 10월까지). 6월, 도쿄성
서연구회를 회원제로. 12월, 가시와기형제단 해산.

1922년(다이쇼11) 62세

9월, 도쿄성서연구회를 우치무라(간조)성서연구회로 개
칭.

1923년(다이쇼 12) 63세

9월, 간토關東대지진으로 대일본사립위생회관 붕괴, 그로
인해 성서연구회 회장을 이마이칸 부속강당으로.

1924년(다이쇼 13) 64세

6월, 미국의 배일排日법안에 대한 반대활동.

9월, 『로마서의 연구羅馬書の硏究』 간행.

1925년(다이쇼 14) 65세

7월, 『성서의 연구』 300호 기념 감사회 개최.

1926년(다이쇼 15) 66세

3월, 영문잡지 *The Japan Christian Intelligencer* 창간(1928
년 2월까지).

1927년(쇼와昭和 2) 67세

2월, 종교법안 반대운동. 9월, 삿포로 전도 10월, 성서연구
회 회장을 진구가이엔神宮外苑의 일본청년회관으로 옮기
다(연말에 이마이칸으로 복귀).

1928년(쇼와 3) 68세

6월 2일, 세례받음 50년을 기념하여 니토베 이나조, 히로이
오사무 등과 함께 아오야마青山묘지에 있는 해리스의
묘 방문. 7~9월, 삿포로독립그리스도교회를 지원하기
위한 전도 활동.

1929년(쇼와 4) 69세

1월, 심장비대증을 진단받다. 4월, 정밀검사 결과에 따라
요양 생활에 들어가다. 12월, 성서연구회의 조수 쓰카모
토 도라지塚本虎二를 분리 독립시키다.

1930년(쇼와 5) 70세

   3월 28일 오전 8시 51분, 숨을 거두다. 3월 30일, 이마이칸
부속 가시와기성서강당에서 장례식. 조시가야雜司ヶ谷묘
지에 매장(후에 현재의 다마 레이엔多磨靈園에 안치).

옮긴이 후기

본서는 근대 일본을 대표하는 종교사상사, 전도활동가, 저술가인 우치무라 간조(內村鑑三. 1861-1930)의 대표작,『余はいかにしてキリスト信徒となりしか』(원제 *How I became a Christian: Out of My Diary*)의 한국어 완역이다.

『나는 어떻게 기독교인이 되었는가』원저는 복잡한 사정을 거쳐 출판되었다. 원래 영어로 저술되었다. 본서에 관해 우치무라가 최초로 언급한 것은 1893년 6월 25일 미국인 벨(David C. Bell)에게 보낸 편지로 "지금 저는 *How I became a Christian: By a Heathen Convert*라는 제목으로 영문 서적을 집필 중입니다"라는 언급이 보인다. 같은 해 책을 완성시킨 우치무라는 벨의 소개로 미국의 출판사로 원고를 보냈으나 좀처럼 출판

계획이 잡히지 않는다. 이는 본서의 내용으로 미루어 충분히 짐작 가능하다. 미국과 미국인에 대한 거침없는 비판을 미국 출판사 쪽에서 곱게 볼 리가 없다. 우치무라 또한 이 점을 인지하고 있었는데 작중 등장하는 인물들에게 폐를 끼치지 않을까 염려해 익명 출판을 희망했다고 한다. 본서에서 볼 수 있는 우치무라의 서술 방식이나 단어 선정에 이상과 같은 배경이 있다.

결국 *How I became a Christian: Out of My Diary*라는 제목으로 1895년 5월에 일본에서 출판되었다(발행부수 1,000권). 표지 저자명은 A Heathen Convert, 즉 이교의 회심자. 일본 내 출판된 서적을 미국으로 보낸 우치무라는 1895년 11월에 *The Diary of a japanese Convert*라는 제목의 책을 Uchimura Kanzō라는 이름으로 간행했다(발행부수 500권).

일본의 러일전쟁 승리 이후 일본이라는 동양 나라에 대한 관심이 고조된 유럽에서 본서의 번역이 이어졌다. 1904년 독일을 필두로, 핀란드(1905), 스웨덴(1905), 덴마크(1906), 프랑스(1913) 등 번역 출간이 이어졌다. 본문을 통해 추측할 수 있는데 불경사건 이후 우치무라의 경제 상황은 극도로 악화된 상태였다. 유럽에서의 번역 출판은 경제적으로도 큰 도움이 되었다.[1]

우치무라의 사상은 유럽뿐만이 아니라 한국에도 전파되어

적지 않은 영향을 끼쳤다. 특히 본서를 통해 드러난 우치무라 특유의 무교회주의 사상은 식민지 조선에서 개화했다고 해도 과언이 아니다. 우치무라의 사상과 인간성에 큰 감명을 받은 김교신, 함석헌 등은 1927년에 계간지 『성서조선』을 창간했다. 이것이 조선의 무교회주의 운동의 기점이 되어 오늘날까지 이어지고 있다.

본서는 실로 다양한 얼굴을 지녔기에 어설픈 요약은 삼가겠다. 타이틀 그대로 신앙고백적인 글로 읽어도 좋고 한 기독교인의 회심의 기록으로 읽어도 좋다. 또는 한 인간의 고뇌와 고백에 대한 문학적인 글로 읽을 수도 있고 젊은 날 우치무라의 인생에 대한 회상록으로 읽을 수도 있다. 또는 근대라는 시대 속 동양인이 서양과 어떻게 마주했는가를 읽을 수도 있다.

우치무라 그리고 본서에 대한 연구 및 언급은 현재도 활발하다. 한 예로 로마서강의 등 성경 주해에 일생을 바친 우치무라의 성경 읽기의 현대적 의의를 분석한 서적이 2019년에 일본에서 출판되었다(關根淸三, 『內村鑑三―その聖書讀解と危機の時代』, 筑摩書房, 2019). 우치무라가 성경을 얼마나 열심히

· ·

1.   이상, 鈴木範久, 「若き內村鑑三の世界」(『余はいかにしてキリスト信徒となりしか』, 岩波書店, 2017)를 참조했다.

또 꼼꼼히 읽어 삶의 양분으로 삼았는지는 본서를 통해 확인할 수 있다. 100년도 더 오래된 책이 아직도 읽히고 있다는 사실이 본서의 가치를 이야기해준다고 하겠다.

본서의 역자로서 내가 현재 기독교인이 아님을 고백하겠다. 역자는 어린 시절부터 독실한 기독교 신자 부모님 밑에서 자랐다. 여름성경학교를 손꼽아 기다리는 초등학생이었던 나는 고등학교 때 교회 다니기를 그만두었다. 이유는 단순했다. 목사님을 따르지 않는 어른 신도들이 미웠기 때문이다. 이후 부모님과 함께 주일에 교회를 종종 나가거나 군대에서 단맛을 잃어버리지 않기 위해 교회에 다녔지만, 일본에 온 이후 단 한 번도 교회를 나가지 않았다. 하지만 성경은 꾸준히 읽었다. 일본에서 주변 연구자들과 자그마한 성경 독서회 모임을 조직하여 1년간 성경 연구를 진행한 적도 있다. 우치무라의 무교회주의란 교회의 존재 자체를 부정하는 것이 결코 아니다. 성경에 기초하는 삶을 위해 사람들이 모이는 곳이 있다면 바로 그곳이 교회인 것이다. 내가 우치무라의 무교회주의에 공감하는 이유가 여기에 있다.

역자에게 본서의 번역은 실로 뜻깊은 작업이었다. 젊은 날 우치무라가 행한 삶과 신앙에 대한 깊은 성찰은 나를 돌이켜보게 해주었기 때문이다. 독자 여러분도 기독교 신자 비신자 관계없이 본서와의 만남을 통해 '나를 돌이켜볼 수 있기를 희망하는 바이다.

　본서의 번역과 출판을 허락해주신 도서출판 b 조기조 사장님 및 기획위원 선생님들께 머리 숙여 감사드립니다. 일본 생활로 한국어를 잃어가고 있는 역자의 미흡한 원고를 세세히 다듬어주신 편집위원 선생님들께 감사드립니다. 번역 도중에 목사님 사모님이신 대학원 후배 김세미 님의 많은 도움을 받았습니다. 감사 전합니다.

　끝으로 공부를 업으로 삼는 자의 교만함으로 교회를 등한시하는 일본에 사는 아들을 위해 불철주야 기도해주시는 부모님께 감사의 마음 전합니다.

2019년 5월 일본 나고야

이승준

나는 어떻게 기독교인이 되었는가

초판 1쇄 발행 2019년 9월 16일

지은이 우치무라 간조 | 옮긴이 이승준 | 펴낸이 조기조
펴낸곳 도서출판 b | 등록 2003년 2월 24일 제2006-000054호
주소 08772 서울특별시 관악구 난곡로 288 남진빌딩 302호
전화 02-6293-7070(대) | 팩시밀리 02-6293-8080
홈페이지 b-book.co.kr | 이메일 bbooks@naver.com

ISBN 979-11-89898-10-6 03200
값 14,000원